U0506593

黄绾年谱简编

台州文化研究丛书

张宏敏 著

上海古籍出版社

图书在版编目(CIP)数据

黄绾年谱简编／张宏敏著.—上海：上海古籍
出版社，2017.1
(台州文化研究丛书)
ISBN 978-7-5325-8191-7

Ⅰ.①黄… Ⅱ.①张… Ⅲ.①黄绾(1477~1551)—
年谱 Ⅳ.①B248.6

中国版本图书馆 CIP 数据核字(2016)第 196798 号

本书系国家社科基金重大项目"阳明后学文献整理与研究"
(批准号:15ZDB009)、浙江省社科规划"之江青年课题研究"暨
浙江省哲学社科重点研究基地浙江历史文化研究中心立项课题
《阳明学与天台山》(批准号:15JWYB09)阶段性成果。

台州文化研究丛书·第二辑
黄绾年谱简编
张宏敏 著
上海世纪出版股份有限公司
上 海 古 籍 出 版 社 出版
(上海瑞金二路272号 邮政编码200020)
(1) 网址：www.guji.com.cn
(2) E-mail：guji1@guji.com.cn
(3) 易文网网址：www.ewen.co
上海世纪出版股份有限公司发行中心发行经销
江阴金马印刷有限公司印刷
开本710×1000 1/16 印张15.75 插页7 字数237,000
2017 年 1 月第 1 版 2017 年 1 月第 1 次印刷
ISBN 978-7-5325-8191-7

K·2234 定价：68.00 元
如有质量问题,读者可向工厂调换

礼部左侍郎缙公遗像

久庵先生黄绾画像
（翻拍自《洞山黄氏宗谱》）

久庵先生黄绾塑像
（今温岭市箬环镇洞黄村黄绾纪念堂）

黄绾生圹自铭摩崖石刻（路桥盘山）

浙南洞黄黄氏发源地（今温岭市峤环镇洞黄村）

黄绾手书摩崖石刻之一（黄岩翠屏山）

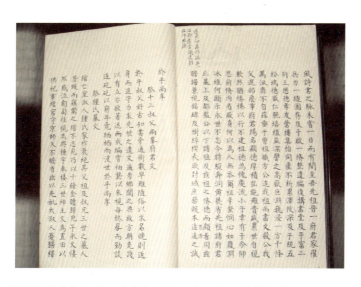

黄绾存世著作之《石龙集》（浙江省图书馆古籍部藏民国抄本）

黄绾存世著作之《久庵先生文选》（日本尊经阁文库藏明万历年间刻本复印件）

黄绾存世著作之《知罪录》（上海图书馆古籍部藏明嘉靖年间刻本）

1915 年修订本《洞山黄氏宗谱》（藏浙江台州玉环黄氏后裔家）

本书作者在黄岩紫霄山长陇实地考察黄绾墓地

《台州文献丛书》编纂指导委员会

主　　　任　王昌荣　张　兵

副　主　任　叶海燕　王金生　陈才杰　徐林德

　　　　　　龚建立　蒋冰风

执行副主任　陈才杰

委　　　员　周凌翔　李创求　茅国春　陈光亭

　　　　　　卢红菊　姚兆芳　方政强　吴丽华

　　　　　　吴志刚　张锐敏　戴冠福　林仁方

　　　　　　徐友根　杨晓东　茅玉芬　林明达

《台州文献丛书》编纂委员会

主　任　　徐友根

副主任　　陈　波　　蒋天平　　周　琦　　徐三见

委　员　　胡正武　　毛　旭　　劳宇红　　何昌廉

　　　　　张　良　　潘方地　　苏小锐　　李东飞

　　　　　陈伟鹰　　王正炳　　丁永德　　陈钱明

《台州文献丛书》咨询委员会

主　任　陈高华

副主任　张涌泉

委　员　（按姓氏笔画为序）

史晋川　吴秀明　林家骊　陈立旭

龚贤明　董　平

《台州文献丛书》文化研究编辑部

主　编　周　琦

副主编　严振非

编　委　(按姓氏笔画为序)

丁式贤　马曙明　王　及　王岳飞

任林豪　许世琪　许尚枢　劳宇红

李建军　吴茂云　何善蒙　张　峋

陈　坚　陈　雄　周　霖　郑瑛中

胡平法　徐永恩　高　平　曾其海

楼祖民

台州文化研究丛书总序

台州历史源远流长，文化底蕴深厚。世世代代生活在这块富饶美丽土地上的人民，勤劳、质朴、向善，创造了富有个性又兼容并蓄的灿烂文化。千百年里，台州大地诞生了项斯、戴复古等一批历史名人，留传了天台济公传说、台州乱弹、台州刺绣等100多个省级以上非物质文化遗产，李白、杜甫、韩愈、白居易、陆游等都在台州留下了足迹或佳作。钟灵毓秀的天台山，儒、释、道三峰并峙，"和合文化"影响深远，成为台州文化的金名片。

优秀传统文化，是一个地方精之所存、气之所蕴、神之所附。历史向前，台州文化中所蕴含的自强不息的进取精神，和谐精致的处世理念，兼收并蓄的开放胸怀，独树一帜的创新风格，历久弥新，传承发展，滋养了这片古老而年轻的土地，也为台州这座"山海水城、和合圣地、制造之都"作出了生动的注解。进入新的发展阶段，我们更要从传统文化中汲取营养，以文化凝聚力量，以文化服务民生，以文化提升文明，以文化彰显城市品质内涵。

《台州文化研究丛书》的编纂出版，意义深远。丛书较为系统地展示了台州的名宦风采、文学风姿、民俗风情和名胜风光，通贯古今，图文并茂，雅俗共赏。丛书的出版，既对台州历史文脉作了系统梳理，也打开了一扇展示台州历史文化魅力的窗口，让台州深邃而浓重的区域文化跃然纸上，必将唤起台州人的文化觉醒，激发无数在外台州人对家乡的自豪感，也让更多读者从中了解台州、读懂台州。

希望更多的有识之士参与到发掘、保护和弘扬台州优秀历史文化的行动中来，续写无愧于先贤、无愧于时代、无愧于后世的文化新篇！

中共台州市委书记 王昌荣

2016年8月

目　录

台州文化研究丛书总序 ·· 王昌荣 1

前言 ··· 1

黄绾生圹自铭 ··· 1

黄绾年谱简编

成化十六年庚子(1480)，一岁，生于黄岩 ····················· 4

成化十七年辛丑(1481)，二岁，在乐清 ························· 5

成化十八年壬寅(1482)，三岁，在乐清 ························· 5

成化十九年癸卯(1483)，四岁，在乐清 ························· 6

成化二十年甲辰(1484)，五岁，在乐清、黄岩 ················ 6

成化二十一年乙巳(1485)，六岁，在乐清、黄岩 ············· 6

成化二十二年丙午(1486)，七岁，在乐清、黄岩 ············· 6

成化二十三年丁未(1487)，八岁，在乐清、黄岩 ············· 7

弘治元年戊申(1488)，九岁，在黄岩 ··························· 7

弘治二年己酉(1489)，十岁，在黄岩 ··························· 7

弘治三年庚戌(1490)，十一岁，在黄岩 ······················· 7

弘治四年辛亥(1491)，十二年，在黄岩 ······················· 8

弘治五年壬子(1492)，十三岁，在黄岩 ······················· 8

弘治六年癸丑(1493)，十四岁，在黄岩 ······················· 9

弘治七年甲寅(1494)，十五岁，在黄岩 ······················· 9

弘治八年乙卯(1495)，十六岁，在黄岩 ······················· 9

弘治九年丙辰(1496),十七岁,在黄岩 ·················· 9

弘治十年丁巳(1497),十八岁,在黄岩 ················· 10

弘治十一年戊午(1498),十九岁,在黄岩 ·············· 10

弘治十二年己未(1499),二十岁,在黄岩 ·············· 10

弘治十三年庚申(1500),二十一岁,在黄岩 ············ 11

弘治十四年辛酉(1501),二十二岁,在黄岩 ············ 11

弘治十五年壬戌(1502),二十三岁,在黄岩,至京师 ···· 11

弘治十六年癸亥(1503),二十四岁,在京师 ············ 12

弘治十七年甲子(1504),二十五岁,在黄岩 ············ 13

弘治十八年乙丑(1505),二十六岁,在黄岩 ············ 13

正德元年丙寅(1506),二十七岁,在黄岩 ·············· 14

正德二年丁卯(1507),二十八岁,在黄岩 ·············· 14

正德三年戊辰(1508),二十九岁,在黄岩 ·············· 15

正德四年己巳(1509),三十岁,在黄岩,又赴京 ········ 16

正德五年庚午(1510),三十一岁,在京师 ·············· 16

正德六年辛未(1511),三十二岁,在京师 ·············· 16

正德七年壬申(1512)三十三岁,在京师,秋冬之际归黄岩 ···· 18

正德八年癸酉(1513),三十四岁,在黄岩 ·············· 20

正德九年甲戌(1514),三十五岁,在黄岩 ·············· 20

正德十年乙亥(1515),三十六岁,在黄岩 ·············· 22

正德十一年丙子(1516),三十七岁,在黄岩 ············ 23

正德十二年丁丑(1517),三十八岁,在黄岩 ············ 24

正德十三年戊寅(1518),三十九岁,在黄岩 ············ 25

正德十四年己卯(1519),四十岁,在黄岩 ·············· 26

正德十五年庚辰(1520),四十一岁,在黄岩 ············ 27

正德十六年辛巳(1521),四十二岁,在黄岩 ············ 29

嘉靖元年壬午(1522),四十三岁,在黄岩,至越中、永康 ···· 31

嘉靖二年癸未(1523),四十四岁,在黄岩,秋冬之时赴南都 ···· 32

嘉靖三年甲申(1524),四十五岁,在南都 …………………… 35

嘉靖四年乙酉(1525),四十六岁,在南都 …………………… 38

嘉靖五年丙戌(1526),四十七岁,在黄岩 …………………… 39

嘉靖六年丁亥(1527),四十八岁,在黄岩、京师 …………… 41

嘉靖七年戊子(1528),四十九岁,在京师、南都 …………… 43

嘉靖八年己丑(1529),五十岁,在南都 …………………… 45

嘉靖九年庚寅(1530),五十一岁,在南都 ………………… 47

嘉靖十年辛卯(1531),五十二岁,在南都 ………………… 50

嘉靖十一年壬辰(1532),五十三岁,春至京师,旋归南都 …… 52

嘉靖十二年癸巳(1533),五十四岁,在南都,至京师 ……… 56

嘉靖十三年甲午(1534),五十五岁,在京师,抵大同,归京师 …… 61

嘉靖十四年乙未(1535),五十六岁,至南京,返京师,归黄岩 …… 65

嘉靖十五年丙申(1536),五十七岁,在黄岩 ……………… 67

嘉靖十六年丁酉(1537),五十八岁,在黄岩 ……………… 69

嘉靖十七年戊戌(1538),五十九岁,在黄岩 ……………… 72

嘉靖十八年己亥(1539),六十岁,在黄岩,至京师,归黄岩 …… 72

嘉靖十九年庚子(1540),六十一岁,在黄岩 ……………… 73

嘉靖二十年辛丑(1541),六十二岁,在黄岩 ……………… 74

嘉靖二十一年壬寅(1542),六十三岁,在黄岩 …………… 74

嘉靖二十二年癸卯(1543),六十四岁,在黄岩 …………… 76

嘉靖二十三年甲辰(1544),六十五岁,在黄岩 …………… 76

嘉靖二十四年乙巳(1545),六十六岁,在黄岩 …………… 77

嘉靖二十五年丙午(1546),六十七岁,在黄岩 …………… 78

嘉靖二十六年丁未(1547),六十八岁,在黄岩 …………… 78

嘉靖二十七年戊申(1548),六十九岁,在黄岩 …………… 79

嘉靖二十八年己酉(1549),七十岁,在黄岩 ……………… 79

嘉靖二十九年庚戌(1550),七十一岁,在黄岩 …………… 80

嘉靖三十年辛亥(1551),七十二岁,在黄岩 ……………… 80

嘉靖三十一年壬子(1552),七十三岁,在黄岩 ·············· 80

嘉靖三十二年癸丑(1553),七十四岁,在黄岩 ·············· 81

嘉靖三十三年甲寅(1554),七十五岁,卒于黄岩 ·············· 82

附 录 五 种

一、洞黄黄氏家训 ·············· (明)黄 绾 85

二、《明世宗实录》中的黄绾史料 ·············· 100

三、黄绾著作考述 ·············· 124

四、黄绾研究述要 ·············· 152

　　古代篇(明中叶至清季) ·············· 152

　　现代篇(1940—2015) ·············· 177

五、黄绾研究论著索引(1940—2015) ·············· 217

参考文献 ·············· 224

后记 ·············· 231

前　言

　　呈现在读者朋友面前的这本书稿,是笔者八年(2008.5—2016.10)来研究浙江台州籍阳明学者——久庵先生黄绾的最新一部书稿,也是我从事黄绾研究"三部曲"——编校整理《黄绾集》(上海古籍出版社 2014 年版)、编撰《黄绾生平学术编年》(浙江大学出版社 2013 年版)、撰写博士学位论文《从理学、心学到经学:黄绾道学思想之进展》(上海师范大学 2014 年,将由中国社会科学出版社出版)的一个综合性"学术副产品"。

　　在说明拙著构思、框架之前,有必要让读者朋友们了解一下本书谱主黄绾的基本情况:

　　黄绾(1480—1554),字宗贤,号石龙、久庵、久庵居士,学者称久庵或久翁先生,浙江台州府黄岩人(一作太平[温岭]人)。作为明代中期杰出的政治家与社会活动家,黄绾一生历经成化、弘治、正德、嘉靖四朝,官至礼部尚书兼翰林院学士。他积极参与了嘉靖初年的"大礼议"之争,并与张璁、桂萼、席书、黄宗明、方献夫等极力主张嘉靖帝"继统不继嗣";任礼部左侍郎时,作为钦差成功抚勘过"大同兵变",从而受到嘉靖帝的赏识与信任。

　　作为浙中王门先驱、思想家、哲学家、文学家,黄绾学富五车,"志在天下",一生笃志于"圣人之学",以"明道"为己任。青年时期师从浙南台州理学名家谢铎而"克苦"用功于程朱理学;中年时期与王阳明、湛若水等心学大家结盟共学,曾一度服膺阳明先生的"致良知"之教。晚年因出使安南未果而"落职闲住"于黄岩老家,遂隐居翠屏山,以读书、著书终老。经学著作有《易经原古》、《书经原古》、《诗经原古》、《礼经原古》、《春秋原古》、《四书原古》、《中庸古今注》、《庙制考议》;政论著作有《思古堂笔记》、

《知罪录》、《石龙奏议》、《云中奏稿》、《边事奏稿》、《边事疏稿》；哲学、文学著作有《困蒙稿》、《恐负卷》、《石龙集》、《久庵先生文选》、《明道编》(《久庵日录》)；家乘编纂有《洞黄黄氏世德录》、《家训》；此外，参修过《明伦大典》、编刊了《阳明先生存稿》、《桃溪类稿》、《宋杜清献公集》，并能并自觉地开展对宋明诸儒学术思想的批判，从而提出了具有复古倾向且有自家特色的"艮止执中"之学，堪称中晚明时期"王门"内部自觉修正"王学"之先驱者。

以上是笔者对黄绾生平学行的一个简要界定。

下面概述一下这部书稿之所以是《黄绾集》、《黄绾生平学术编年》、《从理学、心学到经学：黄绾道学思想之进展》这三部书稿的"学术副产品"，进而介绍一下本书的基本构架以及"附录五种"的文献价值。

一、《黄绾年谱简编》系《黄绾生平学术编年》的压缩、修正版

一代文豪鲁迅称："凡有文章，倘若分类，都有类可归。如果年谱，那就只按作成的年月，不管文体，各种都夹在一处……分类有益于揣摩文章，年谱有利于明白时势，倘要知人论世，是非看年谱的文集不可的。"(《且介亭杂文·序言》)当今学人开展黄绾著作及其学术思想研究的前提，是对黄绾的生命历程、学术活动进行系统梳理，这就需要编撰一部"黄绾学谱"，即对黄绾生平学术按照年、月、日等生命演进之"年轮"进行宏观叙事。

拙著《黄绾生平学术编年》洋洋洒洒五十万言(出版字数七十万)，对专业研究人员而言，或许可以提供不少的学术信息；而普通读者只需浏览式翻阅，此书便显得字数太多，史料繁琐。书稿出版后，即有热心的读者建议：能否压缩一下，由五十万字压缩到五六万字左右，这样的话，普通读者就可以很快了解黄绾的生平事迹与学术思想。再加上《黄绾生平学术编年》出版仓促，笔者对黄绾部分学术活动时间的系定，出了几处疏漏，比如黄绾正式师从王阳明的系年当为嘉靖元年，而《黄绾生平学术编年》则记为嘉靖二年。所以《黄绾生平学术编年》的压缩与修订，就显得十分必要。《黄绾年谱简编》的编写体例，基本上按照《黄绾生平学术编年》进行：

1.《黄绾年谱简编》，以谱主生活的时空(时间、地域)为经，发生的事件(人

物活动、诗文撰著)为纬。所述事件,上起谱主生年即明宪宗成化十六年庚子(1480),下讫谱主卒年即明世宗嘉靖三十三年甲寅(1554),凡七十五年,力图简要勾勒谱主的生命历程与学术思想。

2.《黄绾年谱简编》的史料来源,主要取自谱主的存世著作诸如《知罪录》、《石龙集》、《久庵先生文选》、《明道编》、《家训》和谱主族谱《洞山黄氏宗谱》。同时采撷各类史书诸如《明史》、《明武宗实录》、《明世宗实录》、《明史纪事本末》等,以及与谱主有交游的同时代学人诗文集诸如《谢铎集》、《王阳明全集》、《王廷相集》、《张璁集》、《少谷集》等,还有地方志文献《(雍正)浙江通志》、《(民国)台州府志》、《(万历)黄岩县志》、《(嘉靖)太平县志》、《(光绪)太平县续志》等第一手史料。

3.《黄绾年谱简编》的文本内容,系与谱主有关的重大历史事件以及谱主家事、师友交游、仕宦活动、诗文撰著等。在编排体例上,以年、季、月、日为序,一事一条,仅列举史事之梗概。

4.《黄绾年谱简编》所涉事件发生之年月、诗文书信撰著之时间,可以明确判定年月日的,系于具体的某年、某月、某日之下。具体活动可以确定在某年某季(春、夏、秋、冬),但具体月份无法判别的,则标以季节如"春",并置于该季末月(三月、六月、九月、十二月)之后。有年而无月、日的,置于该年之末。可以推知大致年限的,则系于相关年代、历史时期之后,标以"某(是)年左右"或"游学京师期间"等。此外,为便于读者阅读,所涉年、季、月、日(包括"某年左右"、"某月左右"等领起语)的字体均"加粗"以标识。

5.《黄绾年谱简编》系年方式为谱主生活的明朝中期某皇帝的年号、年数加干支,并据《中国历史年代简表》(文物出版社 2001 年版)换算成公元纪年,以阿拉伯数字置于括弧之中,如"嘉靖三年甲申(1524)"。而所涉月份则为农历月份。所涉日期不用干支记法,而据《中国史历日和中西历日对照表》(方诗铭、方小芬编著,上海人民出版社 2007 年版)换算成农历日期。

简言之,《黄绾年谱简编》的整理、修订,可以方便学术界同仁在研究台州思想文化史、浙江阳明学派史之时获得第一手的学术信息,从而推动明代台州学术思想史、浙江历史文化史的深入研究。

《黄绾年谱简编》可以说是这部书稿的主体部分,而"附录五种"的文献史料价值,亦不容小觑。

二、《洞黄黄氏家训》系黄绾佚文的一大发现

"附录一"即《洞黄黄氏家训》系笔者新近发现的黄绾佚著一种,尚未收录于已经出版的《阳明后学文献丛书》本《黄绾集》(上海古籍出版社 2014 年版)。

《洞黄黄氏家训》摘录于台州市玉环县沙门镇路上村黄氏后裔家中所藏1915 年重修本《洞黄黄氏宗谱》。《家训》一卷,十二条目(仅存十一条),依次是"端本"、"志学"、"教养""励志"、"师友"、"技艺"、"婚姻"、"治家"、"勤俭"、"内德"、"朔节"等。

2014 年春节期间,中央电视台推出了关于"说家风"的连续报道,在社会上引起了广泛共鸣。目前全国、全省各级政府的"精神文明办"正在开展轰轰烈烈的发现、培育"好家训、好家风、好家庭"活动,而《洞黄黄氏家训》的公开发表,则可为"好家训"的发现、培育工作提供一个样本。

三、《明世宗实录》中的黄绾史料,系解读黄绾政治活动的第一手文献

我们认真检录《明世宗实录》,就会发现其中有关黄绾的史料十分丰富,这对研究黄绾的仕途、嘉靖帝与黄绾之间的君臣关系、黄绾与杨一清、张璁等廷臣之间的利害关系等,颇具学术价值。

尤为值得注意的是,《明世宗实录》之中对黄绾奉使抚勘"大同兵变"的起因、经过、结果的记录尤为翔实,其中存录有黄绾向嘉靖帝所上十余种奏疏之节本,而这些奏疏节本则可以弥补黄绾《云中奏稿》佚而不存之遗憾。兹为便于学人展开对黄绾政治活动及其仕宦生涯之研究,笔者特把《明世宗实录》中所涉黄绾史料予以辑校,名之曰"《明世宗实录》中的黄绾史料",作为"附录二"。

辑校体例详见正文,兹不赘言。

四、《黄绾著作考述》系对黄绾一生全部著作的大盘点

黄绾作为浙中王门杰出代表,一生著述宏富,既有经学名作《四书五经原古》等十种,又有政论著作《石龙奏议》、《云中奏稿》、《边事奏稿》等四种,还有哲学、文学代表作《困蒙稿》、《石龙集》、《久庵文选》、《久庵日录》等七种,另有

家乘编纂《洞黄黄氏世德录》、《家训》两种,并辑刊了《阳明先生存稿》、《桃溪类稿》、《宋杜清献公集》等四种。

为便于学人详细了解黄绾一生不同时期、各种著作之创作背景、思想主旨、版本存佚、学术价值等情况,《黄绾著作考述》一文分经学著作、政论著作、哲学著作、文学著作等,对黄绾一生所编纂的文献著作,逐一分类考论,是为"附录三"。

五、《黄绾研究述要》系明清以降学者评论、研究黄绾著作与思想的系统梳理

今人从事黄绾著作及其生平学术的研究,既要掌握黄绾原著诸如《石龙集》等第一手文献,也要搜集明清以来尤其是现代学人关于黄绾研究的第二手文献史料,了解学术界关于黄绾研究的已有成果,从而为推进黄绾研究"更上一层楼"提供一种方便。本书"附录四"《黄绾研究述要》即"黄绾研究综述"的写作,便显得十分必要。

对于黄绾学术、思想的评论,并非始于现当代。其实早在黄绾青年游学之时,便有不少学术巨擘、前辈学者对黄绾的学行予以评论。而明清两代学者对黄绾的评论有三种:一是与黄绾有直接或间接交往的学者如王阳明、湛若水、王廷相等对黄绾的评价;二是黄绾殁后明代中后期学者对黄绾生平、学术的评论;三是清代学者对黄绾人品、学行的评论。是为《黄绾研究述要·古代篇》之内容。

据笔者多年搜集、统计所得,自1940至2015年,海内外学者在各类期刊、出版物上公开发表的以"黄绾"为选题的学术论著共计85种。其中中国学者81种,日本、美国学者4篇。学术专著有3部,另外82种则分见于期刊论文、专著相关章节、前言序文、辞典词条、博客文章、论集文选之中。硕士学位论文5篇,其中大陆学者3篇,港台学者2篇;博士学位论文2种。

《黄绾研究述要·现代篇》则主要盘点1940年至2015年间已经公开出版的黄绾及其著作研究专论,并从"黄绾生平、交游研究"、"黄绾著作、思想研究"两大方面对现代学术视域下的黄绾研究予以述评,并结合笔者自己近七八年来对黄绾原著研读的心得,对下一步黄绾研究可供讨论的专题,提供若干建议。

六、《黄绾研究论著索引》的汇辑，则为读者了解现代学人的研究成果提供了一个线索

《黄绾研究论著索引》作为"附录五"，辑编了 1940 年至 2015 年间海内外学者关于黄绾研究的论著篇目，以期为读者朋友尤其是专业工作者提供文献检录上的方便。

以上便是笔者这部文献史料性质的书稿——《黄绾年谱简编（附录五种）》的基本框架。书中不足与舛误之处，则敬请读者朋友们批评指教。

黄绾生圹自铭

青山不极，吾生有涯。有涯必尽，终归此家。
后千百载，过者兴嗟。曰谁之藏，或否或嘉。
是非得失，孰可掩遮。路碑日远，青史世遐。
平生周孔，志愿匪夸。达施穷敛，易地则皆。
穷非有损，达非有加。一朝屈伸，千载端邪。
履道听命，圣轨弗差。遁世独立，无闷无哗。
黾勉卒世，顺俟靡他。一息尚存，无自疵瑕。

嘉靖二十有三年秋九月甲子
久庵居士黄绾识

铭文今存于浙江省台州市路桥区东盘山(系台州市文保单位)

黄绾年谱简编

浙南台州洞山黄氏之起源，可追溯至"战国四公子"之一的楚国春申君黄歇。汉代，黄歇后人黄童香迁居江夏郡。黄童香生子黄琼，黄琼生黄琬。黄琬之后有黄大纲，封为定侯，迁居光州固始。黄大纲十五世孙黄知运，为浙江永嘉太守。黄知运之子黄元方，为福建晋安太守，因避五胡之乱，迁居至福州侯官黄巷。黄元方十二世孙黄岸，为唐桂阳刺史，封忠义公，又迁居至莆阳涵江。黄岸八世孙黄绪，为昭武镇都监使；五代末，为避王审知诸子之乱，迁居至浙江台州黄岩洞山，是为洞山黄氏（洞黄）之初祖。

　　兹据民国乙卯年（1915）重修《洞黄黄氏宗谱》，对本谱主——黄绾世系流传之况，逐录于此：

1. 黄绪：洞山黄氏初祖，黄绾十七世祖；
2. 黄政：洞山黄氏第二世，称参十，黄绾十六世祖；
3. 黄晦：洞山黄氏第三世，称仁七，黄绾十五世祖；
4. 黄基：洞山黄氏第四世，称世六，黄绾十四世祖；
5. 黄旅：洞山黄氏第五世，称良一，黄绾十三世祖；
6. 黄哲：洞山黄氏第六世，称思亦，黄绾十二世祖；
7. 黄慎：洞山黄氏第七世，称柏一，黄绾十一世祖；
8. 黄和：洞山黄氏第八世，称桂二，黄绾十世祖；
9. 黄煜：洞山黄氏第九世，称晋一，谱名煜，黄绾九世祖；
10. 黄轲：洞山黄氏第十世，称启一，谱名轲，黄绾八世祖；
11. 黄文质：洞山黄氏第十一世，称富二，谱名文质，黄绾七世祖；
12. 黄德深：洞山黄氏第十二世，称衍三，谱名德深，黄绾六世祖；
13. 黄与庄：洞山黄氏第十三世，称统五，谱名与庄，黄绾五世祖；
14. 黄尚斌：洞山黄氏第十四世，称永三，谱名礼遐，黄绾高祖；

15. 黄彦俊：洞山黄氏第十五世，称广五，谱名昌瑜，黄绾曾祖；

按：黄彦俊，名瑜，字彦俊，号慎斋，以字行。明正统元年(1436)进士。任兵部主事，居职有政声，大臣屡欲论荐，彦俊力辞。卒赠工部侍郎。著有《西游集》《慎斋稿》。

16. 黄孔昭：洞山黄氏第十六世，称显四，谱名元曜，黄绾祖父；

按：黄孔昭(1428—1491)，名曜，字孔昭，更字世显，别号定轩，晚号洞山迂叟。少读书，辄以古贤哲自期。天顺四年(1460)进士，历任工部屯田司主事、都水员外郎、吏部文选员外郎、吏部文选郎中、通政司右通政、南京工部右侍郎等职。嘉靖年间以孙(黄绾)贵赠礼部尚书，谥文毅。与谢铎合编《赤城论谏录》《赤城诗集》，撰《尊乡录》，著《定轩存稿》(存世)。

17. 黄俌：洞山黄氏第十七世，称贞二，谱名正俌，黄绾父。

按：黄俌(1450—1506)，字汝珍，号方麓，成化十七年(1477)进士，官至吏部文选郎中。嘉靖中以子(黄绾)贵赠詹事府詹事兼翰林院侍讲学士。妻鲍允俭(1451—1535)，乐清杨川里鲍恩次女。黄绾有两位兄长：长兄黄绍，生于成化十一年(1475)，长黄绾五岁；次兄黄绎，生于成化十二年(1476)，长黄绾四岁。

成化十六年庚子(1480)，一岁，生于黄岩

二月二十一日，黄绾生于浙江布政司台州府黄岩县(今浙江省台州市黄岩城区)。时，父黄俌三十一岁，母鲍允俭三十岁。

五月，浙江太平学者谢铎(时年四十六岁)丁外艰，离翰林院侍讲职，返乡台州太平。嗣后，谢病家居数年。

是年，黄孔昭六十三岁，任吏部文选郎中已八年有余。

是年，黄孔昭、谢铎共同编选台州先贤——方孝孺传世著作《逊志先生文集》，付梓刊行。

是年，浙江乐清章纶六十八岁。广东新会陈献章五十三岁。江西南昌张元桢四十四岁。广东东莞林光四十二岁。河南祥符张懋(英国公)四十一岁。浙江余姚王华三十五岁。湖南茶陵李东阳三十四岁。浙江余姚谢迁三十二岁。福建莆田林俊二十九岁。江苏南直隶杨一清二十七岁。江西乐平乔宇二

十四岁。四川新都杨廷和二十二岁。浙江嘉兴董㳟二十二岁。山西太原王琼二十二岁。江苏无锡邵宝二十一岁。四川遂宁席书二十岁。江西吉水罗侨二十岁。江苏昆山周伦十八岁。浙江黄岩王启十六岁。江西泰和罗钦顺十六岁。广东增城湛若水十五岁。江西铅山费宏十三岁。浙江仁和胡世宁十二岁。江苏昆山方鹏十一岁。江苏长洲文征明十一岁。浙江余姚王阳明九岁。河南仪封王廷相七岁。浙江山阴朱节六岁。浙江永嘉张璁六岁。山东武城王道五岁。江苏长洲顾璘五岁。山西襄垣刘龙五岁。山东历城边贡五岁。岭南(海南)崖州钟芳五岁。陕西朝邑韩邦奇二岁。陕西高陵吕柟二岁。

是年,浙江仙居应良、江西分宜严嵩、浙江仁和邵锐、浙江鄞县闻渊、山东寿张殷云霄、浙江鄞县余本,生。

成化十七年辛丑(1481),二岁,在乐清

二月,黄绾周岁之际,在乐清人钟缓提议之下,以黄绾妗母钟氏、舅鲍鹏为媒妁,以息女(钟氏)与黄绾定亲。嗣后,黄俌行纳彩礼,同意此门婚事。时钟氏六岁,长黄绾四岁。

春,黄俌中辛丑科二甲进士,嗣后授职方主事。是科状元为浙江余姚王华,即王阳明之父。

立秋前五日,金华学者王汶为黄孔昭所编《重修洞山黄氏宗谱》作序。

七月十五日,莆生黄乾亨受黄俌之请,亦为《重修洞山黄氏宗谱》作序。

是年,黄孔昭任吏部文选郎中满考。

成化十八年壬寅(1482),三岁,在乐清

三月,翰林院侍讲经筵官李东阳应黄孔昭之邀,为《重修洞山黄氏宗谱》作序。

闰八月,谢铎丧期满,例应起复,然谢病家居,与族叔谢省扩建会缌庵,并执教其中。

十月,黄孔昭由吏部郎中升任通政司右通政。

十一月,谢铎长子兴仁卒,年仅二十二岁。

是年,黄俌改任武选清吏司郎中。

成化十九年癸卯(1483),四岁,在乐清

三月,致仕南京礼部左侍郎章纶卒,年七十一。黄俌披命,由京师南下至浙江乐清,营章纶葬事。

是年,谢铎再辞吏部荐举,楗门读书。

是年,李东阳升任翰林院侍讲学士。

是年,王阳明就塾师,以读书学圣贤为第一等事。

是年,江苏泰州王艮、江苏昆山魏校、江苏长洲顾应祥、江西雩都何廷仁,生。

是年,黄俌告归,家居数载。

是年左右,黄绾从外祖父鲍恩学。黄绾天资颇美,鲍恩亦教之有方。

成化二十年甲辰(1484),五岁,在乐清、黄岩

二月,李东阳充殿试读卷官,并以翰林院侍讲学士身份侍东官班。

五月八日,黄绾四弟黄约生。

是年,黄俌家居。

是年,浙江鄞县张邦奇生。

是年,黄绾继续师从外祖鲍恩,受蒙学教育。

成化二十一年乙巳(1485),六岁,在乐清、黄岩

是年,福建闽县郑善夫、广东南海方献夫①、浙江会稽季本,生。

是年,黄绾继续从外祖鲍恩学,读书过目即成诵。

成化二十二年丙午(1486),七岁,在乐清、黄岩

是年,寓京师王华官邸的王阳明,出游居庸三关,有经略四方之志。

是年,广东揭阳薛侃、江西永丰聂豹,生。

是年,黄绾继续师从外祖鲍恩,始学书画。

---

① 拙著《黄绾生平学术编年》(浙江大学出版社 2013 年版,第 7 页)误记方献夫的籍贯为"福建莆田",兹改。

成化二十三年丁未(1487),八岁,在乐清、黄岩

正月二十七日,黄孔昭任通政司右通政满五年,升任南京工部右侍郎。

七月,追赠章纶为南京礼部尚书,谥号恭毅。

八月二十二日,明宪宗朱见深驾崩,年四十有一。

九月六日,宪宗第三子、皇太子朱祐樘即帝位。大赦天下。以明年为弘治元年。

是年,浙江余姚徐爱、广东南海霍韬,生。

是年左右,黄绾读祖父黄孔昭所编《黄氏祖德录》,对高祖松坞府君(黄礼遐,字尚斌,号松坞)之懿德大为赞叹。

弘治元年戊申(1488),九岁,在黄岩

闰正月,诏李东阳充纂修官,与修《宪宗实录》。

五月十七日,黄绾外祖父鲍恩卒于黄岩新第。若干年后,黄绾为之撰《颍州太守简庵公墓志铭》。

七月,王阳明亲迎夫人诸氏于江西洪都,始信道教养生之说。

八月,谢铎应诏返京,复原官翰林院侍讲,与修《宪宗实录》。

是年,外祖鲍恩谢世之后,因祖黄孔昭、父黄俌皆在仕途。母(鲍允俭)、舅(鲍鹏)为黄绾延师。

约是年左右,黄绾受业于陈石峰,并弃学书画。

约是年,黄俌在家居数年之后,听父黄孔昭之命,再出仕,任工部营缮司主事。

弘治二年己酉(1489),十岁,在黄岩

八月,太平方岩书院建成,时任左春坊左庶子兼侍讲学士李东阳作《方岩书院记》。谢铎有归隐之志。

是年,谢铎诗文集《桃溪净稿》编成,李东阳作《序》。

是年,王阳明始慕圣学,谒娄谅,语以宋儒格物之学。

弘治三年庚戌(1490),十一岁,在黄岩

正月十五日,黄绾五弟黄绂生。

二月,礼部会试,中式举人钱福等三百名。

三月,命少傅兼太子太师吏部尚书谨身殿大学士刘吉、左春坊左庶子兼翰林院侍讲学士李东阳等十三名大臣,为殿试读卷官。授第一甲进士钱福为翰林院修撰,刘存业、靳贵为编修。命二甲三甲进士,各留十之五于各衙门办事,其余放回原籍听用。

春,席书中钱福榜进士,授郏城知县。

五月,谢铎由翰林院侍讲升任南京国子监祭酒。

是年左右,黄绾负不羁之气,母鲍允俭惟以黄孔昭、黄俌家书,教诲黄家子弟。

弘治四年辛亥(1491),十二年,在黄岩

正月,时任南京国子监祭酒谢铎,上书言六事:一曰择师儒,二曰慎科贡,三曰正祀典,四曰广载籍,五曰复会馔,六曰均拨历。

三月,谢铎次子兴义卒。

五月,谢铎以疾乞致仕,许之。七月二十一日,返程归乡。

六月六日,时任工部营缮司主事黄俌离开京师,归省。

六月十七日,黄孔昭以疾卒于南京工部右侍郎任上,享年六十四。黄俌适以公事至南京,遂扶柩归葬。

六月十八日,黄孔昭病卒之翌日,谢铎闻讯,前往吊唁,"三往三哭之",协助黄俌办理丧事。嗣后,应黄俌之请,谢铎作《南京工部侍郎黄公墓志铭》。

八月,《明宪宗实录》成,李东阳以纂修《实录》有功,升任太常寺少卿。

是年,谢铎辞去南京国子监祭酒职,家居十年(1491—1501)之久,讲学于太平方岩书院,邑之俊秀多从之游。谢家与黄家系世交,谢铎家居期间,黄绾即师从谢铎读书。

是年,江西安福邹守益、浙江太平叶良佩,生。

弘治五年壬子(1492),十三岁,在黄岩

七月,黄绾承祖父文毅公(黄孔昭)荫,入胄监,为国子监生员。

是年,黄孔昭卒后,黄俌、鲍允俭夫妇始置办室庐,并有居宇之庇。

是年,王阳明举浙江乡试,并为宋儒格物之学。

是年,湛若水以《书经》举广东乡试,易原名"露"为"雨"。

是年,江西粤都黄弘纲、江西新建魏良弼,生。

弘治六年癸丑(1493),十四岁,在黄岩

二月,李东阳、陆简受命为会试主考官,取中式举人汪俊等三百名。

三月,命徐溥等十三名大臣,为殿试读卷官。上御奉天殿,赐毛澄等进士及第出身有差,文武群臣行庆贺礼。授第一甲进士毛澄为翰林院修撰,徐穆、罗钦顺为编修,第二甲顾清等九十人、第三甲陈璘等二百五人,分拨各衙门办事。

春,王阳明第一次赴京会试,下第。

春,湛若水上京会试,亦落第而归;归途经南京江浦,问学于庄昶。

春,浙江仁和胡世宁中进士,初授节推转郎,后擢知府。

是年,黄孔昭从祀黄岩乡贤祠。

约是年左右,黄绾侍黄俌至省城杭州,游西湖冯园,留连竟日,不忍离去。

弘治七年甲寅(1494),十五岁,在黄岩

二月,湛若水往学于江门,师从陈献章。

八月,徐溥等奏请,李东阳升礼部右侍郎兼侍讲学士,负责内阁诰敕之撰。

是年,黄俌丁外艰毕,服阕,补车驾主事。

是年,黄绾叔父黄位病卒。嗣后,黄绾应黄位之子黄绮之请,成《贞七叔墓志铭》。

是年,江苏长洲(今苏州)朱纨生。

弘治八年乙卯(1495),十六岁,在黄岩

八月,谢铎应黄俌之请,为黄孔昭《定轩先生存稿》作序。

是年,黄绾始习举业。

是年,李东阳与谢迁受命入内阁,参预机务。

是年左右,黄俌改任吏部文选司主事。

弘治九年丙辰(1496),十七岁,在黄岩

正月初五日,黄绾外祖父鲍恩下葬于乐清杨川接待山之原。

三月,李东阳受命为殿试读卷官。

春,王阳明第二次参加会试,不中。顾璘中朱希周榜进士,授广平知县。

是年,黄绾习举业。

是年,浙江余姚钱德洪、江西泰和欧阳德,生。

弘治十年丁巳(1497),十八岁,在黄岩

三月,李东阳与徐溥、刘健、谢迁受命为总裁官,修撰《大明会典》。

十月一日,湛若水作《上白沙先生启略》书,揭"随处体认天理"之旨。

是年,王阳明寓京师,学兵法。

是年,黄绾仍习举业。

弘治十一年戊午(1498),十九岁,在黄岩

二月,皇太子出阁读书,赐李东阳太子少保、礼部尚书衔兼文渊阁大学士,负责教导太子。

四月,京师国子监祭酒缺员,吏部以谢铎名进之。

夏,台州黄岩,太平一带大旱。

秋,黄绾弃举业不为,励志古圣贤之学。时任巡按浙江道监察御史陈诠招黄绾参加浙江乡试,黄绾力辞不赴,并作《谢陈御史招应举书》。

秋,黄绾仲兄黄绎赴省试,不利。

是年,黄绾与妻钟氏完婚,媵婢某氏、虞氏。时,黄绾十九岁,钟氏年二十三。

是年,黄绾舅氏鲍鹏以邑庠生岁贡,任黟县训导。

是年,王阳明闻道士谈养生,有遗世入山之意。

是年,浙江山阴王畿、广东揭阳薛宗铠、浙江永康程梓,生。

弘治十二年己未(1499),二十岁,在黄岩

正月,黄绾祖母蔡氏卒,黄俌丁内艰。

二月,黄绾年届二十,在家父黄俌主持之下,行冠礼。赐字宗贤。

春,王阳明第三次参加会试,中伦文叙榜进士,观政工部。

七月,谢铎作《赠工部右侍郎松坞黄公像赞》。

八月,谢铎由南京国子监祭酒致仕升任礼部右侍郎,管国子监祭酒事。谢铎前后两次以疾乞致仕,辞礼部之职,不允。

十二月,朝廷差官赍文催谢铎赴任,仍不就,李东阳亦贻书来劝。

是年,黄岩后学王洪实,从黄绾游。

是年,黄绾因自幼喘咳,虽服辛温化毒等剂,仍绵延不愈;遂询方于名医薛巳,薛巳用药,治愈其喘咳顽疾。

是年,黄绾始学《易》。

是年,陈献章以江门钓台托付与湛若水,视湛若水为衣钵传人。

约是年,黄绾作《释问》文。

弘治十三年庚申(1500),二十一岁,在黄岩

二月初十日,江门心学创始人陈献章卒,享年七十三。湛若水作《白沙先生行状》《奠先师白沙先生文》,并为陈献章服丧三年。

二月十八日,黄绾长子黄承文生,母为钟氏。

是年,谢铎奉旨进京,任礼部右侍郎兼国子监祭酒。黄俌赠诗作《送方石谢先生北上》,黄绾有《送方石先生应召序》。

是年,王阳明在京师,授刑部云南清吏司主事。

弘治十四年辛酉(1501),二十二岁,在黄岩

是年,黄绾家居,继续用功于古圣先贤之学。

是年左右,黄绾著成经学著作《礼经》一种,寄书稿于乡贤王启,呈请指教,并有《与王东瀛论〈礼经〉书》。嗣后,黄绾又有《答王东瀛论学书》。

弘治十五年壬戌(1502),二十三岁,在黄岩,至京师

三月,李东阳充当殿试读卷官。

春,王廷相中康海榜进士,选为翰林院庶吉士。① 王廷相与李梦阳、何景明、徐祯卿、边贡、康海、王九思等七人在京师大兴文学崇古思潮,并称明朝"前七子"。

是年,黄绾作《寄方石先生书》。

① 拙著《黄绾生平学术编年》误把"王廷相中康海榜进士"系于弘治十六年春,误,兹正之。

是年，黄俌丁内艰(1499 年其母蔡氏卒)服阕，返京任职。先任吏部稽勋司郎中，又改任吏部文选司郎中。

是年，黄绾独自乘舟北上，至京师省父。

是年，黄俌举荐观政吏部进士卢英为黄岩县令。

是年，王阳明疏请告归，筑室绍兴会稽山阳明洞中，渐悟仙、释二氏之非。

是年，《大明会典》书成。

弘治十六年癸亥(1503)，二十四岁，在京师

春，黄绾寓住乃父京师官邸，因病卧床近一年。

五月，李东阳与刘健、谢迁建言编修《历代通鉴纂要》，获准。

八月，朝廷命谢铎为官修《历代通鉴纂要》润色官。

十一月，谢铎任国子监祭酒兼礼部右侍郎满三载，因祖母赵氏守节四十余年，遂上《乞恩移封疏》，奏请旌表之。

是月，谢铎作《祖母旌表命下用杜韵志喜三首》。时客寓京师的黄绾闻讯，特作七言律诗《方石先生祖母赵氏旌门用杜韵志喜奉和二首》。

是年，黄绾在京师，再次受业于时任礼部右侍郎兼国子监祭酒的谢铎。黄绾拜会恩师之时，谢铎转交自己诗文集最后定稿《桃溪类稿》与黄绾，并以日后刊刻事宜相托。

是年，经谢铎、黄俌引荐，黄绾师从时任礼部尚书兼文渊阁大学士李东阳。在正式拜谒李东阳之前，黄绾先有《赘西涯先生书》。

是年，经谢铎、黄俌引荐，黄绾拜会并师从陈献章高足林光，研习江门心学。并有《谢林南川书》。

是年，黄俌因当政者不便其所为，致仕。

嗣后，黄绾侍父南归，谢铎有诗作《赠黄宗贤侍父南归二首(并序)》。

是年，黄绾舅父鲍鹏卒于安徽黟县训导任上，黄绾于京师闻讣即恸哭，伤心数月。鲍鹏哲嗣鲍云、鲍雷扶衬而归，期于明年下葬。会黄绾侍父南归至家，即往舅家哭之。鲍云请黄绾撰墓志铭，黄绾哭曰："铭固职也。"旋成《亡舅黟县训导鲍先生墓志铭》。

游学京师期间，乡人有以场屋关节为计者，黄绾因不入试，有感而赋，作五言古诗《有感》。

游学京师期间,黄绾曾羡慕太师兼太子太师英国公张懋家法。

弘治十七年甲子(1504),二十五岁,在黄岩

正月初一日,黄绾赋诗《元日抒怀》赠谢铎,谢铎有《次黄宗贤元日抒怀韵》。

二月,谢铎复乞致仕,不允。

六月,谢铎再乞致仕,仍不允。

七月,谢铎仍以疾乞致仕,许之,给驿以行,命疾愈后奏闻起用。

秋,王阳明主考山东乡试,穆孔晖举山东乡试第一,遂与王阳明有座主门生之谊。

九月,王阳明至京师,改任兵部武选清吏司主事。

十二月四日,黄绾亡舅鲍鹏下葬于乐清道林北山黄岙之原,黄绾与葬事。

是年,湛若水再次易名,由"雨"改成"若水"。

是年,湛若水奉母命就学于南京国子监,时任南京国子监祭酒章懋,为湛若水之才识所折服,不敢以举子相见,称其为"老友"。

弘治十八年乙丑(1505),二十六岁,在黄岩

三月,李东阳充殿试读卷官。

春,湛若水、郑善夫、顾应祥、穆孔晖、殷云霄、方献夫、严嵩等同中进士。

五月七日,弘治帝朱祐樘驾崩于乾清宫,年三十有六,庙号孝宗。

五月十八日,孝宗长子、皇太子朱厚照即帝位,以明年为正德元年,大赦天下。先是,大学士李东阳、刘健、谢迁入乾清宫,共同领受顾命。

七月,李东阳以辅导太子之功,与谢迁同升少傅,仍兼太子太傅。

八月,李东阳与谢迁同授光禄大夫,勋柱国。

十二月,李东阳奉命修纂《孝宗实录》。

是年,王阳明与湛若水在京师定交,共以倡明圣学为事。湛若水中进士后,选为翰林院庶吉士。

是年,黄俌家居,杜门不出。黄绾亦隐居紫霄山中,兀坐读书,用功于六经四子之道。

是年,谢铎致仕家居,黄绾继续从学于谢铎。

是年,黄绾作《寄林南川书》,恳请时在京师的林光以江门白沙之道相传。

是年,黄绾有书函与吴行斋,向其请教《春秋》大义,成《寄吴行斋书》。

是年,黄绾与前年在京师期间的业师张元祯有通信,作《与谢东白先生书》。

是年,在乃父黄俌引荐之下,黄绾与天台前辈学者夏镔结识。黄俌于正寝之北建重屋。事竣,尽升前后所蓄卷帙于其上,字之曰"业书之楼"。夏镔应邀登楼,"周览卷帙"。黄俌求记文,夏镔作《业书楼记》。

正德元年丙寅(1506),二十七岁,在黄岩

三月十五日,黄俌谢世,享年五十有七。是年起,依礼制,黄绾为父守丧三年。

十一月七日,黄绾次子黄承廉生,母为黄绾媵婢某氏。

十二月,王阳明上封事,因忤宦官刘瑾,下诏狱,杖三十,谪贵州修文龙场驿驿丞。

十二月十六日,赐李东阳少师兼太子太师、吏部尚书、华盖殿大学士。

是年,张元祯卒,年七十一。闻讯,黄绾作《祭张东白先生文》。

是年,湛若水与徐爱相交并切磋问学。若干年后,湛若水作《祭徐郎中曰仁文》,其中有"丙寅于京,我友阳明。君少侍侧,如玉之英"云云。

正德二年丁卯(1507),二十八岁,在黄岩

闰正月,王阳明往龙场驿,湛若水作《九章赠别(并序)》。王阳明答之,成《阳明子之南也其友湛元明歌九章以赠崔子钟和之以五诗于是阳明子作八咏以答之》。

二月,王阳明南下赴谪途中,转道归乡。

春,徐爱在绍兴,正式师从王阳明。

春,黄绾有诗作《幽居》。

六月,李东阳进《历代通鉴纂要》一书。

夏,黄绾先后作《上西涯先生论时务书》、《再上西涯先生书》。

十月,湛若水改任翰林院编修。

是年,时任太仆寺卿储巏委托还任官吏刘大尹,吊奠已故友人黄俌。黄绾作《寄储柴墟先生书》(三首之一)以致谢意。

是年,储巏由太仆寺卿升任都察院右佥都御史,黄绾从邸报中闻讯,又有《寄储柴墟先生书》(三首之二),并附近作《寄西涯先生书》,恳请指教。嗣后,储巏复函《与黄绾秀才》,对黄绾所提"求天下之才"之建言予以认可:"所论时事在引拔人才,最为至论。"储巏对青年黄绾寄予厚望,希望黄绾日后求教于时贤蔡清、王阳明。

是年,黄绾又有《寄储柴墟先生书》(三首之三)。

是年,徐爱、朱节、蔡宗兖举于乡,朱、蔡亦师从王阳明。王阳明赴谪贵阳龙场驿,作《别三子序》以赠之。

是年冬,王阳明抵贵州修文龙场。

是年左右,黄绾有《答问土中铜器书》。

是年左右,黄绾创建象德祠,奉洞黄五世祖统五府君(黄与庄)神主,并成《奉统五府君入象德祠文》。

正德三年戊辰(1508),二十九岁,在黄岩

二月,湛若水充会试同考官,识高陵吕柟,于文置第一。

三月,李东阳充殿试读卷官。吕柟中该科状元。

春,徐爱中进士,授祈州知州。

春,湛若水为副使,受命册封宗藩瑞昌王,并假道增城,迎母陈氏至京师侍养。

十月,天台学者夏镔有江心之游,过道黄岩,假榻黄绾四弟黄约居所——岁寒轩,住十有几日。一日,黄绍、黄约携酒荡舟,邀夏镔同游于澄江之浒,"缓行随波数十百步,遇风涛绝岸而止"。数酌之后,夏镔属黄绍邀黄绾到场,共同畅饮。

十一月,谢铎正式致仕。

十二月二十七日,湛若水因梦到远在贵阳的道友王阳明,作诗《戊辰腊廿七日夜梦王伯安兄》。

是年,王阳明在贵州龙场,始悟格物致知之义。

是年左右,黄绾有《寄潘南屏书》,向弘治十六年游学京师时所拜之师、陈献章高足潘辰,请益问学。

是年左右,黄绾少年时举业师陈石峰赙祭黄俌,黄绾有《寄陈石峰先生书》

答谢。

是年左右,黄绾作《寄刘检讨瑞书》,向翰林院检讨刘瑞请教为学为道之方。

是年左右,台州太平、黄岩一带连续两年遇旱灾。黄绾有《上王太守救荒书》,建言台州太守:"以己之诚心,思忖时之难易,行保甲,建义仓,以治理荒政。"

正德四年己巳(1509),三十岁,在黄岩,又赴京

四月,《孝宗实录》成,李东阳率百官上表。

冬,黄绾为父守丧三年毕,母(鲍允俭)命强之出仕,遂赴部听选。

是年,在赴京之前,黄绾拜祭先祖,成《告祖考文》。

是年,王阳明在贵阳,始论"知行合一"。后应贵州提学副使席书之聘,主讲于贵阳文明书院。

正德五年庚午(1510),三十一岁,在京师

正月,黄绾抵京,授后军都督府都事。

二月二日,黄绾恩师谢铎病卒于家,享年七十有六。朝廷赐葬谕祭,赠礼部尚书,谥文肃。葬于台州太平县旸(洋)岙大梦山。

春,王阳明由龙场驿赴江西吉安府庐陵县任知县,有惠政。

夏,黄绾于京师得知业师谢铎亡故之讯,作《哭方石先生次涯翁韵》(二首)。

八月,刘瑾以谋反罪下狱。治刘瑾党,刘瑾伏诛。

十月,湛若水任翰林院编修满三载,推恩封其母陈氏为太孺人。

秋,湛若水有诗作《秋怀三首寄王庐陵阳明子》。

十一月,王阳明入觐至京师。黄绾与王阳明、湛若水结识并定交共学,以证圣人之道。

十二月,王阳明升南京刑部四川清吏司主事,并未立即离京赴任。

是年,黄绾与桂萼有交往,桂萼系正德六年进士。

正德六年辛未(1511),三十二岁,在京师

正月,湛若水、黄绾拜谒吏部尚书杨一清,恳请留王阳明于京师任职。王

阳明改调,任吏部验封清吏司主事。王、湛、黄三人,于职事之暇,始聚会讲。王阳明有《答徐成之书》,论晦庵、象山之学。

二月,礼部会试天下贡士,大学士刘忠、学士靳贵为考试官,王阳明、穆孔晖等为会试同考试官,取中式举人邹守益等三百五十名。

三月,李东阳充殿试读卷官,杨廷和之子杨慎中状元。

春,黄绾与王阳明、徐爱、应良、方献夫、郑杰、梁谷、王道、顾应祥、王元正等至京畿近郊踏青赏景,偕游香山时,曾夜宿功德寺。此行,有诗歌唱和多种。黄绾有七言绝句《香山夜坐》,王阳明成《夜宿功德寺次宗贤韵二绝》,徐爱赋《孟春与顾惟贤奉陪阳明先生游香山夜宿林宗师房次韵》。黄绾还作七言律诗《游香山次阳明韵》、七言绝句《望湖亭》等。

春,三衢徐文溥中进士,离京至南都任礼科给事中;应徐文溥之请,黄绾为其别号"梦渔"作《梦渔说》。此外,黄绾还应徐文溥之请,为其乡人胡用良"早游燕冀岭海间"时所作图卷《观物》题跋,成《题观物卷》。

春,台州临海叶忠中进士,选为重庆推官。黄绾受朝中同乡之托,作《送叶一之序》。

八月,应湛若水之请,王阳明为湛若水亡父湛瑛作墓表,成《赠翰林院编修湛父墓表》。

九月,朝廷命湛若水往封安南国王。

秋冬之际,吏部文选司署员外郎方献夫以病请告,归家隐居。王阳明有《别方叔贤序》赠之,黄绾有七言绝句《次韵送方吏部叔贤养病归南海》(四首)。

十二月二十七日,李东阳以老病请求致仕,获准。

是年,在湛若水母陈氏七十五岁寿辰之时,黄绾、王阳明等同为湛母祝寿祈福。

是年,在京师任职的御史林以吉,立志求圣人之学,常请益于黄绾、王阳明。林以吉离京(至福建莆田)归省而与友人道别,黄绾有《赠林以吉侍御》,王阳明成《林以吉归省序(辛未)》文。

是年,或许系黄绾介绍,仙居学人应良亦问学于王阳明;王阳明又介绍应良与湛若水认识。

是年,王阳明有《答黄宗贤应原忠》书,论实践之功。

是年,王阳明有《与黄宗贤(辛未)》。

是年,台州黄岩人章达德将归东雁,因系同乡,黄绾请王阳明、湛若水撰赠序文以送行,王阳明乃作《送章达德归东雁序(辛未)》。

是年,章达德将京城友人所作送行诗作,汇为一帙,题曰《燕市悲歌》。黄绾受命作序,成《燕市悲歌序》。

是年,黄绾主动引荐同寅顾应祥从学于王阳明。

是年,少师兼太子太师吏部尚书华盖殿大学士李东阳,为前一年谢世好友谢铎撰神道碑铭文,即《明故通议大夫礼部右侍郎管国子监祭酒事致仕赠礼部尚书谥文肃谢公神道碑》。

是年,黄绾为友人施聘之与吴人交游诗集——《交游赠言》作序,成《交游赠言序》。

是年,翰林院检讨张邦奇将归省至浙江鄞县,黄绾、王阳明等有诗、序相赠。黄绾作五言古诗《赠张太史常甫省觐》,王阳明成《别张常甫序(辛未)》。湛若水与张邦奇同在翰林供职,亦当有赠序或诗歌之作。

冬,山东盗起,王道欲奉祖母避地江南,疏改应天府儒学教授。离京南下之时,黄绾、王阳明均有序文相赠。黄绾有《送王纯甫序》,王阳明作《别王纯甫序(辛未)》。翌年,王道抵应天任教之后,王阳明又有书函《与王纯甫(壬申)》。

正德七年壬申(1512)三十三岁,在京师,秋冬之际归黄岩

正月十五日,应黄绾之请,湛若水为黄绾祖父黄孔昭诗文集——《定轩先生存稿》撰跋文。

二月七日,湛若水正式动身、奉使前往安南册封安南国王,并顺道送母陈太孺人还乡增城。离京之际,黄绾有《别甘泉子序》。王阳明有《别湛甘泉序(壬申)》,又有诗作《别湛甘泉二首》。

二月,湛若水离开京城奉使南行,与致仕南归的应良一路偕行,湛若水有诗作《舟泊梁家庄骤括与应元忠语》。湛、应一行过境江苏浒墅关,与闽人郑善夫相识并结交。

三月,王阳明升任吏部考功清吏司郎中。

春,在湛若水、应良离去之后,黄绾亦有致仕归隐之意。适湛若水有赠诗寄至京师,黄绾用前韵奉和之,作《志怀》。

夏，王崇贤复任安徽霍山县令，离京赴任之时，黄绾与之谈学、论政，并有《送王崇贤序》。

夏，黄岩人吴昧斋出任山东禹城县令，黄绾在京师为之饯行，并作《送吴禹城序》。

夏，黄绾受库部主事黄伯固之请，为其弟黄叔开归乡莆阳作赠别文字，成《送族弟叔开序》。

夏，台州后生施存宜至京师游学，拟师从黄绾，以求证圣贤之心，黄绾婉拒之。施存宜离京之时，黄绾作《送施生存宜序》。

秋，与黄绾同官的一位裴姓都事，因奉养双亲之故，改官至南都任职；黄绾赋诗为其饯行，成《送裴都事改官南都将以便养》。

秋，友人郑杰由京师返乡鹿门，黄绾有诗作《赠郑伯兴归鹿门》。

秋，汪景颜在师从王阳明之后，出任大名府县令。临行之际，与王阳明、黄绾、徐爱等京城师友道别。黄绾有《赠汪景颜》。王阳明《与王纯甫（壬申）》书中亦言及景颜事。

秋，黄绾应太师兼太子太师英国公张懋长子、锦衣卫带俸指挥佥事张钦之请，为其亡妻穆叔祥撰墓志铭，成《张恭人墓志铭》。

秋，黄绾多病。掌后军都督府的英国公张懋作为黄绾上司，对其多有关照。

深秋，黄绾任后军都事职满考之后，三疏乞养归，终以疾告归。

深秋，黄绾离京之时，王阳明有《别黄宗贤归天台序（壬申）》文相赠，又有诗歌《赠别黄宗贤》。

深秋，黄绾离京之际，与京师友朋王元正、梁谷、顾应祥道别，作《留别三友》文。与此同时，黄绾又与汪玉告别，成《留别汪汝成》。此外，黄绾与吴廷勉、梁仲用（即梁谷）皆有诗歌辞别，赋《留别吴廷勉》、《留别梁仲用》。

深秋，黄绾南归之际，徐爱假金赠诗，以壮其行。徐爱有歌行《送黄宗贤谢病归天台》（五首）、《送黄宗贤谢病归天台诗叙》等。

冬，黄绾沿京杭大运河乘舟南归，过江苏浒墅关，与闽人郑善夫相识并结交。先前，即是年春，湛若水、应良已与郑善夫结交，并言及时在京师讲学的黄绾与王阳明、徐爱等人。

冬，离京月余，尚未抵家的黄绾有《寄阳明先生书》（四首之一）。

十二月，王阳明升任南京太仆寺少卿，亦离开京城。是时，徐爱以祁州知州考满，升南京兵部车驾司员外郎，遂与王阳明同舟归越，便道归省。

十二月，李东阳正式致仕。

正德八年癸酉(1513)，三十四岁，在黄岩

正月十七日，湛若水抵安南，册封国王晭，却馈金；作《交南赋》，不久返归。

正月，王阳明、徐爱南归途中，过江苏浒墅关，与闽人郑善夫结交。

二月，王阳明至越地，即拟与徐爱同游天台、雁荡，以寻访黄绾；因故，未能成行。

春，黄绾于黄岩翠屏山山田间垦地播种，赋有田园诗作《荷锄》一种。

春，黄绾行走于黄岩紫霄山麓，手缘青藤，于凌霄岭断崖绝壑处寻得一地，芰屏满地荆榛，以俟容身。黄绾赋有诗歌《新开凌霄岭》。今有摩崖石刻文存世。

六月，太平学者赵元韶病卒，享年九十。黄绾作《白云赵先生墓碣铭》。

七月，南京吏部左侍郎储巏卒，年五十七。黄绾结识王阳明系储巏介绍，储巏与黄俌、黄绾父子均有交谊。

夏秋之际，王阳明寻访黄绾不果，有《与黄宗贤（壬申）［癸酉］》书，告知近况。

秋，因伏疴久未愈，黄绾于紫霄山中行道教辟谷之方，赋诗《病中习辟谷寄阳明甘泉》（二首）。

十月，王阳明至安徽滁阳，督马政。

冬，王阳明在滁阳，作《与黄宗贤（癸酉）》书，告知近况。

是年，王阳明在《与戴子良（癸酉）》书中言及："宗贤已南还，相见且未有日，京师友朋如贵同年陈祐卿、顾惟贤，其他如汪汝成、梁仲用、王舜卿、苏天秀，皆尝相见。"

是年，湛若水再奉母入京。启程之前，与黄绾有书信，云"乡族难处"、"士风之薄，难以久居"。黄绾覆函《寄甘泉书》（二首之一），安慰之。

正德九年甲戌(1514)，三十五岁，在黄岩

二月晦日，黄绾登紫霄山顶，"夜烧生叶卧峰头"。

春，湛若水奉母北上、入京复命之时，与王阳明会于滁阳之间，有儒佛之

辩。春夏间,湛若水抵京师。

春,会试,霍韬、黄宗明、应典等中进士。

四月,王阳明升任南京鸿胪寺卿,离开滁阳至南都供职,专以良知之旨训学者。

五月,王阳明在南京,与门弟子相与论学,门弟子亦有渐背师教者。

深秋,黄绾有七言绝句《吾庐》。

是年,黄绾在黄岩紫霄山中构草庵,并在灵岩为王阳明、湛若水各建一亭,名之曰"阳明公亭"、"甘泉公亭",并称"二公亭"。黄绾有七言绝句《紫霄怀阳明甘泉》,敬候王阳明、湛若水的来访。又成《寄阳明先生书》。

是年,王阳明在南都讲学,因信奉朱学的魏校与之有"门户之分",阳明门弟子与魏校门生之间亦展开论辩,颇似当年"朱陆之辩"。远在黄岩的黄绾与魏校不曾相识,但见过魏校写给乃师李逊庵的几通书函,便修《答邵思抑书》寄呈与魏校有交往且在南都任职的好友邵锐,希望邵锐从中调解,劝说魏校及其门生摒弃"门户之分",与王阳明一道共倡圣学。

是年,王阳明、魏校之间在南都发生的学术争论,已传至京师,京师友人致函黄绾,告知此事。出于维护王学立场,黄绾又致函先前在京城结识而此时在杭城任职的李逊庵,作《复李逊庵书》。以为逊庵之学与阳明之学无异,希望作为魏校业师的李逊庵能够从中加以调停,劝说魏校放弃门户之见,"朱果有益于此则求之于朱,陆果有益于此则求之于陆,要皆自成其身而已"。从而"以天地为度,各通其志,各尽其力",共倡圣学。

是年,时亦在南都供职的阳明门人王道受魏校、邵锐之影响,与乃师王阳明、好友黄绾所主"圣人之学"渐行渐远。王道先后有两封书函与黄绾,委婉告知自己对阳明之学"疑而不信",并希望黄绾就魏校、王阳明之间的学术同异发表意见。黄绾以古圣贤相传之心学为参照,成《复王纯甫书》(二首之一),反对门户之争。或许系学术立场有异,王道未对黄绾书函作出答复。黄绾再有《复王纯甫书》(二首之二),希望深得魏校之说的王道覆函介绍魏校之学,以便甄别二家之学术同异。尽管黄绾不识魏校,但坚决以为王、魏二人的为学宗旨"元无不同"。

是年,仙居学人应良偕永康学者应典,至黄岩紫霄山,拜访黄绾,遂一道切磋论学。

是年左右，邻老林君自谓北宋西湖处士林逋支裔，衰辑林逋遗诗，将以锓梓，请黄绾为诗集《林和靖诗集》作序，黄绾乃成《林和靖诗集序》。

正德十年乙亥（1515），三十六岁，在黄岩

正月三十日，湛若水母、封太孺人陈氏卒于京城，年七十九。湛若水哀毁匍匐，不能仰视，后扶柩南归。时王阳明任南都鸿胪寺卿，逆吊于南京龙江关，两人辩论格物。湛若水南归途中，尚有《与阳明鸿胪》、《与王阳明先生鸿胪》、《寄阳明王先生》等书函。

春，王阳明有书函与黄绾，即《与黄宗贤（癸酉）[乙亥]》。黄绾从王阳明书函中得知湛母病卒事，作《祭湛太夫人文》。

三月三十日，太师兼太子太师英国公张懋卒，年七十六。黄绾闻讯，作《奠英国公文》。黄绾任后军都事之时，张懋系黄绾上司，对黄绾多有关照。

七月九日，湛若水葬亡母陈太孺人于荷塘之源，朝夕号泣。应湛若水之请，张邦奇撰《封太孺人陈氏行状》，王阳明作《湛贤母陈太孺人墓碑》，蒋冕成《明封太孺人陈氏墓志铭》。

七月十三日，黄绾作《题〈大间杨氏家谱〉》。

秋，黄绾至北山之灵岩石室（灵岩洞），探寻乡先贤、南宋丞相杜范读书处，赋有七言绝句《灵岩石室宋杜丞相范曾此读书》。

八月，王阳明上《乞养病疏》。

九月三十日，王阳明父王华七十寿辰。此前，王华女婿、阳明门人徐爱以"吾子为通家"，修书一封与此时家居的黄绾，请黄绾为王华寿辰事撰序庆贺。黄绾作《实翁先生寿序》。

是年，王阳明与王道师徒之间"有隙"，黄绾有书函与王阳明专论此事，王阳明随后覆函《与黄宗贤（癸酉）[乙亥]》。

是年，黄绾山居读书，有诗作《雨宿半塈庵》（三首）。

是年，永康学者应典再次来访黄岩。黄绾与之论学，并有《赠石门子》。

是年，曾问学于王阳明的台州临海林典卿、林彝卿兄弟归省，临行之前，与王阳明道别；阳明作《赠林典卿归省序（乙亥）》，嘱林典卿返乡之后，以"立诚"之言转告讲学于天台、雁荡间的黄绾、应良。

是年左右，福建莆田人林以吉转任提学官，黄绾有《与林以吉书》。

正德十一年丙子(1516),三十七岁,在黄岩

初春,黄绾有郡城临海之行,造访林典卿、林彝卿兄弟,有七言绝句《过林典卿山居》(二首)。

暮春,黄绾有七言律诗《暮春》之作。

七月二十日,致仕特进光禄大夫左柱国少师兼太子太师吏部尚书华盖殿大学士李东阳卒于京城,年七十。闻讯,黄绾作《祭西涯先生文》,还有诗作《次韵哭涯翁》。

九月,王阳明升都察院左金都御史,巡抚南、赣、汀、漳等处。是时,汀、漳各郡皆有巨寇,兵部尚书王琼特举王阳明前去平叛。

十月,王阳明归省至越。

秋,江西欧阳德、黄弘纲、聂豹等举于乡,王阳明至江西后,皆师从阳明。广东杨仕德、杨仕鸣兄弟举于乡,先是师从湛若水,后又问学于王阳明。

秋,黄绾与台州太守顾璘结交,偕游台州郡城一带名山大川,并有诗歌唱和。黄绾作《和顾华玉游云峰》、《陪顾华玉游巾峰》(二首)、《次华玉九日登巾峰》等。

秋,南京兵部尚书乔宇把先前李东阳赠谢铎的《石棋子歌》书成篆文,嘱台州太守顾璘刻石立碑。因黄绾系李东阳、谢铎、乔宇三人之门生,顾璘特邀黄绾至郡城,共商此事。黄绾遂有《题乔白岩篆石棋子歌后》。

秋,黄绾在郡城临海。先是,陈鲁南为顾璘谪官湘南事而有画作《华山对雨图》,顾璘邀黄绾玩赏;黄绾为之题跋,成《题华山对雨图》。又,长洲文征明有诗画一卷,请顾璘转赠顾璘女婿俞商用;顾璘又将此诗画拿出供黄绾鉴赏,黄绾遂有《题文征明诗墨》之跋。

秋,黄绾在郡城同俞节推同游城西龙潭寺,赋七言律诗《同俞节推游龙潭寺》。黄绾在郡城之时,应乡先贤郑水部之子请,作《题郑水部碑状后》。

秋,黄绾赋有七言律诗《秋日》、《草堂》等。

秋,黄绾携客登天台,作有七言律诗《登天台》、《桃源洞》等。

深秋,黄绾从郡城返回黄岩,结茅紫霄,有七言律诗《紫霄述怀》、《北山》、《北山漫兴》等。

是年左右,某地潘姓太守受原户部右侍郎邵宝之托、拜访黄绾,因黄绾有

礼乐之志,邵宝特托潘太守带来张叔成所著《律吕书解》,鼓励黄绾用功于礼乐之学。黄绾遂有《复二泉先生书》致谢。

是年左右,黄绾受南京工部都水司郎中徐爱之请,为其祖父徐廷玉撰墓志铭,成《徐府君墓志铭》。

是年左右,后生李朝绅至紫霄山中拜访黄绾,黄绾赋五言古诗《赠李生朝绅》。

正德十二年丁丑(1517),三十八岁,在黄岩

正月,王阳明至赣;二月,平漳寇;四月,班师;五月,立兵符;六月,疏请疏通盐法;九月,改授提督南、赣、汀、漳等处军务,给旗牌,得便宜行事;十月,平横水、桶冈诸寇;十二月,班师。

春,会试。蔡宗兖、季本、薛侃、陆澄、聂豹、张元忭、马明衡、夏言等中进士。

四月,湛若水服阕。王阳明于赣有书函与湛若水,湛若水作《答王阳明书》。

五月十七日,南京工部都水司郎中徐爱得痫疾,暴卒于山阴寓馆,年三十一。时寓赣州的王阳明于七月十五日、八月十一日各有《祭文》一种。十一月,湛若水从王阳明处得知徐爱病卒之讯,亦作《祭徐郎中曰仁文》。是年底,王阳明将所撰祭文抄送黄绾,并有书信一通。黄绾覆函,成《寄阳明先生书》(四首之三)。翌年(即正德十三年)八月十五日,黄绾又作《祭徐曰仁》文。

七月,黄绾曾祖叔黄彦良卒,享年七十八岁。黄绾作《司训府君墓志铭》。

秋,黄绾于紫霄山中建成石龙书院。"书院基"今尚存。

秋,闽中郑善夫拟在冬日至黄岩拜访黄绾,有五言律诗《黄岩黄宗贤为余筑室羽山招与共栖未果守官郁郁辄有东路之思奈故乡多难欲归不可行当赴其招矣记兴》(二首)。

冬,天晦,大雪浃旬不止。郑善夫抱病来访台州,黄绾与之论圣人之学,言及"天地万物之奥,极于无穷"。黄绾先是在委羽山款待郑善夫,又偕之至黄岩城业书楼论学,继而移至紫霄山石龙书院留宿。

冬,应郑善夫之请,黄绾在长兄黄绍帮助下,在黄岩翠屏山为郑善夫构筑少谷亭以居之,黄绾成《少谷亭记》文。此外,黄绾有诗歌《少谷郑继之访予紫

霄因结亭留之》。郑善夫好友方豪得知黄绾为郑善夫来访而建造少谷亭一事，即赋五言律诗与黄绾，表示期望一同隐居紫霄山。黄绾次韵和之，即《方思道闻余与郑继之结亭紫霄作诗期隐次韵招之》（二首）。

冬，应黄绾之请，郑善夫作《石龙书院记》。

冬，黄绾作五言古诗《与继之紫霄夜坐》一首，描绘他与郑善夫紫霄夜坐论道之场景，并镌刻于翠屏山灵岩洞侧岩石之上。尔后，黄绾还把翠屏山一处山峰命名为"少谷峰"，亦镌刻于摩崖之上。紫霄山及黄绾石龙书院所在地称北山，郑善夫在黄绾、黄约兄弟陪伴之下，畅游之，嗣后有《游北山记》。郑善夫并有诗作《北山诗》（二首）、《芝谷歌》等。

是年，黄绾有五言古诗《赠山人》、《赠周别驾以成》（三首）等。

是年，湛若水丁母忧毕，无意出仕。**十月**，上《乞养病疏》，隐居西樵山，建大科书院以讲学。是年冬，有《寄阳明都宪》、《寄王阳明都宪》等书函。

正德十三年戊寅（1518），三十九岁，在黄岩

正月，因郑善夫来访黄岩，仙居应良、永康应典亦慕名而来。黄绾、黄约、郑善夫、应良、应典等在大雪之中偕游至郡城临海。时任台州郡守顾璘对好友郑善夫、黄绾一行来访郡城，盛情款待，有五言律诗《雪中郑少谷黄石龙过郡》。郑善夫有诗作《岁暮寻天台山水》。

黄绾、郑善夫、应良等拜会顾璘之时，曾登临顾璘在临海后山之麓所营造的一处亭台，宾朋友好饮酒唱酬其中，有人建议以"回风"二字命名此亭，顾璘同意，黄绾作《回风亭记》以纪之。

顾璘又在郡城临海巾山之畔构建"玉辉堂"，款待黄绾、郑善夫一行。黄绾有诗作《玉辉堂》，应良撰《玉辉堂记》。黄约因善书，特为"玉辉堂碑记"篆书并题额。黄绾、顾璘、郑善夫、应良、应典等在玉辉堂宴集，并有诗歌唱和。黄绾作五言律诗《与郑继之郡斋宴集次顾太守华玉韵（时武宗皇帝尚北狩）》，郑善夫有五言古诗《宴集玉辉堂》、《郡斋宴集答华玉》等。郑善夫离开临海，顾璘作《别郑继之序》。

二月初，郑善夫离开台州，拟转道杭州，北上京师；黄绾、应良偕送之渡钱塘。在钱江渡口言别之际，黄绾作五言古诗《赠继之》以饯行。此外，黄绾、应良、郑善夫还相约于是年秋冬之时共赴广东增城，寻访道友湛若水。

春,郑善夫到杭城之后,黄绾曾作七言绝句《寄郑继之》。

春,有黄岩乡人自江西归来,携王阳明手札一通(附王阳明《祭徐曰仁文》)转交黄绾。黄绾覆函,作《寄阳明先生书》(四首之三),交流自己近来读书心得;嗣后,王阳明又作《与黄宗贤(丙子)〔戊寅〕》。

是年,黄绾在紫霄山与归省还乡的刑科都给事中王爌,夜坐畅谈,有七言绝句《夜坐赠王南渠给事》(二首)。

是年,王阳明继续在赣平叛,并有致仕归隐之意。**三月**,疏乞致仕,不允;**六月**,又上《辞免升荫乞以原职致仕疏》;**七月**,王阳明刻古本《大学》并有序,刻《朱子晚年定论》亦有序;**八月**,门人薛侃于虔刻《传习录》。

是年,王阳明与湛若水之间有书信往来,作《答甘泉书》,并寄《朱子晚年定论》刻本与湛若水。嗣后,湛若水有《答阳明都宪》。

是年,湛若水亦重视古本《大学》,始撰《古大学测》、《中庸测》。

是年,黄绾还有书函与王阳明,其中附诗作一种。嗣后,王阳明有《与黄宗贤(戊寅)》书。

正德十四年己卯(1519),四十岁,在黄岩

三月,先是正德皇帝西巡归来,敕谕南巡,周游天下,百官反对,兵部郎中黄巩等百四十六人先后疏谏而遭杖刑、黜降。时任礼部祠祭清吏司主事的郑善夫亦上《谏冬巡疏》而受廷杖,罚跪五日。嗣后,郑善夫有《寄黄石龙》书,告知此事。

六月十四日,宁王朱宸濠借口武宗荒淫无道,兴兵造反,杀巡抚孙燧、江西按察副使许逵,革正德年号。以李士实、刘养正为左、右丞相,以王纶为兵部尚书,集众号称十万,并发檄各地,指斥朝廷。**七月初**,又以其部将守南昌,自率舟师蔽江东下,略九江,破南康,出江西,帅舟师下江,攻安庆,欲取南京。

六月,王阳明奉敕勘处福建叛军,**十四日**,至丰城,闻宸濠反,遂返吉安,起义兵;**十九日**,疏上变;**二十日**,再告变。

七月十三日,义兵发吉安;**十五日**,大会于樟树;**十八日**,誓师;**十九日**,次市汉;**二十日**,拔南昌,促兵追濠;**二十三日**,始接战;**二十四日**,战于黄家渡;**二十五日**,战于八字脑;**二十六日**,获濠于樵舍,江西平。

八月二十二日,王阳明捷报尚未达北京,正德皇帝自称"奉天征讨威武大

将军镇国公",率万余官兵南下"亲征"。到涿州之时,王阳明捷报传至,但正德皇帝仍执意南征。

八月,王阳明疏谏亲征。

九月,王阳明献俘(朱宸濠)至钱塘,以病留杭州。

十月,因王阳明平叛之功,佞臣张忠、江彬、许泰心怀妒恨,向正德皇帝进谗,说王阳明有谋反之志,让正德帝把王阳明招至南京,并拟设法陷害之。不得已,王阳明赴镇江金山寺、安徽九华山避祸。

十一月,正德帝认为王阳明无谋反之意,王阳明遂重返江西。

十二月,朱宸濠被押解至南京。**次年十二月**,正德帝在通州处死朱宸濠,除宁王之藩。

是年,王阳明因平定宁王叛乱而成有功社稷之臣,黄绾有《寄阳明先生书》(四首之四),告诫王阳明在"奸欺盈朝"之时,切记明哲保身。

是年,黄绾有《寄方叔贤书》,就"省察存养一事"之所得,求证故友。

是年,黄绾入郡城临海,与城中诸友畅饮于裘指挥山亭,作有七言律诗《秋日与城中诸友饮裘指挥山亭》。

是年,应台州太守顾璘之邀,黄绾为台州临海张玑、张尺二先生树传,成《二张先生传》。

是年,广东东莞林光卒。林光系陈献章高足,黄绾早年在京师游学期间曾拜谒、师从之。湛若水作《祭林南川文》。

是年,王阳明与湛若水之间有通信,讨论《大学》格物之说。湛若水《答王阳明》文以为"格即造诣之义,格物者即造道也","吾辈终日终身,只是格物一事耳"。

正德十五年庚辰(1520),四十一岁,在黄岩

二月二十九日,黄绾妻钟氏卒,年四十五。钟氏为黄绾生有一子黄承文(黄绾长子)、一女黄娟(长女)。钟氏出嫁之时,媵婢有二:某氏(生子黄承廉)、虞氏(生子黄承德)。若干年后,黄绾乃有《亡室淑人钟氏墓志铭》。

三月,郑善夫托疾上疏乞归,离京返闽,并有书函《答黄石龙》。

春,湛若水常与霍韬、方献夫相会。王阳明与湛若水之间互有书信往来,分为《答甘泉》《答阳明》。黄绾亦与湛若水有通信,即《寄甘泉书》(二首之二)。

夏，湛若水有《大科书院训规》及《序规》之作。

秋，郑善夫三年之前来访台州，因临别之际与黄绾、应良有北山之约，即三年之后再次来访。郑善夫应约再访台州，适永康应典亦来访，黄绾、应良、郑善夫、应典遂偕游雁荡、天台。

此次雁荡之行，黄绾以雁荡胜景为题，赋七言绝句诗《灵峰洞》、《灵岩》、《龙湫》、《石门道中答继之苹花之作》等。雁荡游毕，出山之时，应良有七言绝句诗赠黄绾，黄绾次韵作《和应南洲雁荡出山见赠韵》（二首）。黄绾还有七言律诗《雁荡赠郑继之应元忠》。郑善夫亦有《秋夜偕应天彝黄宗贤宿灵岩天柱峰大雷雨作》、《雁宕山中》等诗行。

雁荡游毕，黄绾、应良、郑善夫一行又有天台山之游，同赏国清寺、华顶、石梁等天台胜景。黄绾有七言绝句《观石梁》、《登华顶》等。出山之时，黄绾赋诗《天台山赠应郑二子》。郑善夫还有《天台杂诗》等。

八月，郑善夫离去，黄绾、应良为之送行。

闰八月中秋前夕，黄绾、应良、郑善夫至绍兴，先是在会稽寻访旧友董玘，然后同至白浦寻访朱节、蔡宗兖。止宿于朱肖斋、朱节祖孙两代的延宾之所"茶瓜小会"。宾朋友人，晨夕登高眺望，倦则归卧之。黄绾应朱节之请，作《茶瓜小会记》。

闰八月十五日，黄绾、应良、郑善夫还与朱节、王琥等五人在中秋月圆之夜，荡舟绍兴镜湖。黄绾有七言绝句《同守中世瑞元忠继之乘月泛镜湖忆阳明》（二首）。

闰八月二十二日，黄绾、应良、郑善夫三人祭拜了位于绍兴迪埠山麓的亡友徐爱之墓，合作《祭文》一种，篇首曰"维正德十五年，岁次庚辰，闰八月廿有二日，友生仙居应良、黄岩黄绾、闽郑善夫，谨以清酌庶羞之奠，敬祭亡友工部郎中徐兄曰仁之墓"云云。

闰八月，在绍兴西陵渡口①，黄绾、应良等与郑善夫拜别，郑善夫亦邀黄绾、应良于明年至闽中访学。与郑善夫道别后，黄绾、应良再至白浦拜会朱节、蔡宗兖，切磋论道。

---

①　拙著《黄绾生平学术编年》（第 99 页）把"绍兴西陵"误记为"大禹陵"，"西陵"系过江（钱塘江）渡口之所在。在此特予以更正。

冬,先是,郑善夫离去之后,有书函两通与黄绾,请教为学之方。于是,黄绾覆函成《与郑继之书》(三首之一),又有《与郑继之书》(三首之二)。嗣后,郑善夫有《答石龙兄》书。

是年,王阳明在江西,作《书佛郎机遗事(庚辰)》,其中有乐府诗《佛郎机》。王阳明把《佛郎机》寄送黄绾,黄绾乃作《佛郎机次阳明韵》。

是年,台州学者应良、赵渊对四十年前乡贤黄孔昭、谢铎衰辑的《逊志斋集》再加删订,成二十四卷(文二十二卷、诗二卷)。台州太守顾璘刊刻于郡斋,黄绾受邀,作跋文《题重刊逊志斋集后》。

是年,湛若水《古大学测》、《中庸测》成书,并各有序文,即《古大学测序》、《中庸测序》。

是年,先后从学于湛若水、王阳明的广东学者杨仕德卒,年三十七。湛若水作《奠杨仕德文》。

正德十六年辛巳(1521),四十二岁,在黄岩

二月十六日,台州太守顾璘从谢铎孙谢必胙处得谢铎遗文《桃溪净稿》八十四卷,为之作序,并刊刻之。

三月十四日,正德帝朱厚照崩于豹房,年三十一,庙号武宗。遗诏召兴献王长子朱厚熜嗣位。

三月,武宗崩,无嗣,慈寿皇太后与大学士杨廷和定策,遣太监谷大用、韦彬、张锦、大学士梁储、定国公徐光祚、驸马都尉崔元、礼部尚书毛澄,以遗诏迎朱厚熜于兴邸。

四月初七日,朱厚熜发安陆。

四月二十七日,朱厚熜至京师,止于郊外。礼官具仪,请如皇太子即位礼。王顾长史袁宗皋曰:"遗诏以我嗣皇帝位,非皇子也。"大学士杨廷和等请如礼臣所具仪,由东安门入居文华殿,择日登极。不允。会皇太后趣群臣上笺劝进,乃即郊外受笺。是日日中,入自大明门,遣官告宗庙社稷,谒大行皇帝几筵,朝皇太后,出御奉天殿,即皇帝位。以明年为嘉靖元年。

五月十五日,殿试,四十七岁的永嘉张璁中杨维聪榜进士,观政礼部。

五月,王阳明集门人会讲于白鹿洞书院。

六月,王阳明升南京兵部尚书、参赞机务,遂疏乞便道省葬。

　　七月初三日,张璁上疏建言:嘉靖帝"继统"不必"继嗣",请尊崇所生,立兴献王庙于京师。初,礼臣议以孝宗为考,改称兴献王为皇叔父,不允。至是,下张璁奏疏,命廷臣集议。杨廷和等抗疏力争,皆不听。**七月四日**,命自今亲丧不得夺情,著为令。**十月初一日**,嘉靖帝追尊父兴献王为兴献帝,祖母宪宗贵妃邵氏为皇太后,母妃为兴献后。**十月**,兵部主事霍韬上疏反对"廷议",后遭排挤致仕。**十一月**,张璁疏进《大礼或问》;**十二月**,张璁因先前疏"议大礼"而忤杨廷和等,借故调至南京任刑部山西清吏司主事。

　　七月,南京兵部尚书乔宇改任吏部尚书。嗣后,为颂美"为国重臣"乔宇的"清温之德",黄绾作跋文《题霍山代卷后》。

　　秋,顾璘离任台州,新任台州太守系罗侨。黄绾从黄岩出发,至郡城拜谒罗侨。

　　秋,因忆及去年秋郑善夫游天台时,吟有七言绝句《懒椿诗》,黄绾赋诗《天台道中诵少谷懒椿诗因忆之》。

　　秋,逗留台州之时,黄绾应罗侨之请,为其诗文集《东川集》题跋,作《题东川集》。罗侨还邀请黄绾共登云峰山,黄绾有诗作《罗太守邀登云峰》。罗侨上任伊始,有告台州百姓《谕民文》,邑社之人相率为诗以颂之;黄绾读罢,乃作《题罗太守谕民文》。

　　八月,王阳明由江西南昌归越中(绍兴)省亲。

　　九月,王阳明归余姚,与后生随地指示良知,钱德洪等请见并师从之。

　　九月,湛若水完成《白沙先生诗教解》并作序。

　　十月,湛若水有《祭白沙先生文》。

　　十一月,湛若水与邓生、汤生等改葬白沙先生于皂帽峰下,并作《明故翰林院检讨白沙陈先生改葬墓碑铭》。

　　十二月,王阳明因在江西平定"宁王之乱"有功,封新建伯。湛若水作《寄阳明书》以道贺。

　　十二月,先是,因都御史吴廷举、御史朱节举荐,湛若水复补翰林院编修;湛若水拟离开西樵山,再次出仕。湛若水把在西樵山大科书院讲学语录,汇编结集成《樵语》、《新论》、《知新后语》等。

　　是年,王阳明在南昌之时始揭"致良知"之教。

　　是年,湛若水寄所著《古大学测》、《中庸测》与王阳明。二人之间并有书信往来,王阳明作《答甘泉书》,湛若水成《答阳明王都宪论格物》、《寄阳明书》等,就"随处体认天理"之说与"致良知"之教有切磋。

是年前后,黄绾偕友人游雁荡山,作《游石佛记》、《游散水岩记》数篇。

是年前后,黄绾应仕至台州的河南颍川人王侯之请,为其先父所留藏修处书园作记,遂成《书园记》。

是年前后,章达德做客于黄绾居所紫霄山庐,茗茶交谈中,语及台州南溪胜景——道姑庵。黄绾隐几恭听,后作《道姑庵记》。

嘉靖元年壬午(1522),四十三岁,在黄岩,至越中、永康

正月,嘉靖帝称孝宗皇为考,寿皇太后为慈,兴献帝后为本生父母。

正月,湛若水以部檄,北上京师。方献夫亦复职吏部,二人同行。

二月十二日,王阳明父王华卒,享年七十七。黄绾知讯,作《祭实翁先生文》。

春,湛若水、方献夫北上路经杭州之时,得闻王华卒讯,过江吊丧,又与阳明论"致良知"之教。

春,赵渊与黄绾就其在嘉靖改元是否出仕(任四川按察司佥事)一事,有书信往来。黄绾作《与赵弘道书》(三首之一、二)。嗣后,赵渊正式出任四川按察司佥事之后,有书涵询问黄绾近况,黄绾覆函成《与赵弘道书》(三首之三)。

春,黄绾寻访并拜谒了台州朱子学先驱杜范、车若水、黄超然之墓,并各有七言绝句《谒杜清献公墓(有引)》、《谒车玉峰墓(有引)》、《谒黄寿云墓(有引)》。

五月,湛若水抵京师,复翰林院编修职,与修《武宗实录》。方献夫复吏部员外郎之职。

八月二日,黄绾五弟黄绤(字宗哲)因感伤寒而病卒,年三十二岁。在黄绤去世十二年后(即嘉靖十三年),黄绾作《五弟宗哲墓志铭》。

八月六日,即在黄绤离世三四日后,郑善夫自闽中寄《与黄绤书》达黄岩。黄绾代黄绤覆函,作《复郑继之书》,告知黄绤病卒事。

九月九日,重阳日,黄绾有七言绝句《九日忆亡弟宗哲》①。

---

① 拙著《黄绾生平学术编年》(第123页)把《九日忆亡弟宗哲》诗系于"嘉靖二年",兹改系于"嘉靖元年"之下。

秋，钱德洪、金克厚、何廷仁等参加乡试，中举。

秋，黄绾从黄岩启程至越中（绍兴），寻访数年未曾谋面之道友王阳明。阳明先生授以"致良知"之教。黄绾闻后，大为叹服，遂执贽称门弟子。[①] 黄绾此次在越中，停留月余，侍从阳明先生宣讲"致良知"之教。黄绾与王阳明谈及闽中学者郑善夫，赞其"资禀难得"。王阳明喜形于色，甚有衣钵相托之意。

深秋，黄绾辞别王阳明，转道嵊州剡溪至永康，寻访应典。与黄绾一道成行的，还有临海学者林典卿。黄绾此行，在永康寿岩、方岩、石鼓寮一带讲学，时间达半月有余。永康学者应典、周凤鸣、应抑之、周德纯、周晋明、周仲器等全程参与，"皆欢然有省"，"应天监、赵孟立、徐子实相继复来，论各有得"，"山中小生程梓、周玲、孙桐皆奋然有志"，程舜夫（程文德）等"皆喜"。此次游学经过，黄绾有《永康山水游记》文。

黄绾一行前往寿岩之时，路经应典居所，与应氏众兄弟结识。夜宿寿岩之时，黄绾有五言绝句《寿岩夜坐》。在方岩，黄绾还有七言绝句《永康方岩》、《方岩对老僧》等。在永康程氏池亭小憩之时，受程舜夫之请，黄绾有七言绝句《题永康程氏池亭》。

冬，黄绾在永康游毕，本欲前往闽中寻访郑善夫，以家事而归乡。

冬，黄绾作《与郑继之书》（三首之三），告以是年秋至越中请教王阳明之所得，至永康访应良之所闻；又对未能守诺前往闽中寻访郑善夫一事，进行解释。

是年，诏礼部国子监及各提学官，禁以陆九渊为正学，宗程朱之学。

是年，王阳明有《答徐成之》书，与之辩论朱、陆学术异同。

是年，巡按江西监察御史程启充、户科给事中毛玉，各论劾王阳明交结宁王朱宸濠诸事。时阳明门人、刑部主事陆澄上《辨忠谗以定国是疏》。

是年左右，乡友章达德卒，黄绾有《奠章东雁文》、《吊章东雁（有引）》。

是年左右，乡人有以"耕乐"为号者，求黄绾为之记，黄绾作《耕乐记》。

嘉靖二年癸未（1523），四十四岁，在黄岩，秋冬之时赴南都

春，余廷实赴京会试，黄绾作五言律诗《送余廷实会试》。

---

① 拙著《黄绾生平学术编年》（第 104 页）把黄绾前往越中寻访并师从阳明先生的时间，记于"正德十六年秋"，兹改系于"嘉靖元年秋"。如有读者朋友阅览、使用拙作《黄绾生平学术编年》，请慎重并留意焉。

春,欧阳德、魏良弼、王臣、薛宗铠、薛侨等阳明门人中姚涞榜进士。王畿赴京会试,落第归,请终身受业于王阳明。

夏,巡按御史朱节举荐黄绾,出任南京都察院经历司经历。

夏,王阳明有《与黄宗贤(癸未)》书,与黄绾切磋学问,并就黄绾再次出仕一事发表看法。

七月二十一日,时任翰林院编修的湛若水得知黄绾赴南京任职事,应京师众友之请,作《赠石龙黄宗贤赴南台序》。

秋,郑善夫得知黄绾即将复出,作《答石龙书》,以示勉励。

秋,刑部尚书林俊致仕。黄绾闻讯,有七言律诗《次韵林见素留别》。

隐居紫霄山之时(正德八年至嘉靖二年秋),黄绾曾为江门心学代表人物陈献章及其门生所作诗歌集《心贺》作序,成《心贺序》文。

隐居紫霄山之时,台州后生王胤东有函与黄绾,“自述平日有志于道,欲请终身之教”。黄绾嘉许之,作《赠王生胤东》。

隐居紫霄山之时,黄绾与应良之间,就如何成就圣贤之学,时有书信往来,作《与应元忠书》(四首)。

隐居紫霄山之时,黄绾(包括应良)数次接待永康学者应典的访学,曾有《寄应天彝书》。

隐居紫霄山之时,黄绾与吏部考功郎中闻渊有书函往来,成《复闻考功静中书》。

隐居紫霄山之时,黄绾曾为临海阳明学者林典卿亡父林珵立传,作《林府君传》。

深秋,黄绾应诏,赴南都上任,先与家人告别,有五言古诗《别四弟宗博》。黄绾对子嗣亦寄予厚望,有五言古诗《示儿承文》。

十月十二日,黄绾离开黄岩。启程之前,黄绾有《应召告祖考文》。

十月,黄绾赴南都就职途中,途经赤城天台山,坐唐代高道司马承祯昔日所留“悔石”,赋七言绝句《坐悔石(有引)》。

十月,途经绍兴城东东关驿,黄绾作七言绝句《东关驿》。徜徉曹娥江畔,黄绾拜谒了曹娥庙,并有七言绝句《曹娥庙》。

十月,黄绾在绍兴城中拜会了业师王阳明,并逗留月余。时郑善夫在朱节、应良、黄绾等友朋劝说之下,拟再次出仕,任南都吏部郎中。先是,郑善夫有信函与王阳明,告知至南都赴任途中拟转道越中拜访阳明先生。王阳明得信后,甚喜,特留黄绾在绍兴候郑善夫,偕行南都。黄绾候郑善夫月余而不果,只得先行赴任。

十一月,先是是年秋,巡按山东监察御史朱节卒于任上。朱节灵柩归乡,黄绾适在绍兴,闻讯悲痛万分。即与王阳明等友朋特前往祭奠,黄绾作七言律诗《哭朱白浦侍御》,又有《奠朱白浦侍御文》。朱节卒事,传至闽中,郑善夫得知,亦悲痛不已,作哀诗《哭朱白浦侍御》、《不寐》、《忧》等。

十一月,黄绾离开绍兴,乘舟过江,有七言绝句《渡钱塘》。渡江达杭城,黄绾先是登览佛教圣地胜果山,在胜果中峰之上欣赏晚霞景致,有七言绝句《胜果中峰晚色》。又,方豪在胜果建有山亭,黄绾寻访之,作七言绝句《胜果登方思道山亭》。游毕胜果,黄绾又在杭州吴山逗留,赋七言律诗《吴山紫阳庵》。此后,黄绾又游玩西湖胜景冯园,有七言绝句《冯园(有引)》。游毕冯园,黄绾还拜谒了岳飞墓,成七言绝句《岳武穆王墓》。

离开杭州,黄绾继续向南京行进,路经黄阜阁时,作七言绝句《黄阜阁》。

十二月,前往南京途中,黄绾路经无锡惠山,遂访游之,有五言律诗《惠山》。

十二月,黄绾离开无锡,进入常州境。时值寒冬,大雪纷飞,在常州武进孟渎地,舟行受阻,黄绾只得借宿好友恽巍家。雪夜之中,黄绾与主人饮酒畅谈,赋五言排律《孟渎雪夜饮恽功甫宪副宅语旧》。此时,应良北上京师复官,恰好也在武进,受到恽巍款待。黄绾次应良所作赠别诗韵,成《次南洲韵赠恽功甫》(二首)。

在常州境内毗陵地,黄绾偶遇自己二十年前结识的南滨先生(现任常州太守)。故人相逢,把酒话旧,南滨出《赤壁图》供黄绾玩赏,黄绾复有感而作《赤壁图跋》。

据黄承忠撰《洞山黄氏宗谱·黄绾传》,黄绾乘舟转道江苏宿迁,时仙居人奚先生作教访黄绾于舟次,得知黄绾在先妻钟氏谢世后未再娶,遂与宿迁彭上舍一道为黄绾谋再娶。彭见黄绾器宇不凡,慨然以二十岁的王姓外甥女许妻之。黄绾再娶王氏(系继室,媵婢陈氏),并一道赴南都。

十二月二十八日(一说二十七日),郑善夫卒。

先是,郑善夫因都御史周季凤、御史汪珊所荐,在王阳明、朱节、黄绾、应良等友人催促下,再次复出、任职南都。甫动身启程,即发寒郁疾,痰喘连日,痛楚不胜;行至武夷山,赏游武夷,风雪绝粮,加之旧疾未愈,用药有误,遂转为重症,归家后二日即卒。**翌年(嘉靖三年)**,黄绾在金陵得闻好友郑善夫讣告,悲恸不已,作《奠郑少谷文》。此后,郑善夫长女婿林应亮,以黄绾与郑善夫相知最深,请为树传,黄绾作《少谷子传》长文。嗣后,黄绾任职南京都察院之时,受秋泉生之邀,为其创作的反映郑善夫活动场景的诗歌作叙,成《秋泉生诗卷叙》。

十二月三十日,除夕夜,黄绾尚未抵达南都,赋七言律诗《除夜瓜埠舟中》。

十二月,湛若水因任翰林院编修二年秩满,升任翰林院侍读。

是年,王宗沐生于浙江临海,日后师从江右王门学者欧阳德。黄宗羲《明儒学案》卷十五《浙中王门学案五》为之立"侍郎王敬所先生宗沐"学案。

嘉靖三年甲申(1524),四十五岁,在南都

正月,黄绾抵达南都,与时任南京刑部郎中黄宗明共讲圣贤之学。

正月二十一日,"大礼议"再起。南京刑部主事桂萼上《正大礼疏》,并录南京兵部右侍郎席书、吏部员外郎方献夫《议大礼疏》,请改称孝宗曰皇伯考,兴献帝曰皇考,兴国太后曰圣母。

二月,嘉靖帝得桂萼、席书、方献夫议礼诸疏,"下廷臣议"。

二月十一日,大学士杨廷和致仕。

二月十二日,黄绾继张璁、桂萼之后,向嘉靖帝上疏议"大礼",曰:"武宗承孝宗之统十有六年,今复以陛下为孝宗之子,继孝宗之统,则武宗不应有庙矣。是使孝宗不得子武宗,乃所以绝孝宗也。由是,使兴献帝不得子陛下,乃所以绝兴献帝也。不几于三纲沦、九法斁哉!"奏入,帝大喜,下之所司。《石龙奏议》称这道奏疏为《大礼第一疏》,《知罪录》名之曰《一上大礼疏》。**三月二十四日**,奉圣旨:"是,该衙门知道。"

二月二十八日,黄绾再次疏申前说,上《大礼第二疏》,亦称《二上大礼疏》。**四月二十日**,奉圣旨:"该衙门知道。"

三月二十一日,罢礼部尚书汪俊,特旨用南京兵部右侍郎席书为礼部尚书,席书并未立即赴任。杨廷和、汪俊先后去职,时在南都的黄绾有《寄阳明先生书》(二首之二),就杨、汪二人罢官去职事,发表看法。

三月二十九日,于南都俄闻帝下诏称"本生皇考",黄绾复抗疏极辨,拜《大

礼第三疏》,亦称《三上大礼疏》。

三月,吏部员外郎方献夫,亦再上疏议"大礼"。

四月十五日,上昭圣皇太后尊号曰昭圣康惠慈寿皇太后;十六日,上兴国太后尊号曰本生圣母章圣皇太后;十九日,追尊兴献帝为本生皇考恭穆献皇帝。

闻讯,黄绾又与张璁、桂萼、黄宗明合疏争,奏请嘉靖帝当明父子之大伦,"继统而不继嗣",称孝宗为皇伯考、孝宗皇后为皇伯母,去兴献帝"本生皇考"之"本生"二字。奏入,帝大悦,数月之后下诏,卒如其言,"大礼"乃定。(黄)绾自是大受帝知,(黄)宗明亦遂蒙帝眷。

四月,邹守益上疏,请罢兴献帝称考入庙。帝大怒,下诏狱,谪广德州判官。

四月,黄绾把自己"议礼"三疏寄呈尚在越中讲学的王阳明,阳明先生以为黄绾之议"甚明"。与此同时,霍韬、席书、黄宗明先后皆以"大礼"问阳明先生,竟不答。

五月,黄绾重申自己于"大礼议"之主张,作《大礼私议》。

五月,张璁、桂萼奉诏抵京师任职,群臣侧目,欲扑杀之,二人处境险恶。张璁在嘉靖三年连上《正典礼》第二、三、四、五、六、七疏。

六月五日,黄绾等议礼官受到御史郑本公等四十四人连章攻击,诬称"黄绾如鹰犬,张啄而旁噬"。

六月十三日,以主事桂萼、张璁为翰林院学士,方献夫为侍讲学士。与此同时,张璁、桂萼继续受到护礼派攻击。十八日,御史段续、陈相请正席书、桂萼罪。二十五日,鸿胪少卿胡侍言张璁等议礼之失。

六月,黄绾有《与罗峰见山书》(三首之一),涉议礼事。

七月,十二日,嘉靖帝更定章圣皇太后尊号,去"本生"之称。十五日,廷臣伏阙,固争"本生"二字不可削。章上,不报。百官跪哭争之,"左顺门事件"发生,下员外郎马理等一百三十四人锦衣卫狱。二十日,杖马理等于廷,死者十六人。二十一日,奉安献皇帝神主于观德殿。二十六日,毛纪致仕。二十八日,杖修撰杨慎、检讨王元正、给事中刘济、安盘、张汉卿、张原、御史王时柯于廷,张原死,杨慎等戍谪有差。

七月,国子监助教薛俊病故,黄绾应其弟薛侃之请,成《薛助教墓志铭》。

八月一日,大同兵变,杀巡抚都御史张文锦。

八月四日,黄绾汇编其本人议礼奏疏,辑成《知罪录》第一、二卷。

八月二十八日,湛若水由翰林院侍读升为南京国子监祭酒。湛若水之于"大礼议"的态度,是倾向于支持杨廷和、汪俊等"护礼派"。湛若水到南都任职,与黄绾有往来。此外,湛若水于南京国子监任,筑观光台以集四方来学者,并作《心性图说》以教士。

八月,席书应召入京,正式出任礼部尚书。先是原任礼部尚书汪俊以争建庙事去位,特旨用席书代之。

九月四日,席书、张璁、桂萼等廷臣,奉诏定大礼。

九月五日,嘉靖帝定称孝宗为皇伯考,昭圣皇太后为皇伯母,献皇帝为皇考,章圣皇太后为圣母。**十五日**,诏布告天下。"大礼议"以嘉靖帝支持下的张璁、桂萼、霍韬、方献夫、席书、黄绾、黄宗明、熊浃等"议礼派"的胜利而基本结束。

九月,黄绾有书函与张璁、桂萼二人,作《与罗峰见山书》(三首之二、三),并涉"议礼"诸事。

九月,锦衣卫革职百户随全、光禄寺革职录事钱子勋希旨,言献皇帝梓宫宜改葬南京天寿山;嘉靖命礼部集廷臣会议以闻,下礼官并议。时在南都的黄绾闻讯,上《止迁献帝山陵疏》。

九月,张璁亦上《显陵议》第一、第二疏,反对献帝迁陵改葬事。

九月,御史王木上疏,荐大学士杨一清、尚书王阳明,言:"今欲兴道致治,非二臣不可。"章下所司。

秋,黄绾赋七言绝句《访碧峰和尚》、《迟山为刑部邵照磨赋》等。

秋,友人戴子良卒,黄绾有《奠戴子良方伯文》。

冬,黄绾作七言绝句《写松赠仲思舜侍御》。

是年,黄绾为使应良在"大礼议"事上与张璁、桂萼等达成一致,抄录自己议大礼诸疏与应良,还有《寄应元忠书》(三首)。应良不听,与黄绾有隙。

是年,黄绾长兄黄绍卒。

是年,黄绾与贵溪县令薛宗铠有书函往来,作《答薛子修书》。

是年,王阳明在越,门人日进。郡守南大吉以座主称门生,辟稽山书院,聚八邑彦士,身率讲习以督之。南大吉还续刻《传习录》于绍兴,并作《传习录序》一种。

是年,王阳明有书函《与黄宗贤一》。嗣后,黄绾就"著察之教"与王阳明进行切磋,成《寄阳明先生书》(二首之一)。

是年,黄绾与南京刑部主事胡森结交。一日,胡森造访黄绾官邸,请黄绾为其父竹山翁别号——"竹山"作记;因黄绾与竹山翁相知,遂成《竹山记》。又,胡森奉养其父竹山翁、母王氏于南都寓所,黄绾获游于竹山翁、胡森父子间,"辱知最深";一日,坐于燕寝,胡森请黄绾为其南都寓所命名,黄绾名之曰"善养",并作《善养轩记》。

是年左右,黄绾为太平石库钟氏后裔所创置的"合宗祠堂"作记,成《钟氏合宗祠堂记》。

是年左右,南都名医谢贡资请黄绾为其自号"巢云"作记,黄绾有《巢云记》。

是年左右,黄绾在南都龙广山,结庐以玩《易》,庐舍名之曰"学易"。还追记自弱冠以来学《易》、玩《易》的经验与体会,成《学易轩记》。

是年左右,黄绾有《寄婿高洵书》,劝勉女婿高洵习举业之时,以圣学为先,还希望高洵与小儿黄承文一同前往越中,师从阳明先生。

是年左右,黄绾作《寄王定斋书》(二首)。

嘉靖四年乙酉(1525),四十六岁,在南都

二月二日,礼部尚书席书上疏,特荐王阳明。

二月十八日,黄绾三子黄承德生,母为黄绾媵婢虞氏。

春,黄绾作七言绝句《写春草赠胡秀夫秋官》。

夏,光禄寺丞何渊请建世室,祀献皇帝于太庙,嘉靖帝命礼官集议。

六月十五日,时任南都都察院经历的黄绾与时任南京刑部郎中的黄宗明参与了何渊请建世室之议,黄绾上《谏止献帝入太庙疏》,指斥何渊献议谬妄。嗣后,黄绾又有《论上下情隔疏》,亦称《论上下情隔之由及论私庙不可近太庙疏》,反对何渊建世室之议。

六月,南京刑部郎中吕调阳转任江西南安太守,临行之前与友朋道别,黄绾作《送吕太守序》。

六月,南京大理寺副评事郑文川改任四川提刑按察使司佥事,与黄绾等南都同僚言别;再加上郑文川父宪副公与黄绾父黄俌系同年,"有世讲之谊",黄绾特作《送佥事郑君序》以赠其行。

六月,南京刑部郎中黄宗明出任江西吉安府知府,作为"晨夕聚首以讲圣贤之学"的同志,黄绾作《送黄诚甫序》。黄宗明离开南都,黄绾于城外北郊燕子矶为其饯别,并赋诗《燕子矶送黄诚甫》。

七月七日,邸报敕令内阁大臣纂经史有关"君德治乱"者,进呈便览。黄绾上《论圣学求良辅疏》。同在南都任职的湛若水通过邸报知敕令,始编撰《圣学格物通》。

七月,席书始辑《大礼集议》。

七月,应天巡抚都御史吴廷举荐王阳明文武全才,宜暂掌南京都督府事。不果。

秋,黄绾《知罪录》正式定稿并刊刻。卷一收《一上大礼疏》、《二上大礼疏》、《三上大礼疏》,卷二收《大礼私议》;卷三收《止迁献帝山陵疏》、《谏止献帝入太庙疏》、《论上下情隔之由及论私庙不可近太庙疏》、《论圣学求良辅疏》。嗣后,席书遣人至南都,索取黄绾礼议诸疏,黄绾将《知罪录》(包括《大礼私议》)等奉上,供席书辑《大礼集议》采择,先后还有《寄席元山书》(二首)。是时,黄绾有托疾归家意,希望得到礼部尚书席书的支持。

十二月十八日,席书领衔编纂的《大礼集议》成,颁示天下。

是年,湛若水《二礼经传测》书稿成。诸生门人辑录湛若水在南京国子监讲学语录,汇编成《雍语》一书,门人蒋信撰《雍语序》。

是年,临海学者林元叙卒于山西解州任上,黄绾闻讯,作《奠林典卿文》。嘉靖二年,林元叙上任之时,黄绾作有《送林典卿序》,湛若水亦有《送林典卿守解州序》。

是年,南京工部郎中祝君(系浙江人)转任思南太守,黄绾等咸往贺之,并作《送祝太守序》以赠行。

是年左右,黄绾有《南台经历司壁记》。

是年左右,黄绾作《西坡翁挽诗序》、《东冈诗集序》,并有五言律诗《登焦山》、《水晶庵壁间见先君旧题》等。

嘉靖五年丙戌(1526),四十七岁,在黄岩

正月二十二日,黄绾由南京都察院经历升任南京工部营缮司员外郎。

二月二十八日,先是福州知府汪文盛于嘉靖四年在闽中刻郑善夫诗十三

卷,黄绾读罢,追忆亡友而怅然有感,成《读郑少谷诗》。

春,黄绾托疾致仕,离开南都。离开南都之际,黄绾有书函与好友邵宝,告知归隐实情,并请邵宝为自己在黄岩紫霄山读书处——石龙书院题诗。邵宝赋有七言律诗《寄题石龙书院》。

春,黄绾离开南都之时,好友何瑭受僚友之托,作《赠石龙黄先生致仕序》。

春,离开南都返乡,黄绾感慨万千,赋七言律诗《得归》。

春,黄绾返家途经杭州,曾至西子湖畔净慈寺,并入方丈室,见壁间有故友郑善夫、孙一元昔日所题诗作。此前,黄绾与郑、孙曾约定偕归隐天台、雁荡之间,而此时,郑、孙二人已作古数载,睹诗思人,黄绾潸然泪下,乃成七言绝句《题净慈丈室壁(有引)》。

春,黄绾返家路经绍兴,拜会了尚在越中讲学的阳明先生。

春,王阳明门人戚贤、闻人诠等中龚用卿榜进士。王畿、钱德洪奉业师阳明先生之命复试礼部,同举南宫;因阁臣不喜阳明之学,不就廷试而归。

暮春,黄绾抵家之后,在黄岩紫霄山之中接待了好友南冈子的来访,有《志说》以赠之。

四月三日,黄绾在黄岩作《寄邃庵先生书》,告知杨一清自己托疾致仕之隐情。

五月二十四日,杨一清复入阁,为吏部尚书武英殿大学士加少师仍兼太子太傅。

九月一日,系中都乡进士褚宝祖母李氏八十六岁寿诞,黄绾受褚宝好友荆山杨子、乘韦吴子之请,为李氏之寿作《褚母寿序》。

十一月十七日,王阳明子正聪(后易名"正亿")生。

是年,王阳明于越中有《答甘泉书》。

是年,王阳明门人杨仕鸣卒于南雍湛若水官邸,湛若水作《奠杨仕鸣文》。

是年,湛若水应邹守益之请,作《广德州儒学新建尊经阁记》,提出了"六经皆注我心"的经学观。

是年,黄绾受邀至费子在黄岩横林大溪之上所建"钟石山房"游玩,众友人有诗歌唱酬,黄绾作《钟石山房诗引》。

是年,黄绾祭奠长兄黄绍、五弟黄纷之墓,有《奠长兄五弟墓文》。

是年左右,黄绾乞休山中之时,台南隐逸张尺卒,年八十七。因张尺无嗣,黄绾与四弟黄约前往殡葬；又受邑大夫晋安王钦之请，作《张木庵墓碣铭》。

是年左右，黄绾成《奠蔡亲翁文》、《奠表叔金一峰文》。

嘉靖六年丁亥（1527），四十八岁，在黄岩、京师

正月二十二日，嘉靖帝下诏开馆纂修《大礼全书》（后称《明伦大典》），命南京工部营缮司员外郎黄绾等为纂修官。费宏、杨一清、石珤、贾咏、席书为总裁官，张璁、桂萼为副总裁官，纂修官除黄绾外，还有方献夫、霍韬、熊浃、黄宗明、席春、孙承恩、廖道南、王用宾、张治、潘潢、曾存仁等。此时，黄绾家居黄岩。

春，身在黄岩的黄绾就是否再度出仕之事，致函询问阳明先生；王阳明有《与宗贤书》，建言黄绾、黄宗明二人再次出仕。

春，黄绾听从王阳明建议，再次出山，赴京任职。路经越地之时，还寻访了王阳明。

春，在北上京师途中，黄绾与时在南京任职的友人胡森、吴惟新先后有《寄胡秀夫诸兄书》、《再寄胡秀夫吴惟新书》，解释自己再度出仕之缘由。

春，二月十六日，费宏、石珤致仕；二十三日，召谢迁复入阁。

春，三月十一日，席书卒。黄绾甫至京师，即哭奠，并有《奠席元山先生文》。席书卒，王阳明作奠辞一种，寄与时在京师的黄绾，请黄绾转呈席书家人以志哀。王阳明《与黄宗贤一（丁亥）》，言及此事。

春，京城同僚、某徐姓御史母病故，黄绾作《祭徐御史母文》。

春，黄宗明母病卒，黄绾作《奠黄诚甫母文》。黄宗明原本拟与黄绾一同入京纂修《明伦大典》，因母病，未成行。

四月十四日，黄绾第一孙黄惟宠生，惟宠系黄绾次子黄承廉长子。

六月，黄绾升为光禄寺少卿，入史馆修书；上疏辞任，不允。

六月，朝廷特起王阳明以南京兵部尚书兼都察院左都御史，总制两广、江西、湖广军务。

夏，嘉靖帝有圣谕："欲知王守仁为人如何。"大学士杨一清成《论王守仁为人如何奏对》。

夏，张璁有书函两通与越中王阳明，建言其出山征思、田，王阳明覆函《与张罗峰阁老》。

夏，王阳明有《书黄宗贤一（丁亥）》，与黄绾商讨出处事宜。此后，黄绾覆

函,王阳明又作《与黄宗贤二(丁亥)》。

七月二十日,黄绾四子黄承礼生,母为黄绾继室王氏。

七月,致仕南京礼部尚书邵宝卒。黄绾闻讯,有五言律诗《哭二泉先生》。

八月,黄绾在光禄寺少卿任上,拜《明军功以励忠勤疏》,为王阳明等在平定"宁王之乱"后"虽封伯,不给诰券岁禄"、"诸有功者多以考察黜"的不公平待遇鸣冤,建议朝廷追论王阳明等江西军功,并极力推荐王阳明来京辅政。结果,王阳明"得给赐如制",但由于杨一清、桂萼等权臣阻挠,来京任要职事未成。

九月六日,黄绾由光禄寺少卿改任大理寺左少卿,仍赴馆纂修《明伦大典》如故。

九月,黄绾、张璁力荐王阳明入京辅政事未成,王阳明发越中,开赴两广。**是月七日**,王阳明与钱德洪、王畿论"王门四句教"于绍兴王府第天泉桥,史称"天泉证道"。**十月**,至南昌南浦;**十一月十八日**,抵肇庆;**二十日**,至梧州后开府,拟平思、田事;**翌年二月**,思、田平。

九月,以桂萼为礼部尚书兼翰林院学士。

十月四日,张璁由兵部侍郎升任礼部尚书兼文渊阁大学士,参预机务。

十月,黄绾由大理寺左少卿改任詹事府少詹事兼翰林院侍讲学士。

十月十二日,黄绾以大理寺左少卿身份上《论刑狱疏》,主张问刑、审录须依《大明会典》,行照驳、圆审之法,使刑部、都察院、大理寺各司其职,以清庶狱;同时又以详定法律、考课官属、矜恤狱囚、查革淹滞、省节烦扰、体悉吏隐等六事为清狱之源。嘉靖帝甚为满意,批复:"这本所言,体悉人情,不渝法守,且合朝廷钦恤之意,法司便查照,着实举行。"

十月二十日,嘉靖帝赐大学士张璁银图书二,一曰"忠良贞一",一曰"绳愆弼违"。黄绾有五言古诗《恭和赐辅臣张少保圣制》之作。

十月二十八日,黄绾以光禄寺少卿身份上《治河理漕疏》。五六年后,黄绾又成《治河理漕杂议》,再次阐释彻底治理黄河、漕运之策略,惜均未付诸实践。

十月,永康学者应典母李佩病卒,应典遣侄儿携亲笔书函一通,附应典所撰亡父应枌、亡母李佩《行状》,至京城。恳请黄绾为其亡父母撰墓表,黄绾作《应翁与配李氏墓表》。与此同时,黄绾还有《奠应天彝母文》。

十一月五日,黄绾族叔祖黄孔美卒,年三十一。闻讯,黄绾有七言绝句《挽族祖孔美秀才》(二首)。嗣后,黄绾又受门生林文相之请,撰《叔祖孔美墓碣铭》。

十一月二十一日,礼部尚书文渊阁大学士张璁约会黄绾等于东阁,勉以各修本职,忠于国事。

十二月,黄绾与张璁再次举荐王阳明入京辅政,未果。

是年,黄绾上疏举荐王阳明入京供职之事,王阳明通过邸报及亲友书函知,厥成《与黄宗贤三(丁亥)》书,聊表谢意。

是年,都察院副都御史詹瀚率江西玉山詹村族人,于村中大园建詹氏大宗祠堂,黄绾应詹瀚请,作《詹氏大宗祠堂记》。

是年,邹守益由广德州判官升任南京礼部主客司郎中。

是年,黄绾少年举业师陈石峰卒,作《奠陈石峰先生文》。

是年,湛若水《圣学格物通》成书。

是年左右,黄绾有《奠王凤林文》、《奠徐封君文》。

是年左右,黄绾应兵科给事中史立模之请,为其先祖南宋丞相史浩祠堂——广福观作记,成《复广福观记》。

嘉靖七年戊子(1528),四十九岁,在京师、南都

正月初十,加礼部尚书兼文渊阁大学士张璁为少保兼太子太保。嗣后,张璁有七言绝句《斋宫谢恩》(二首)。黄绾次韵和之,作《和张少保郊宫谢恩韵》(二首)。

二月,王阳明平思、田叛乱;四月,议迁都台于田州,不果;五月,抚新民;六月,兴南宁学校。

三月,大学士谢迁致仕。张璁有诗作《送同官谢木斋归休》。

四月,湛若水以秩满,由南京国子监祭酒升任南京吏部右侍郎。

六月,湛若水作《进圣学格物通表》,并以所著《圣学格物通》一书进献嘉靖帝。又有《圣学格物通大序》。

六月初一,杨一清、张璁等领衔,黄绾等参与纂修的《明伦大典》成。嘉靖亲制《序》文,命宣付史馆刊布天下,加恩纂述效劳诸臣,其中,少詹事兼翰林院侍讲学士黄绾升詹事兼官如故。

六月初三,定议礼诸臣罪,追削杨廷和等籍。

六月，以《明伦大典》成，黄绾先后为先祖黄孔昭、先考黄俌、亡室钟氏请赠，嘉靖帝特推恩，赐赠黄孔昭礼部尚书、谥文毅，赠黄俌通议大夫、詹事府詹事兼翰林院侍讲学士，赠钟氏淑人。嗣后，黄绾分别成《先祖焚黄文》、《先考焚黄文》、《亡室钟氏焚黄文》。

六月十三日，起复南京刑部山西司署员外郎陆澄。陆澄上任，黄绾作《赠陆原静序》文。

夏，王阳明在广西，有《与黄宗贤四（戊子）》书，告知近况。

七月，王阳明袭八寨、断藤峡，破之；王阳明见诸贼巢穴既已扫荡，而官兵疾疫，遂班师奏捷，并疏请经略思、田及八寨、断藤峡。九月，王阳明疏谢奖励赏赍。十月，王阳明以疾剧，疏请告归。疏入，未报。九、十月间，王阳明又有《与黄宗贤五（戊子）》书，希望黄绾利用京师供职之便，促成自己班师回朝告归诸事。十月，王阳明班师回朝，路经广东增城，祀其五代祖王纲之庙；过湛若水庐室，附有诗作《题甘泉居》、《书泉翁壁》。湛氏家人将王阳明诗作抄录，告知时在南都任职的湛若水。

七月，嘉靖帝为父、母分别加上"皇考"、"圣母"尊号。十日，追尊孝惠皇太后为太皇太后，恭穆献皇帝为恭睿渊仁宽穆纯圣献皇帝；十二日，尊章圣皇太后为章圣慈仁皇太后；十九日，诏天下。

七月，张璁欲荐黄绾为南京考试官，因杨一清反对而未成。

七月十九日，锦衣卫指挥佥事聂能迁，最初因依附钱宁得官；曾参与"议礼"，见《明伦大典》成，已不得升职，属翁洪草疏，诬论王阳明贿通席书得荐举，用词连詹事黄绾及大学士张璁。黄绾上章自明。

八月十五日，黄绾（包括张璁）与杨一清之间有隙，上《论治机疏》。

八月二十五日，杨一清上《乞休致奏疏》，反诘黄绾、张璁。

八月，锦衣指挥俞文靖将出任居庸关总都督，应桂萼之请，黄绾作《赠俞锦衣序》。

九月，右春坊右庶子韩邦奇因主事顺天府乡试所拟之命题为执政所不悦，被黜为南京太仆寺寺丞。南下临行之际，同选翰林院诸君咸赋诗以道其行，黄绾序其端，有《赠韩庶子谪官序》。欧阳德赋七律《送韩苑洛庶子谪南太仆寺丞》。

十月四日，因与杨一清、桂萼之间矛盾的不断升级，黄绾以疾乞致仕。不允。

十月十日，敬一亭成，工部奏列与事官员以闻。嘉靖帝赏赐诸大臣。十七日,赏赉黄绾等。

十月,敬一亭成,嘉靖帝有诗作,群臣奉诏和之,黄绾赋有诗作《承诏恭和圣制敬一亭诗》、《应诏恭和圣制敬一亭诗》。张璁有《答和圣制二首》。

十月,张璁有诗作《敬一亭成会儒臣落成于翰林院恭赋进览》,黄绾成《和张少保敬一亭韵》。

十月二十四日,黄绾由詹事府詹事兼翰林院侍讲学士升任南京礼部右侍郎。

冬至日,黄绾乘孤舟南下,途经江苏沛中,有七言律诗《至日舟经沛中》。

闰十月,湛若水作《四勿总箴》文。黄绾至南都任职,与湛若水又有直接交往。

十一月二十五日,兵部左侍郎周伦升任南京刑部尚书,黄绾至南都任职后,与之交好。

十一月二十九日(公元1529年1月9日),一代哲人阳明先生道卒于江西南安,终年五十八岁。

十二月,陆澄被谪为广东高州府通判。

嘉靖八年己丑(1529),五十岁,在南都

正月,王阳明丧发南昌。

二月四日,王阳明丧至越。黄绾至越中哭奠,并有《祭阳明先生文》,对阳明之学以"良知"、"亲民"、"知行合一"概论之。与此同时,黄绾积极投身于阳明先生的丧事办理之中,恪尽友道、师道之责。

二月,关于阳明丧事的办理,应典先后有两封书信与黄绾,征求黄绾对于"师友服制"、"反场筑室"的意见。黄绾先后作《复应天彝书》、《复天彝问师友服制书》,主张以宋儒王柏《师友服议》为参照,而对效仿孔门子弟"反场筑室"为阳明先生守丧的提议,则婉拒之。

二月,王阳明卒后,朝中大臣桂萼、杨一清诋毁王阳明的学问与事功,黄绾上《明是非定赏罚疏》(亦称"辨王守仁理学疏"),极力为阳明先生辩护。

二月,张璁充总裁管,与詹事霍韬同主己丑科会试,唐顺之为是科会元,项乔第二。

三月十九日,殿试,赐罗洪先等进士及第,出身有差。王畿、钱德洪本欲进

京廷试,因闻业师阳明先生卒讯而放弃。

三月,南京吏部右侍郎湛若水作《奠王阳明先生文》。

四月,应良由翰林院编修升为山东按察司副使。

六月二日,湛若水由南京吏部右侍郎改任京师礼部右侍郎。时任南京礼部右侍郎的黄绾为其送行,有五言律诗《送甘泉少宰改官北曹》。张邦奇有《送少宰甘泉湛公召为少宗伯序》。

六月十一日,刘龙由南京礼部尚书改任南京吏部尚书,此后南京礼部尚书一职空缺,直至嘉靖十一年由严嵩接任。

七月三日,黄绾第二孙黄惟宪生,惟宪系黄绾次子黄承廉次子。

八月,朝中不断有言官奏报弹劾张璁、桂萼等先前赞助"大礼"之臣,词连黄绾。

八月十三日,张璁、桂萼罢。

八月二十一日,广西道御史王化劾奏一批廷臣及地方官员皆"阿党璁、萼,助报恩仇,纳贿迁官,假作威福",词及南京礼部侍郎黄绾。

八月二十三日,十三道御史吴仲等又弹劾、攻讦朝内外一批官员"凶恶奸猾"、"卑污谀佞"、"狡猾卑污",语及"南京礼部侍郎黄绾柔媚奸贪"。嘉靖帝对黄绾之批复,是"吏部酌议去留"。

九月初一,召张璁复入阁。

九月四日,吏部尚书方献夫等奉旨详核科道官所论劾党附张璁、桂萼诸臣,对时任南京礼部侍郎黄绾的评论是"素行无玷"。

九月二十一日,内阁首辅、谨身殿大学士杨一清罢。

九月三十日,张璁任内阁首辅。

秋,南京吏部尚书刘龙弟刘夔(时任南京都察院经历)赴京考绩,兄长刘龙有诗歌相赠。此时,黄绾成《次紫岩太宰送令弟舜弼考绩》。

秋,时任职南都的同僚陈鲁南将转至山东任职,黄绾等为其送行,有诗作《和陈鲁南得报转官山东大参》。

秋,方鹏由右春坊右庶子升为南京太常寺卿。方鹏到任之后即有归隐意,黄绾成《寄方矫亭书》,"专此奉留"。

十月十八日,黄绾以被劾,乞休。上优诏,不允。因"朋党之议",黄绾不断受到各道御史、给事中的弹劾,为辩明清白,黄绾又上《沥忠乞休疏》,请求致仕。此时,嘉靖帝甚知黄绾之忠诚,下诏:"绾素秉忠诚,其安心于位。"**是年冬**,黄绾在南都经营礼官私署,并作"退思之堂",适诏命下达,黄绾乃以"忠诚"二字揭之,并作《忠诚堂记》以纪之。

十月二十一日,南科给事中何祉、山东道御史朱绶等劾奏朝内外一批赞助"大礼"之人,言及南京礼部侍郎黄绾等为"大学士张璁、桂萼私党,乞行罢黜"。下诏黄绾诸人"各供职如故",训责何祉等"蹈袭前非,徇私报复,各夺俸半年"。

十一月六日,胡森由吏部文选司郎中升为南京太常寺少卿。

十一月八日,召桂萼复入阁。先是,**是年八月**,桂萼、张璁被罢;**九月**,张璁复入阁。得知桂萼复入阁,黄绾作《寄见山阁老书》。

十一月十一日,黄绾由南京至越城,参加了业师阳明先生之葬礼,作有《祭阳明先生墓文》。

十二月,年终岁末,南都淫雨不断,黄绾与时任南京户部尚书边贡在寒雨之中有诗歌唱和,边贡赋《寒雨》,黄绾有《次韵边华泉听雨》(二首)。

是年,台州太守一职空缺,廷议以南京户部侍郎、岭南人张侯转任之。"台人仕留都者走饯之",黄绾成《送张太守治台序》。

是年,南京户部主事、罗浮人黄寅卿上疏乞老,朝廷嘉其恬退,进户部外员郎而遂其请。临别之际,黄绾作《送黄寅卿归罗浮序》。

是年,南京通政使司右通政余本无疾而病亡,作为同僚,黄绾有《奠余子华通政文》。

是年左右,黄绾先后作有《奠王南泉文》、《奠郑伯兴廷尉文》、《奠叶山南文》、《奠方思道父文》、《奠张东轩先生文》、《奠吕仲仁母文》。

是年左右,南京刑曹主事应廷育考满将行,特向黄绾问学,黄绾作《赠应仁卿序》,向其讲述"慎独以致良知"之理。

嘉靖九年庚寅(1530),五十一岁,在南都

正月二十八日,王廷相由兵部左侍郎升任南京兵部尚书。先是,南京兵部尚书胡世宁以疾请致仕。自此,黄绾与王廷相之间交往频繁,王廷相赠所著《慎言录》一册与黄绾,黄绾拜读之后,成《与王浚川书》。

春,嘉靖帝大祀天地、告祖配天于太庙,行礼,厥有斋日。黄绾与南都诸臣遵守礼制,斋居。黄绾有斋居诗作若干,比如五言律诗《斋庐有感》、《斋居次万

治斋中丞韵》,七言律诗《次周贞庵万治斋斋居韵》、《斋居次刘紫岩太宰韵》,七言排律《和华泉尚书郊斋韵》、《次林小泉司马斋居感旧韵》等。

春,黄绾有五言律诗《三友轩》、《游牛头寺》等。

春,应台州太平学者、南京刑部主事叶良佩之请,为贺叶良佩外皇母、符节妇王氏九十岁大寿,黄绾撰《符节妇九十寿序》。

三月,詹事霍韬因"议郊典"忤旨,下都察院狱,大学士张璁数次上疏申救。

四月,诏霍韬罪,令罚赎还职。是时,黄绾成《寄罗峰书》(四首之一),言及此事。

五月,薛侃、王龙溪、钱德洪等筹建精舍于杭州天真山,祀业师阳明先生。

夏,黄绾有诗作《送周玉岩亚卿进表》(二首)。

夏,南京刑部主事叶良佩以郊祀覃恩获封,其母符氏受封为太安人,同乡仕南都者皆往贺之,黄绾作《贺叶太安人受封序》。

夏,王廷相官邸池塘莲花盛开,特邀黄绾等友好前来赏莲,黄绾作七言绝句《和浚川瑞莲纪胜》(二首)。

七月,詹事府詹事霍韬以母丧去位。闻詹母亡故事,黄绾特成《奠霍詹事母文》。

七月,黄芳(号筠溪)由江西右布政使升为南京太常寺卿。嗣后,黄绾与他多有交游,曾作七言绝句《题黄筠溪太常竹石图》。

七月,张璁与太常寺卿彭泽构行人司司正薛侃狱,欲以倾夏言;事白,张璁罢职归。

八月十五日,中秋月夜,南都同僚在虚明馆雅集,黄绾作七言律诗《虚明馆中秋雅集》。

八月,秋雨绵绵,长江涨潮,黄绾与王廷相、黄芳一起前往江堤观潮,有诗歌唱和。黄绾赋七言律诗《金陵观涨有感》,王廷相作七言律诗《雨涨答黄亚卿》,黄绾又成《观涨和王浚川尚书韵》。

八月,黄绾与吏部尚书刘龙等曾集会于东麓阁,黄绾成《和紫岩太宰东麓阁韵》。

九月九日,重阳日,黄绾与南京兵部尚书王廷相、刑部尚书周伦、吏部尚书刘龙等在江畔游江皋、燕子矶,偕登观音岩,并有诗歌唱和。王廷相有《九日游观音岩歌(简同游诸君子)》,还有《九日游观音岩和刘太宰韵二首》。黄绾作

《和浚川九日登观音岩歌》,又作《次韵周贞庵九日登观音阁》。

秋,鹿门郑廷尉卒于官,黄绾闻讯,有七言律诗《哭鹿门郑廷尉》之作。

秋,黄绾作有五言律诗《别婿高洵(有引)》。

十月,张璁奏请嘉靖帝当此春秋鼎盛之年,广为储嗣兆祥之计,宜敕礼部举慎选之典,惟贞淑之求,以充妃嫔、以备侍御,或当内教礼仪之行,亦各得以相摄佐也。允诺,礼部遣官员前往南北两直隶、河南、山东选取贞淑。黄绾于南都闻讯,有《寄罗峰书》(四首之二),论及此事。

秋,黄绾作有五言律诗《送司马太守之怀庆》、《送宋元锡守潞安》,七言律诗《送赵兵备赴辽阳》。

十月八日,黄绾母鲍允俭八十寿辰,黄绾亲撰《奉寿太淑人八十歌》。南都官员亦有诗作庆贺,南京吏部侍郎张邦奇有《寿封太淑人鲍氏八旬初度序》。

十月十五日,应谢铎之孙谢必祚之请,黄绾为先师谢铎撰《谢文肃公行状》。《谢文肃公行状》成,因南京兵部尚书王廷相曾游于谢铎门下,黄绾又请王廷相为先师谢铎撰墓志铭,王廷相遂成《方石先生墓志铭》。

十一月十三日,南京河南道御史张寅劾南京礼部侍郎黄绾违法不职十事。黄绾疏辩,谓张寅挟私。诏俱下南京所司,令核实以闻。南京部院奏,二臣所讦皆无据。诏置不问。

十一月十五日,朝廷更正孔庙祀典,定孔子谥号曰"至圣先师孔子"。

是年,继天顺二年南京礼部右侍郎章纶修葺南京礼部署宇后,黄绾移檄工曹,度材鸠工,再次修葺。工告讫,黄绾特成《重修南京礼部记》。

是年,黄绾还筹资修建南京礼曹私署三十楹,并有《修南京礼曹私署记》。

是年,先是南京礼部旧无尚书私署,适缺尚书,黄绾"获视篆",在前一年即嘉靖九年以"余皁四十六金买柳树湾龙窝故地"。至是年,南京礼部积盈二百余金,度材鸠工,盈缩其宜而治栋宇,成南京礼曹尚书私署共五十余楹,其中有"秩礼堂"、"凝和居"、"停云轩"等,还有"龙窝书院"。事成,黄绾作《南京礼曹尚书私署记》以纪之。

是年,浙江开化学者方豪去世,年四十八。黄绾作《祭方思道文》。

是年,钱德洪刊刻《阳明先生诗录》于杭州圣果寺中峰阁。岑庄、岑初、徐学校刻《阳明先生文录》。

是年,杨一清卒,年七十七。后赠太保,谥文襄。

是年左右,吴兴后进邵文化,至南都游学,自信于良知之学,与黄绾就阳明先生良知之旨进行切磋。邵文化归乡之际,黄绾作序《赠邵文化》,邹守益亦有《赠邵文化》。

是年左右,邹守益任南都礼部主客司郎中满考将行,诸友请言为赠,黄绾成《赠邹谦之序》,称赞邹系"豪杰之士"。

是年左右,黄绾作《劝子侄为学文》、《戒子侄求田宅文》。

是年左右,江右泰和人畦乐翁因子考绩优异,获封如子官。其子恳请黄绾作文志贺,黄绾有《贺畦乐翁受封序》。

是年左右,黄绾有书函与南直隶松江府知府聂豹,成《复聂文蔚太守书》。

嘉靖十年辛卯(1531),五十二岁,在南都

正月二十日,桂萼致仕。

二月,致仕刑部尚书韩邦问卒。闻讣,黄绾作《奠韩尚书文》。

二月,张璁以其名"璁"音同御名(朱厚熜),请改。嘉靖帝赐名孚敬,字茂恭。

春,黄绾作七言绝句《赠星士》(二首)。

五月,黄弘纲、王龙溪、钱德洪等会黄绾于金陵(南京),为王阳明胤子王正聪(正亿)请婚。黄绾道以"老母家居,未得命,不敢专",钱德洪、王龙溪"复走台(州)",征得太夫人即黄绾母亲鲍允俭同意。最后由王艮行聘礼,促成此事。

五月二十四日,黄绾疏乞休致,不允。

闰六月二十九日,少傅兼太子太傅户部尚书谨身殿大学士致仕谢迁卒。黄绾闻讯,作《祭谢木斋阁老文》。

七月十八日,黄绾五子黄承忠生,母为黄绾继室王氏。

八月初一,黄绾与南京吏部尚书刘龙、兵部尚书王廷相、刑部尚书周伦、工部尚书何诏等以雷震午门,自陈求罢。不允。

八月二十三日,桂萼卒。

九月九日,重阳日,黄绾与南都官员周伦、刘龙等偕游燕子矶、同登观音阁。黄绾赋诗《燕子矶次紫岩韵》、《次韵周贞庵九日登观音阁》、《九日观音阁用乔白岩韵》等。

秋,南都乡试,安吉后生莫惟诚屡试不利后,再就试于南畿。时任南京礼

部仪职司郎中的陈良谟为考官,尽管莫惟诚系陈良谟门生,仍试不利。黄绾作《赠莫惟诚》文,劝勉并安慰之。

深秋,黄绾有七言绝句《感怀》,王廷相次韵和之,成《次黄久庵感怀韵》(三首)。

秋冬之际,南都职方郎中张冲霄转任广西佥事,黄绾有《送张佥事之广西序》。

秋冬之际,黄绾为都察院右副督御史顾璘所著《近言》十三篇作《序》,成《近言序》。王廷相也有《近言序》。

秋冬之际,黄绾作《送梅友王洪实序》,论师道之兴废。

十月,湛若水由礼部右侍郎升为左侍郎。

十一月四日,冬至,嘉靖帝大祀天于圜丘,黄绾与南都官员于是日前守制斋居。斋罢,黄绾有诗歌《至日斋罢有感》(二首)。南京吏部右侍郎李廷相有诗作《至日郊斋》,黄绾又成《次韵蒲汀少宰至日郊斋》(二首)。

十一月十二日,江西雩都之东洲翁八十岁寿辰,因黄绾与东洲翁子何廷仁同师阳明先生,遂作《寿东洲何翁八十序》。

十一月十三日,黄绾请以《御制祭告先师孔子祝》正文立石于南京国子监,从之。

十一月某日,南京守备魏国公徐鹏举太夫人大寿之日,黄绾受邀前去祝寿,作七言律诗《贺魏国太夫人寿》。

十一月二十五日,因南京礼部尚书一职空缺数年,嘉靖帝令吏部左侍郎严嵩等推选。严嵩等言兵部左侍郎潘希曾、刑部左侍郎闻渊俱可任。嘉靖帝不认可此二人,乃令别推。严嵩等复举南京吏部右侍郎李廷相、户部左侍郎王轼,帝称:"礼部尚书乃礼部之长,虽在留都,亦系重任,如何辄以年浅充之?"仍令再推。

十二月,严嵩升任南京礼部尚书。严嵩任职南都,黄绾与之交往频繁。比如严嵩有七言绝句《斋居奉同久庵寅长纪赠》,黄绾次韵和之成《和严介溪尚书斋居纪赠》(二首)。

十二月,严嵩升任南京礼部尚书,湛若水为之送行,作《赠大宗伯介溪严公之南都序》。

十二月,黄绾舅氏在乐清梅坡新居建成,黄绾获知此事,赋七言律诗《寄题舅氏梅坡新居》一首以志贺。

十二月，因冢宰（吏部尚书）之任空缺久矣，嘉靖帝特取总制陕西三边军务兵部尚书王琼代之，任吏部尚书。嗣后，黄绾有《寄王晋溪冢宰书》。

十二月二日，黄绾与南都官员斋戒祈雪，事成，南都官员相与赋诗，咏厥嘉瑞，庚载盈帙，成《祈雪集》。黄绾系祈雪之执事，受托撰序文，成《祈雪集序》。此外，黄绾、王廷相、李廷相之间各有诗歌唱和。黄绾作《祈雪得应次蒲汀韵》，王廷相成《奉次李少宰喜雪韵》《雪中杂歌十首》。

十二月二十七日，系寓居南京的黄岩老翁姜一愚八十岁寿辰，黄绾应时在南京的乡人之请，作《姜一愚八十寿序》。

是年，黄绾作《裘汝中赠言》。

是年，黄绾有《寄罗峰书》（四首之三、四），建议张璁早求真才，布列枢要，共图至治。同年，黄绾还作《寄罗峰》（九首之一）。

是年，黄绾作有《奠张侍郎父文》《奠侯郎中文》《祭张尚书文》等。

是年左右，黄绾为任教于江苏锡山的东嘉人朱某之书斋作铭文，成《二斋铭（并引）》。

是年左右，黄绾有《寄吴士美金宪书》，与都察院佥都御史吴士美切磋儒家的"笃信""用工"之论。

是年左右，孙纯伯将出任邵武府太守，黄绾作《赠孙纯伯守邵武序》。

嘉靖十一年壬辰（1532），五十三岁，春至京师，旋归南都

正月，南京国子监祭酒林文俊改任京师国子监祭酒，黄绾有七言律诗《送林方斋司成改北雍》。

正月，黄绾以南京礼部右侍郎身份入京进表、考绩，与方献夫、欧阳德、程文德、杨名、黄宗明、戚贤、魏良弼、沈谧、王龙溪、钱德洪、林春、林大钦、徐樾、朱衡、王惟贤、傅颐、王玑等王门弟子四十余人，定日聚会于庆寿山房。

正月，黄绾北上进表、考绩之时，王廷相受南京工部尚书何诏、南京太常寺少卿胡森之请，作《送少宗伯黄先生考绩序》。

二月，南都中军都督府佥书署都督同知杨宏以病乞致仕，许之。嗣后，黄绾有五言律诗《送杨宏都督致仕》。王廷相也有诗作《送杨都督宏》。

三月，黄绾在京师，与都察院右副督御史王应鹏、都给事中魏良弼等雅集

于金台郑庄。黄绾作七言律诗《金台郑庄与王定斋魏师说诸友雅集》。

三月，以北曹之推未成，黄绾由京师返归南都。

三月，黄绾在返归南京途中，先前在京师之时与张璁（已更名"孚敬"）虽有面谈，然意犹未尽，故有《寄罗峰》（九首之二）。

三月，黄绾有书函与王应鹏，即《寄王定斋中丞书》（四首之一），并抄录有专论用人之要的《寄罗峰》（九首之二）。

春，王畿、钱德洪参加殿试，中进士，观政吏曹。

春，陈文治离职还乡，黄绾赋诗送行，成《赠陈文治东归》。

春，因黄绾任南京礼部右侍郎秩满，荫子黄承文为国子生。

春，黄绾与南都同僚王廷相、刘龙、严嵩等登东麓阁，畅饮赋诗。黄绾有《次浚川饮东麓阁韵》《次紫岩东麓亭韵》，王廷相诗作有七律《东麓亭宴集》。

春，南京吏部尚书刘龙等在南都斋居，嗣后在道院习仪，黄绾作《次紫岩斋居韵》《次紫岩道院习仪韵》。

暮春，刘龙赋诗《留春》，黄绾乃有七言绝句《和紫岩留春》（五首）。

春夏之际，司徒顾新山即将赴京考绩，黄绾有诗歌《赠顾新山司徒考绩》。

春夏之际，南京刑部尚书周伦因任职满三载，赴京考绩，黄绾有诗作《赠周贞庵尚书考绩》，王廷相有七律《送周尚书》。

五月二十日，起前吏部尚书方献夫以原官兼武英殿大学士，参预机务。嗣后，黄绾有《寄方西樵阁老书》（二首）。

六月，黄绾六子黄承孚生，母为黄绾继室王氏之媵婢陈氏。

夏，黄绾因是年春在京师之时，得到闻渊的教诲和照顾，于是有《寄闻石塘大司寇书》。

夏，南都官员秦思鲁卒，黄绾作七言律诗《挽秦思鲁》。

夏，南京吏部尚书刘龙邀请南京礼部尚书严嵩荡舟于南京城西，黄绾偕游，各有诗歌唱酬。黄绾作《紫岩邀泛舟城西次介溪韵》，严嵩成《金陵城西泛舟太宰刘公邀集》。

七月，湛若水《春秋正传》成。

七月，南京刑部署郎中戴鲸升任江西按察司佥事，而是年八月三日系其父戴概八十一岁寿辰、十一月七日系其母杜氏八十岁寿辰，戴鲸将转道归省，为父母祝寿。临行之前，请黄绾作叙祝寿，黄绾乃有《贺戴封君夫妇朋寿叙》。

　　夏秋之际，南京工部尚书何诏、南京都察院右副督御史万镗、南京吏部右侍郎潘旦赴京考绩，黄绾有诗歌《赠何石湖尚书考绩》、《赠万治斋都宪考绩》、《送潘石泉少宰考绩》。

　　夏秋之际，罗质夫在丁内艰释服之后，谒选铨曹，授巡抚山东左副都御史；黄绾有《赠罗质夫宪副序》。

　　八月十三日，以星变敕群臣修省。黄绾与张孚敬（张璁）有通信，成《寄罗峰》（九首之三），言及此事。

　　八月二十六日，张孚敬（张璁）罢。闻讯，黄绾即作《寄罗峰》（九首之四）。

　　八月，黄绾有书函与王应鹏，就"星变之咎"再次发表看法，成《寄王定斋中丞书》（四首之二、三）。

　　八月，黄绾有书函与兵部右侍郎黄宗明，就"星变之咎"重申自己的意见，作《与致斋司马书》（二首之一）。

　　八月左右，黄绾就"星变之咎"，上《星变陈言疏》，以"定志"、"求贤"二事为献，力主"除秽布新"。

　　九月，王阳明子王正聪趋南都黄绾处寻求庇护。黄绾为正聪改名"正亿"。此时，欧阳德有《寄黄久庵》，对王正亿寄居黄绾官邸一事悉加询问。黄绾与王臣有书函，作《与王公弼金宪书》，告知正亿近况。

　　九月，夏言由礼部左侍郎兼翰林院学士掌院事升任礼部尚书。

　　秋，钱德洪以进士告教职，得苏州教授，问教学之道于湛若水，湛若水作《赠掌教钱君之苏州序》。

　　十月，张孚敬（张璁）罢职离京，先后有两封书函与黄绾；黄绾覆函，即《寄罗峰》（九首之五）。嗣后，黄绾、王廷相等南都官员拟在张孚敬（张璁）南返路经南直隶之时，迎邀至南京，略作停留；而所遣之人，未能候得张孚敬（张璁）。于是，黄绾有《寄罗峰》（九首之六），言及此事。

　　秋，黄绾与南都太常寺卿黄芳、礼部尚书严嵩、兵部尚书王廷相、吏部尚书刘龙等于东麓阁畅饮，并有诗歌唱酬。黄绾作《东麓亭次筠溪韵》，严嵩成《和久庵少宗伯》。此外，严嵩还有《晓登朝天宫西阁集宴还坐东麓亭有饮》、《和紫岩太宰》、《和筠溪少司马》等。王廷相有《东麓亭和同游诸公》（四首），还有七律《集饮东麓亭》。严嵩又次韵作《和浚川大司马》。

　　十月二十二日，以星变，南京吏部尚书刘龙、礼部尚书严嵩、兵部尚书王廷相,各自陈乞罢,嘉靖帝皆褒谕留之。黄绾与南京刑部右侍郎胡琏、工部右侍郎张羽、都察院右都御史万镗、提督操江右都御史潘真、通政使司右通政王激、右参议林时、大理寺卿冼光、右寺丞林希元,各疏请罢,不允。

十月,巡按直隶御史冯恩上疏有言:"礼部左侍郎湛若水,强致生徒,勉从道学,教人随处体认天理,处己素行,未合人心。臣谓王守仁犹为有用道学,湛若水乃无用道学也。然任以礼卿,亦可勉焉。"嗣后,湛若水乞赐罢黜以避事,上《乞休疏》。

秋冬之际,黄绾与南都好友偕登东麓阁,赋有诗歌《登东麓阁》。

冬至日,黄绾与王廷相、严嵩等偕游南京钟山东南麓的名刹灵谷寺,并有诗歌唱和。黄绾有七律《游灵谷寺》,王廷相和之成《灵谷寺和黄久庵韵》。严嵩有《次久庵少宗伯》。此外,王廷相还有七律《游灵谷寺》。严嵩先有《至日群公集灵谷寺》,又有《灵谷寺次浚川大司马韵》。

十一月十四日,南京户部尚书秦金改任工部尚书,南都官员为其饯行,黄绾有诗歌《送秦凤山司徒北上》,严嵩有《送司空秦公赴召》。

十二月,南京都察院右副督御史万镗被谪官,离去之时,黄绾作七言律诗《送万治斋谪官》。

是月,台州后学钱介夫、李源甫、林治征三人游学至南雍,期满一载,即将告归,"请有以卒业";黄绾以"求仁莫先于立志"语劝勉之,并作《赠三子序》。

十二月二十六日,太学生丘乾元之母黄氏七十岁寿辰,丘生拟归无锡崇安为母祝寿,临行之际,恳请黄绾作序以志贺。黄绾有《寿丘母序》。

岁末,黄绾有七言律诗《次介溪岁暮书事》。

十二月三十日,除夕之夜,黄绾与严嵩互有诗歌唱和。黄绾作七言律诗《次介溪除夕》。

冬,南京吏部文选郎中石简,即将出任广东高州郡守。临行之际,黄绾有《赠石廉伯守高州序》。

冬,黄绾致函时在温州的张孚敬(张璁),成《寄罗峰》(九首之七)。

是年,游学于南都的田子中、萧时化、方居道、周本洪将归乡,就如何卒业一事请教于黄绾。黄绾以唐尧"惟精惟一"为万古圣学之源,孔子"学而不思则罔,思而不学则殆"为后圣用功之要,进而劝勉四子以求证斯道为志业。于是,黄绾作《赠四子别》文。

是年左右，南京守备司礼太监晏宏奉命镇守三边，巡行途中见"风土之恶、耕汲之苦"，为之矜恻，画《范家湾》、《翟家铺》、《湛家铺》、《会宁县》四图，请黄绾为其题诗，黄绾有七言绝句《题晏太监行边图》（四首），严嵩亦有《题晏守备画》。嘉靖十三年六月，晏宏病逝，严嵩撰《南京守备晏公墓志铭》，以志哀悼。

是年左右，黄绾与阳明先生早年门人王道有书函往来，成《寄王顺涯祭酒书》，讨论"忠恕之道"。

嘉靖十二年癸巳（1533），五十四岁，在南都，至京师

正月初一，黄绾、严嵩、胡森等宴集赋诗。黄绾作七言律诗《次介溪元日留饮韵》，严嵩作《元日久庵少宗伯九峰太常集饮》。

正月初一，都察院右副都御史王应鹏因进《关精微疏》，不合帝意，帝"怒，令锦衣卫执应鹏等，送镇抚司拷讯"。时礼科都给事中魏良弼言："应鹏等章奏疏遗，不为无罪，第或出于失误，况当履端之始，不宜以微过幽系大臣，请许其自新，示以薄罚。"帝又怒，谓："君臣之际严为先，必自大臣始。应鹏职居风宪，首蹈不敬；良弼安得辄为论救，欺罔朝廷。"令锦衣卫并逮治之，应鹏竟坐是落职闲住，良弼夺俸半年。得知王应鹏落职南归事，黄绾欲迎应鹏至南都，暂作停留，先后两次遣人在南京境内迎接而未果，遂有《寄王定斋中丞书》（四首之四）安慰之。与此同时，黄绾亦有《寄魏师说书》，安抚之。

正月，黄宗明由兵部右侍郎谪福建右参政，黄绾闻讯，作《与致斋司马书》（二首之二），予以关心。嗣后，黄宗明入福建，覆函黄绾，黄绾又成《答黄致斋书》。

正月，黄绾与严嵩斋居，黄绾作诗歌《和严介溪尚书斋夜》（四首）。

正月十三日，召张孚敬（张璁）复入阁。黄绾闻讯后，先后有《寄罗峰》（九首之八、九）。

正月十五日，元宵节，黄绾与严嵩、刘龙等谒功臣庙，登真武庙，黄绾有诗歌《次紫岩元宵谒功臣庙韵》、《次紫岩登真武庙韵》之作。

是夜，南都东园有灯宴，黄绾与严嵩、刘龙等应邀在筵席之上观园赏灯，又各有诗歌唱和。严嵩有五言律诗《东园灯宴》，黄绾成《次韵介溪东园灯宴》，黄绾还有七言律诗《次紫岩东园灯宴韵》。

正月，黄芳由南京兵部右侍郎改任户部右侍郎总督仓场，离开南京之时，

黄绾作七言律诗《送黄筠溪北上》。

正月，南京吏部尚书刘龙在五十八岁寿辰之时，有七言律诗《自寿》。黄绾次韵成《和紫岩太宰自寿韵》，王廷相作《寿刘紫岩次韵》。

二月，南京太常寺卿胡森赴京考绩，黄绾为其饯行，赠七言律诗《送胡九峰太常考绩》。

二月，南都官员秦懋南将出任吉安太守，黄绾作七言律诗《赠秦懋南守吉安》。

三月十九日，王廷相为黄绾诗文集《石龙集》作序。

三月，王廷相赴京考绩，黄绾赋七言律诗《贺王浚川考绩》。

春，台州后学符国信游学于南都，归乡之时，向黄绾道别并请教圣学之要。黄绾作《赠符生国信序》。

春，王廷相向黄绾请教虞道园《安敬仲文集序》中所云"缙绅先生"系谁，刘静修"当时有阴用老氏之说，以一身之利害节量天下之休戚"云云之义当如何解读。黄绾乃有《复王浚川尚书书》(二首)。

春，黄绾与大理寺左少卿韩邦奇有书信往来，成《与韩苑洛廷尉书》。

春，都察院右副都御史杭淮向黄绾馈赠阳羡露牙茶，黄绾有《谢杭双溪都宪惠茶书》。

春，后进杨完有书函与黄绾，请教"作圣之功"，黄绾作《答杨完书》。

春夏之际，顾东田、易和斋年届古稀，黄绾分别有七言律诗以祝寿，即《寿顾东田七十》《寿易和斋七十》。

四月十六日，王廷相由南京兵部尚书改任都察院左都御史。任职南都的荐绅之士及武弁之夫咸举手相贺。济川卫指挥刘远等因感恩王廷相，以王廷相引黄绾为知己，故请黄绾撰序以为赠言，黄绾作《赠王浚川入总北台序》。

四月，黄绾与张孚敬(张璁)有通信，作《寄罗峰阁老书》。

五月四日，黄绾与南京吏部尚书刘龙、户部尚书许诰、礼部尚书严嵩、兵部尚书王廷相、刑部尚书周伦、工部尚书何诏等，各自陈乞罢。不允。

五月，王廷相离职南都之时，为黄绾先前在黄岩紫霄山创办的石龙书院作《石龙书院学辩》以赠之。

五月，王廷相启程之际，黄绾应王廷相之请，作《纪言赠浚川子》十九条，内容涉及中兴之策、君臣相处之道、君子与小人相处之道、知人之要、科道之选、官员考核、民间词讼、君子出处之道等。

五月，王廷相离开南都之时，黄绾、严嵩赋诗相送，黄绾作《送王浚川都宪》、严嵩成《奉送浚川王公赴召》。

五月，王廷相离去，南京兵部尚书空缺，刘龙由南京吏部尚书改任南京兵部尚书，参赞机务。

五月，夏至前二日，黄绾为南京礼部尚书严嵩诗文集《钤山堂集》作序，成《钤山堂集序》。王廷相在嘉靖十二年五月有《钤山堂集序》，湛若水在嘉靖三十年作《钤山堂文集序》。

六月，严嵩由南京礼部尚书改任南京吏部尚书。

六月，南京刑部郎中叶良佩因受人无端诬陷，遭弹劾而罢官。

夏，黄绾有《答胡秀才书》。

夏，黄绾又有《与林子仁书》。

夏，黄绾与总督漕运兼巡抚凤阳都察院右副都御史马卿，就如何治漕理河事有书函，成《复马柳泉中丞书》，并附有《治河理漕杂议》。

夏，黄绾寄赠自己新论《赠浚川纪言》、《治河私议》与张璁，并有《与罗峰书》。

夏，应良由山东按察司副使升任广西布政使司右参政，适应典有书函与黄绾，黄绾遂成《复应石门司丞书》，言及应良赴广西任职事。嗣后，应良有书函与黄绾，告知近况，黄绾又有《复应南洲大参书》。因嘉靖三年"大礼议"而有隙的黄绾、应良，在应典的撮合下，交往逐渐正常。

七月五日，湛若水由礼部左侍郎升为南京礼部尚书，京师礼部左侍郎空缺；十九日，黄绾由南京礼部右侍郎升为礼部左侍郎。是年，黄绾有《寄甘泉宗伯书》，讲述去年收养阳明先生遗孤王正亿之事与"不得已"苦衷。

七月，黄绾入京进贺万寿表，行至山东安山之时，询问好友梁谷近况，得知梁谷甫病卒，便遣人吊唁。

七月，黄绾至京师途中，得知自己升任礼部左侍郎。

七月，黄绾离开南都赴京之时，王正亿未偕行，有《与闻人邦正提学书》，以照料王正亿事相托。

任南京礼部右侍郎期间（嘉靖七年十月至十二年七月），黄绾作有杂文《赠王生敦夫归山中》，阐释《大学》、《中庸》"慎独"说，称"惟精惟一"实万世圣学之源。

任南京礼部右侍郎期间，江右王门学者何廷仁曾偕永丰后学朱效才、朱效忠二生游学于南都，黄绾接待了何廷仁一行，并与之论学。此外，黄绾还以王阳明良知学教导朱氏二生，临别之际，作《赠朱氏二生》。

任南京礼部右侍郎期间，黄绾与叶良佩就阳明先生之所谓良知者有切磋，黄绾作有赠文《良知说》。

任南京礼部右侍郎期间，黄绾为蔡讱庵、王古行、符慨庵等老翁画像作赞词，分成《讱庵蔡翁像赞》、《天台古行王翁像赞》、《慨庵符翁像赞》、《顾司训画像赞》、《南城童悦画像赞》等。

任南京礼部右侍郎期间，黄绾时常阅读《五经》等儒家经典，并有杂文《读易》（九首）、《读诗》（十九首）、《读春秋》（二首）等。

任南京礼部右侍郎期间，黄绾曾受命主选贞淑，得沈九鼎之女沈氏。

任南京礼部右侍郎期间，黄绾有《祭李逊庵宫保文》。

八月十日，万寿圣节，黄绾进表。

八月十七日，黄绾第三孙黄惟寅生，惟寅系黄绾次子黄承廉三子。

八月十九日，皇第一子生。

八月二十日，湛若水离开京师，前往南都，任南京礼部尚书之职；同时，上《途中庆贺元子生疏》。

八月，黄绾于京师礼曹履任。是时，巡按宣府右金都御史韩邦奇有书函与黄绾，黄绾乃有《答韩苑洛中丞书》。

八月，仲兄黄绎特至南京探望黄绾，适黄绾北上京师进贺万寿表；在黄绾友人胡森帮助下，黄绎暂住黄绾留都寓馆。嗣后，黄绎有书信与黄绾，告知此事。

九月九日，重阳节，礼部尚书夏言赋诗《来玉亭》，黄绾次韵和之，作有七言绝句《和夏桂洲少保九日来玉亭韵》（三首）。

九月十五日，黄绾等甄选、编录的王阳明传世文稿，即《阳明先生存稿》刊行。黄绾作《阳明先生存稿序》。先是，为编辑《阳明先生文集》事宜，钱德洪由吴中（姑苏）至南京与黄绾共同商议编纂体例，二人存有分歧。钱德洪别去之后，黄绾有《与钱洪甫书》（二首之一）。嗣后，钱德洪覆函就讲学一事与黄绾商议，黄绾又有《与钱洪甫书》（二首之二）发表自己的看法。

九月十八日，召原兵部右侍郎黄宗明为礼部右侍郎。

秋，黄绾有七言绝句《题金相士卷》。

秋，夏言赠盆菊与黄绾，黄绾成七言绝句《次韵谢桂洲惠菊》。

秋，黄绾有七言绝句《南宫早起步积叶有感》。

秋，举人丁夔离京，夏言、黄绾各有诗相赠，黄绾成七言绝句《和桂洲韵送丁举人夔》。

秋冬之际，黄绾出京城，登香山、游西湖，不禁追忆起二十多年前即正德六年春与王阳明等偕游香山、西湖往事，乃有七言绝句《再游西湖感旧》（三首）、《功德寺（并序）》等。

十月六日，大同兵乱，杀总兵官李瑾，代王奔宣府。对于如何处置大同兵变事，黄绾与张孚敬（张璁）意见相左，前者建议招抚，后者主张征剿。

十一月一日，以恩例，荫南京太常寺卿穆孔晖子穆筌为国子生。时黄绾任职京师礼部兼掌管国子监事，穆孔晖就穆筌"至监读书"一事有函与黄绾；黄绾覆函，作《寄穆玄庵太常书》。

十一月，黄绾与张孚敬（张璁）之间因平定大同军变之策相左而有隙，黄绾有《与罗峰书》，希望尽释前嫌以求和。未果。

十一月，张孚敬（张璁）就大同之事，先后上《议处大同兵变》第一、二、三、四、五诸疏。

十一月，黄绾因大同之事与当道者不合，"居官仅三月，而罚俸者二月"。此时巡按宣府右佥都御史韩邦奇与黄绾有书信，黄绾覆函《答韩苑洛中丞书》（四首之一），以为处理大同之事，"为今之计，敌虏、抚人，二者俱不可偏废"。

十一月，应进士史恭甫之请，黄绾为其祖母太孺人王氏明年八十岁寿辰事作序，遂成《史孺人王氏八十寿序》。

是年左右，前工部官员张中梁病卒，黄绾闻讯，作七言绝句《哭张中梁司空》（二首）。

是年左右，卫所经历司经历张思立卒，黄绾有诗作《哭张思立（有引）》。黄绾与张思立系连襟，然张思立英年早逝，面对孤儿寡母，追忆与张思立昔日言谈场景，黄绾内心悲楚。

是年左右，林希元有《与黄久庵兵侍书》，就处置大同叛军一事，进行沟通。

是年左右，黄绾在京师作《奠王母蒋太淑人文》。

是年左右，朝廷以推恩，加赠黄绾祖妣蔡氏为夫人，黄绾作《祖妣蔡夫人焚黄文》。

嘉靖十三年甲午(1534)，五十五岁，在京师，抵大同，归京师

正月二十四日，黄绾好友、山东东平梁谷(嘉靖十二年四月辞世)下葬于北山之原。梁谷之子梁邵儒持亡父《行状》至京师，请黄绾撰墓志铭。黄绾乃有《梁长史墓志铭》。

正月，礼部员外郎孙一鹤转任四川佥事兵备叙泸，临行之时，与礼部同僚言别，黄绾有《送孙一鹤兵备叙泸序》。

正月，小王子寇大同塞。

正月，韩邦奇就平定云中兵变事，前后有揭帖两种至京师。黄绾有《答韩苑洛中丞书》(四首之二)。

正月左右，就如何尽快平定云中兵变一事，黄绾有《上明罚安边疏》。

二月六日，王廷相升任兵部尚书兼都察院左都御史，提督团营，仍掌院事。

二月八日，吏部尚书汪铉劾黄绾。黄绾与张孚敬(张璁)之间关系恶化并升级。表面上看起来，系汪铉与黄绾之间的矛盾，实际上系辅臣张孚敬(张璁)与礼部尚书夏言二人之间的斗争。在嘉靖帝的斡旋之下，张孚敬(张璁)、汪铉与夏言、黄绾的双方矛盾暂时缓和。

二月二十二日，总督宣大侍张瓒抚定大同乱卒；二十四日，代王返国。

二月，黄绾成《答韩苑洛中丞书》(四首之三)。

二月，黄绾有书函与夏言，就其与张孚敬(张璁)之间交恶之事发表看法，遂成《与桂洲少保书》。

二月，钱德洪在黄绾《阳明先生存稿》基础之上新编《阳明先生文录》，并刊刻成书。

二月，黄绾有书函与兵部侍郎张东瀛，即《答张东瀛司马书》。

二月，黄绾有五言绝句《种花南宫》(二首)。

二月，黄绾与礼部尚书夏言交往频繁，频有诗歌唱和，黄绾作五言绝句《江南曲次桂洲韵》(二首)、《春江行次桂洲韵》、《登楼曲次桂洲韵》等。

二月，王正亿在欧阳德的帮助之下北上京师，欧阳德并有书函与黄绾；黄绾覆函成《答欧阳崇一司业书》，告知正亿抵京后诸事。

　　二月，卢希惠在其父卢英去世之后有书函与黄绾，因其父曾于弘治十五至十七年在黄岩任县令，故而恳请黄绾为其亡父撰墓表。盛情难却，黄绾成《主事卢君墓表》。与此同时，黄绾有《寄卢希惠书》。

　　闰二月十日，嘉靖帝遣礼部尚书夏言代祭先农之神，黄绾等京城官员陪祀。夏言有七言律诗一首纪之，黄绾次韵和之，成《次桂洲少保代祀先农韵》。

　　三月六日，在礼部尚书夏言举荐之下，黄绾受命抚赈大同，兼体察军情、勘明功罪，许以便宜从事。黄绾受命经纪抚赈大同之缘起，实系嘉靖帝与夏言、黄绾，张孚敬（张璁）、汪铉，君臣三方博弈之结果。《明世宗实录》卷一百六十一"嘉靖十三年三月"录有嘉靖帝、夏言、张孚敬（张璁）、黄绾君臣对答之言论。

　　三月十二日，御史苏祐上纪验大同功罪，言张瓒、樊继祖等有平定功而劾郤永等欺误贪残之罪。革任巡抚潘仿，亦疏辩心迹，并以军变失屯政，敕书自劾、请罪兵部，请皆俟侍郎黄绾勘奏处分。从之。

　　四月十三日，方献夫乞致仕归里，帝"以其情词恳切，许之，命驰驿归，寻赐给路费银三十两、纻丝三表里、新钞三千贯"。时黄绾尚在大同，约在是年秋方献夫正式离京之时，黄绾有七言律诗《赠方西樵阁老致仕次霍渭涯少宰韵》。王廷相亦有《送方西樵阁老还山次霍渭涯韵》。

　　四月，黄绾在大同与夏言有书函，告知大同时况，成《寄桂洲少保书》（二首之一）。

　　五月，黄绾在大同，妥善处置兵变之后事。上《遵圣谕敷王道以永定人心疏》。

　　六月，南京太庙火灾，南京礼部尚书湛若水先后上《火灾待罪疏》、《火灾自劾书》、《南京太庙火灾礼仪疏》。

　　夏，黄绾成《答韩苑洛中丞书》（四首之四），告知处置大同之策略。

　　夏，在云中之时，黄绾因思念万里之外老母，有四言诗《河之水》。

　　七月一日，黄绾以钦差礼部左侍郎身份遣山西行都司都指挥佥事杨恭、大同府知府王诰，以牲体祭于在"云中之变"中丧生的冤民亡伍之灵。黄绾作《云中葬冤民亡伍文》。

　　七月，黄绾上疏，以访捕大同叛军首恶王福胜等狱情奏报："甲申倡乱及害李瑾逋诛贼首及后杀游击曹安，并屠灭指挥景铨等六七十家，男妇一百余口，劫神机营都司军器,与夫勾引虏寇敌,杀官军,拆毁民廨舍,凶渠根排无遗者,福胜等十四人,论凌迟处死,妻奴资产没官,父母、祖孙、兄弟俱缘坐流徙。张玉等十九人论斩,与福胜等俱不决待时。未获郭经等四十九人,俱论斩,令所在物色根捕。白奴儿等四十一人当充戍。请兵部先定卫分,获日即行发遣。"兵部答覆"悉如(黄)绾拟",同时以为"福胜等首级仍当枭示九边,及录所犯招由并图处决形状,通行榜示,以为恶逆之戒"。嘉靖帝下诏,称"可"。

七月,黄绾有《寄桂洲少保书》(二首之二)。

七月,大学士张孚敬(张璁)累疏以疾乞退,帝温诏慰留,不允;后张孚敬(张璁)再上疏辩解乞休之因,有对嘉靖三年"大议礼"诸同道的言语攻击。张孚敬(张璁)因黄绾对大同兵变一事处置策略与其相左,而黄绾藉此深受嘉靖帝亲信,所以张孚敬(张璁)对黄绾的言辞攻击尤甚。

八月,黄绾不辱使命,完成抚勘大同兵变事。离开大同,经居庸关而返京。先是,出征之时,王廷相有七言律诗相赠;完成使命返归,黄绾成《和王浚川司马赠使云中韵》。王廷相见诗,即覆函与黄绾。

入关之时,黄绾还以诗歌《归度居庸关》(二首)赠礼部尚书夏言。夏言读罢,称赞此二诗"悲壮,有古调",乃次韵和之。

八月,黄绾连上两道奏疏。一因大同所属城堡刍粮匮乏及廨宇墩营间有毁坏,所以上疏建议户部发帑银数十万以为和籴、修复之费。嘉靖帝批复同意,"户部以折粮银四万,合前已解盐银七万及南北新纳例银三千三百余两给之"。二因大同城北原设草场城作为镇城外护未得到合理使用,而今镇城宗室蕃衍、民居日蹙,所以黄绾向朝廷建言,在草场城中立公廨,即官员办公场所,同时为愿迁出镇城的百姓提供土地,令自筑室以居。如此一来,"不惟民居收适,且使镇城有所捍蔽"。兵部亦认同此事,嘉靖帝批准实行。

八月底,黄绾抵京师。

九月初,黄绾在京城,有书函与巡抚大同都御史樊继祖,建议其将"罪人、家属俱解到京",即《与樊中丞书》(二首之一)。嗣后,又有《与樊中丞书》(二首之二)。

九月七日,因大同兵变善后事宜基本处置妥当,黄绾上疏建言撤销宣大总制、提督二职。

九月二十日,黄绾奉旨勘上大同事,述大同兵变发生之原委、列文武将吏之功罪,极诋刘源清、邰永。黄绾以劳增俸一等,张孚敬(张璁)及兵部庇刘源清,阴抑黄绾。黄绾累疏论辩,帝亦意向之,刘源清、邰永卒被逮。

九月,嘉靖帝下旨:"黄绾抚赈查勘周悉,勤劳可嘉,升俸一级,还赏银三十两,彩段三表里者。"黄绾上《昭圣功明国是伸大义示四方万世疏》,谢恩。

九月,黄绾成《与钱徐二司马书》(二首),与时任兵部左侍郎钱如京、兵部右侍郎徐问,就如何赏赍平定大同兵变诸有功之臣,发表自己的意见。

九月,先是,中书舍人周采之母唐氏于八月底病卒于京师,欲请黄绾为其亡母撰墓志铭。适黄绾从大同归来,政务繁忙,未及成文。至此,黄绾乃有《周母墓志铭》。与此同时,黄绾还有《寄周子亮书》。

十月二日,法司覆黄绾勘明大同叛卒及文武诸臣罪,兵部亦覆黄绾所勘擒斩首恶幸贼并阵亡被伤官军功次。

十月二十六日,朝廷据黄绾之奏请,旌大同节妇董氏等三人、烈妇王氏一人、孝子温钺一人。

十月三十一日,赐宸妃之父、锦衣卫带俸指挥佥事沈九鼎祭葬,仍赐银币布白。因宸妃系黄绾任职南京礼部右侍郎之时所主选,故而沈九鼎之子请黄绾为其亡父撰墓志铭,黄绾作《锦衣卫指挥沈君墓志铭》。

十月左右,湛若水有书函与黄绾,称赞其抚勘大同兵变之功,黄绾先后成《寄甘泉先生书》(二首)。

十一月四日,礼部左侍郎黄绾与辅臣张孚敬(张璁)、李时、礼部尚书夏言、右侍郎黄宗明等奉旨恭诣文华殿,访嘉靖帝恭默室,睹《龙马》、《神龟》、《丹凤》三图,退后,各上疏称谢;夏言、黄宗明、黄绾复撰《赐观文华殿》颂、赋、诗以进,嘉靖优诏答之。黄绾还有四言诗《赐观文华殿诗(有引)》。

十一月九日,嘉靖帝在南郊斋宫,自制《大报歌》一章,出示张孚敬(张璁)等,曰:"朕肃怀大报,草此数言,聊以见意,卿等可与言。"于是,黄绾与郭勋、陈万言、大学士张孚敬(张璁)、李时、尚书汪铉、夏言、侍郎顾鼎臣、黄宗明、甘为霖、学士廖道南等,奉诏恭和。嘉靖俱命留览之。黄绾有《应制恭和圣制大报歌》,王廷相亦有《恭和皇上郊祀大报歌》。

十二月十八日,嘉靖帝集远近祖先之神主于太庙之内合祭,命驸马都尉邬景和代之,黄绾与尚书汪铉、夏言,侍郎黄宗明、钱如京、张瓒、林庭㭑、甘为霖,学士张璧、吴惠、廖道南等捧主陪祭。

十二月,黄绾与礼部尚书夏言、礼部右侍郎黄宗明三人在路经道教场所妙应真人馆时,雅兴大发,赏梅赋诗,黄绾有七言绝句《过妙应真人馆观梅次桂洲致斋韵》(二首)。

十二月,京城大雪,黄绾侄子黄承芳携乡人王宗范,从家乡黄岩至京城拜访黄绾。雪夜之中,三人围火炉,惬意畅谈。黄绾有七言绝句《夜雪与侄承芳及王宗范围炉》。

是年,浙江嘉兴澉浦董澐卒,其子举人董谷以黄绾曾与董澐"尝有一日之雅",以九杞山人许相卿所撰《董先生墓志铭》转交王宗范,并托请黄绾为传。黄绾有《萝石翁传》。

是年,邹守益有《上黄石龙宗伯书》。

是年,礼部尚书夏言应黄绾之请,为黄绾在紫霄山所创石龙书院,题七言律诗《石龙书院次韵题黄久庵卷》。

是年,历经六年(嘉靖八年至十三年)之久,黄绾为亡友王阳明所撰《阳明先生行状》定稿。

是年,黄绾为礼部尚书夏言在嘉靖七年冬所作《山西按事奏议》(夏言曾任兵科给事中)撰序,成《山西按事奏议序》。

是年,王畿离开京师,至南京任职方主事。临行之际,同志之士请黄绾赠言,黄绾乃有《赠王汝中序》。

是年,雷礼授任福建承宣布政使司兴化府推官,临行之际与黄绾道别。黄绾作《赠雷必进序》。

是年左右,黄绾为在嘉靖元年去世的五弟黄绋撰墓志铭,即《五弟宗哲墓志铭》。

是年左右,黄绾有《始迁祖都监公墓碣铭》。

是年左右,黄绾应福建邵武米荣之请,为其亡母汤姓作墓碣铭,即《米母墓碣铭》。

是年左右,黄绾四弟黄宗博之子黄承道受父之命,从黄岩携其诗书画卷《空明小隐》至京师,请黄绾作记,黄绾成《空明小隐记》。

嘉靖十四年乙未(1535),五十六岁,至南京,返京师,归黄岩

二月,黄绾奉命前往南京江南贡院,充知贡举官。知贡举之时,与杨梦羽、

张济甫、胡汝懋、王承晦等多次登上明远楼，并赋诗数首以纪之，如七言律诗《校士登明远楼》，五言古诗《登明还楼观校士次杨梦羽韵》，五言排律《次张济甫胡汝懋登明远楼观校士四十韵》《次王侍御登明远楼二十六韵》。

三月十三日，黄绾老母鲍氏病危，有遗言与黄绾子黄承文："我一生辛勤，上为汝家祖父，下为汝家子孙，无毫发不尽其心。今得汝父，竭忠事君，我愿足矣。更得汝父，益懋显扬，慰我地下，我愿尤足。"

三月十七日，黄绾母鲍允俭卒于黄岩，享年八十五岁。

四月四日，张孚敬(张璁)致仕，召费宏复入阁。

四月十一日，即在黄绾母离世不久，黄绾仲兄黄绎因悲恸过度而猝然离世。年六十。黄绎在重病之时，还力疾作书，以母亡之事告与黄绾。

五月一日，黄绾上疏，就抚勘大同功罪一事，再议刘源清之罪责。

五月十三日，黄绾于京师得知母鲍太淑人谢世音讯，遂启程南归丁忧。此时，嘉靖帝得知黄母病故，以黄绾纂修、讲读之功劳，钦赐黄绾母鲍氏祭葬，并赐其亡父黄俌祭一坛。

五月，礼部左侍郎职位空缺，黄宗明由礼部右侍郎升任左侍郎。

夏(六、七月间)，黄绾至黄岩，经理亡母鲍氏葬事。

十一月二十七日，黄绾、黄约率黄家子弟葬母太淑人鲍允俭于黄岩委羽山中岗之东。原定亡母鲍允俭与先考黄俌合葬，黄绾、黄约启封黄俌墓后，发现石椁渍水，"又去墓东百步择地起坟，因先考枢湿不忍葬。乃葬先妣，虚其左以俟至冬启封且窆"。

十二月二十八日，黄绾作《先母太淑人墓志》，亦称《皇明诰封黄太淑人墓志》。若干年后，友人许相卿拜读黄绾《先母太淑人墓志》之后，成《黄太淑人传》。

十二月，至冬之时，黄绾、黄约拟启封父墓与母墓合葬，发现母墓"气寒且毅沓，视枢漆玄绿之色，若葬数十年者"。因此地不祥，黄绾、黄约哀痛不已，罔知所措，后于委羽山稍东南屏下得堪舆家所云吉地一处，遂为父母迁葬，直至翌年(嘉靖十五年)四月十三日竣事。嗣后，黄绾有《先考妣迁墓记》。

冬，岁末，闽中高瀔跋涉冰雪，追踪流落天涯的郑善夫遗孤至浙南一带。此时，黄绾居家丁忧，高瀔指郑氏遗孤视黄绾，悲不能语。黄绾有《题高宗吕卷后》赠与高瀔。

是年,黄绾在处理完亡母丧事之后,至鞠山,率工垒石,封曾祖母金太淑人之母陈哲(金贞妇)与其夫金翁(金如珙)合葬墓。此合葬坟墓历经岁月,无人修整,几近淹没,几成无主之土丘。黄绾不忍视坟丘如此破败,在拜读乡先哲叶拙讷所著《金贞妇传》文后,撰文树碑,成《金贞妇墓碣铭》。墓成之后,黄绾率族人祭奠之,作《奠金贞妇墓文》。

是年,黄绾丁忧家居之时,检视遗箧,意外发现外祖父鲍恩供女(鲍允俭)少时所受《女孝经》犹存。黄绾抱书而泣曰:"吾母平身精神心法不亡者,庶其在此。可使泯而不传哉?"故录此书,刻之家塾,以示子孙,"俾永为家宝,且以著闺门之式"。黄绾还作《女孝经序》。

是年,黄绾为先祖黄孔昭撰行状。先是,在黄绾弱冠之时(二十岁),黄俌即命黄绾摭拾黄孔昭事实为行状;直到三十六年之后,黄绾才完成乃父的托付,厥成《先祖文毅公行状》。

是年,台州太守许继任期满三载,部使巡行至台州,考核其政绩;因被许继治台功绩及其个人贤德魅力所感,黄绾乃作《旌劝说》。

是年,先是,黄孔昭曾有诗、书赠与天台齐立斋先生,立斋之孙齐献之以诗与书装为卷,请黄绾识其后。黄绾乃有《题先文毅公与齐立斋先生书诗后》。

是年,黄绾与原南京刑部主事、赋闲在家的太平学者叶良佩之间,渐多交往。

是年,黄绾为其亡妻钟氏(卒于正德十五年)撰《亡室淑人钟氏墓志铭》。嗣后,又拜祭了钟氏之墓。

是年,湛若水南归,创莲洞书院于峨眉山,修甘泉馆于古甘泉洞,又为朱明书馆于罗浮山,与大科书院在西樵之巅、烟霞之洞者为四馆,以为他日归休之地。

是年,薛宗铠因弹劾吏部尚书汪铉而被斥为民,并杖阙下,枉死。

是年左右,黄绾作有《与人论学书》(三首)、《答应石门书》(二首)、《答吴维新书》等。

嘉靖十五年丙申(1536),五十七岁,在黄岩

正月二十六日,黄绾率族人葬仲兄黄绎于塔山之原。黄绾成《祭仲兄文》。同时,黄绾应黄绎之子黄承芳之请,有《仲兄逸庵先生墓志铭》。

三月,邹守益为钱德洪于前一年(嘉靖十四年)二月刻于姑苏的《阳明先生

文录》作序文,即《阳明先生文录序》。

四月,黄绾在先考、妣墓合葬事竣后,上《赐考妣祭葬谢恩疏》。

五月,严嵩由南京吏部尚书改任礼部尚书兼翰林院学士。

六月,湛若水由南京礼部尚书改任南京吏部尚书,并有《改南京吏部尚书谢恩疏》。

六月,法司治刘源清、郤永之罪,即在大同兵变中所犯失职罪。

七月五日,叶良佩母叶太安人卒,享年七十。黄绾有《奠叶母符氏文》。

十月,中顺大夫温州知府郁山卒于官,享年五十六。逾时讣闻,黄绾以束帛吊其家。

十一月八日,黄绾携弟黄约自委羽山至太平桃溪,拜谒先师谢铎旧墓。以谢铎原墓葬不吉子孙,黄绾恻然伤感,拟择善地并捐货迁葬。并请相士姜居简勘查新择墓穴之凶吉,黄绾有诗作《赠相地南昌姜居简》,叶良佩并有七律《久翁席上送姜地师还南昌》。

十一月,黄绾为已故两载的刑部右侍郎王启送葬并作神道碑铭文,即《刑部右侍郎东瀛王公神道碑铭》。落款署:"嘉靖十五年岁次丙申十一月丁卯,通议大夫礼部左侍郎前詹事府詹事兼翰林院侍讲学士同修国典经筵讲官同邑黄绾撰。"与此同时,黄绾还有《奠王东瀛司寇文》。

十二月,叶良佩合葬亡母叶太安人(符氏)于太平白山西原先考墓。叶良佩持先考、妣《行状》请黄绾作墓碣铭,黄绾成《叶封君符太安人合葬墓碣铭》。

闰十二月十四日,进华盖殿大学士、礼部尚书夏言兼武英殿大学士,并入阁办事。时在黄岩丁忧的黄绾闻讯,作七言律诗《和桂洲入阁见寄诗次费钟石韵》。

闰十二月十九日,礼部左侍郎黄宗明卒于官,赐祭葬如例。黄绾与黄宗明同系阳明先生门人,交往颇多。

是年,黄绾拜访了少年读书之时的同窗好友、县诸生范骥,有《赠范致斋诗》。

是年,巡按浙江监察御史张景、提学佥事徐阶,重修杭州天真精舍(书院),立祀田。黄绾应书院执事、举人刘候之请,成《天真书院田记》。

是年,安徽新安人康载任黄岩县令二载,巡按御史建康金君知其贤,檄所司旌劝,乡人请黄绾作序,黄绾成《邑侯康君旌劝序》。

是年,黄岩县利涉桥岁久失修,"风潮激荡,乘脆履朽,遂至颠坠漂溺者,往往有焉"。黄绾与黄岩县令康载偶语及之,康载曰:"斯吾职也,吾忍坐视之哉?"乃稽往籍、谋善制,傲工集材,修筑两堤,锻蚀易敝,不数月而新桥告成。牢壮周致,行者无虞,人咸悦而嘉之。黄绾应县诸生范骥等请,记厥成绩,遂作《重修黄岩县利涉桥记》。

是年,黄绾有《寄方西樵阁老书》、《答广德朱知州书》、《与孙太守书》、《答陈子愚书》、《答秦子元书》等。

是年,闻人诠等编辑、刊刻《甘泉先生文集》(内编二十八卷,外编十二卷)于新泉精舍。

是年,黄绾《大学古本注》刊刻,寄赠王畿一种;王畿拜读之后,有书函与黄绾,曰"《大学古本注》至善之旨有所忿懥之说,细体会,终未能尽契于里"云云。黄绾作《复王汝中书》以释疑。

是年,巡按浙江监察御史张景巡行至黄岩,黄绾受乡民之托,成《与张金宪书》,反对在连接黄岩、太平两县的委羽山河道设闸。

是年左右,黄绾为先考黄俌撰行状,成《先府君行状》。

是年左右,天台县令周仲玉任满三年,将升至云南巨津任太守。临行之际,黄绾有《赠周仲玉守巨津》。

是年左右,黄绾族兄、莆阳南溪先生黄科去世之后,其子黄文潜持《南溪挽诗册》来黄岩寻访黄绾,黄绾有《题族兄南溪挽诗册》。

是年左右,临海钱介夫持王氏三节妇册,来访黄绾。黄绾展而读之,感慨万千,有跋文《题王氏三节妇册》。

嘉靖十六年丁酉(1537),五十八岁,在黄岩

正月二日,黄绾率谢铎诸孙正式迁葬谢铎墓至桃溪上黄。黄绾先有《方石先生迁葬告文》。叶良佩全程参与了此次迁葬,成《谢文肃公迁墓记》。

正月六日,黄绾母鲍太淑人初葬于黄岩委羽山中岗之东,因穴中水湿,改葬于委羽山南岗之原。

二月六日,黄绾第四孙黄惟嵩生,黄惟嵩系黄绾长子黄承文长子。

春,黄绾祖父黄孔昭、祖母蔡氏在黄岩委羽山的葬地有水,不吉。黄绾、黄约于是年正月、二月间,在委羽山之北择吉地迁葬。事成,黄绾作《先祖考妣迁墓记》。

春,连接黄岩县南官路店头铺至柏岙之间的东洋新路成。县邑诸生张池、王照以及县令康载请黄绾为记,黄绾作《东洋新路记》。

四月,御史游居敬上疏,弹劾湛若水,奏请禁毁王阳明、湛若水所著书及门人所创书院。嘉靖帝下旨:"禁私自创建书院。"

六月,黄绾十三叔父黄正倩卒,享年七十六岁。嗣后,黄绾有《祭十三叔父两峰府君文》。

秋,叶良佩从太平前来,造访黄绾早年创建的石龙书院。叶良佩有七言律诗《石龙书院题画》(四首)。嗣后,黄绾、叶良佩共登黄岩县城西之松岩绝顶。黄绾与叶良佩登上松岩山之后,有诗行《松岩》。黄、叶二人驻足松岩绝顶,眺望澄江,纵谈古昔。江北有南宋丞相杜范亭池遗址,江西有任旭、黄寿云、赵纳斋之故居,江南有道教洞天福地所在委羽山,江东系元泰不华死节处。叶、黄二人共睹此景,惆怅感慨:"壮哉,先民之遗泽乎!殆将于此江争厥长雄也。后死者共勉之!"

秋,黄绾、叶良佩二人偕游澄江之畔的江云阁,黄绾有七言绝句《江云阁次叶敬之韵》。

秋,黄绾、叶良佩受邀至天台,参加许太恭人的寿宴,黄绾作《许太恭人寿歌》。

七月下旬,黄绾与叶良佩偕游黄绾四弟黄约(即空明山人)在黄岩县城之西,松岩三童岙西谷所经营之别业——少白堂。此次访游经过,叶良佩有《西谷记》,黄绾有《少白堂记》。

在少白堂,黄绾为黄约所创作的《松竹梅》、《鹅》、《鸡》、《芙蓉》、《芭蕉》、《菊》、《鹤洲图》等七幅画作题诗,有《与四弟空明山人题画》(九首)。叶良佩次韵和之,成《为空明山人题画五首奉次久翁韵》。黄绾还有七言绝句《鹤园为四弟赋》(二首)。

秋,黄绾丁内艰结束,释服除丧,至洞黄遍谒先祖坟墓,目睹先茔损坏践踏,"不胜悲恨",遂筹资进行修整。此外,黄绾先有《祭洞黄山灵文》,又成《祭洞黄先墓文》。

丁母忧之时,黄绾应台州别驾朱君(本姓章氏)之请,为其家谱作序,有《长湖章氏家谱序》。

丁母忧之时,黄绾曾接待了应城后学周润夫的来访,黄绾因欣赏其贤德,而以"立志学圣人"为圭臬,与之论为学之道,并成《赠周润夫》文。

丁母忧之时，黄绾著有《家诫》一文，告诫子孙后代，当以道德治家。

秋冬之时，王阳明继子王正宪偕郑邦瑞自越地（绍兴）来访黄绾及王正亿于黄岩紫霄山。郑邦瑞此次台州之行，随身携带有王阳明手书《与郑邦瑞尺牍》（三通），其卷末已有王阳明门生黄弘纲、萧敬德的题跋，呈请黄绾观摩，黄绾观讫抚卷，三叹而作《书宝一官藏阳明先生三札卷》。此外，叶良佩亦陪同接待了郑邦瑞一行，在王阳明《与郑邦瑞尺牍》（三通）之后亦有题跋。临别之时，黄绾作七言律诗《赠王仲肃郑邦瑞归越（有引）》。又据湛若水于此时所作《答王汝中兵曹》、《答薛尚谦》中"闻……诸贤为天台、雁荡之游，此心飘然"云云，似可推断，王畿、薛侃也与王正宪、郑邦瑞等一道前来黄岩，寻访黄绾等。

十月，黄绾仲兄黄绎之子黄承芳即赴南雍读书，时湛若水系南京吏部尚书，黄绾有《寄甘泉先生书》，恳请予以关照。

十月，黄承芳赴南雍之时，黄绾还有书函与南京国子监祭酒伦以训，成《寄伦白山书》。

十一月二日，湛若水有《复黄久庵少宗伯》。

冬，黄绾作七言绝句《题符国信三友图》。

冬，黄绾生病卧床不起。因山垄之上腊梅花开，黄绾在某日清晨，倚杖雪中赏梅，赋七言绝句《病起观梅》（二首）。

是年，黄绾追记先祖淳德美行，先后成《先五世祖统五府君碑阴记》、《高祖松坞府君碑阴记》、《曾祖职方府君碑阴记》、《先祖文毅公碑阴记》等。

是年，黄绾作《祭舅氏屿南鲍翁》文。

是年，黄绾展拜了亡室钟氏父、祖及叔兄三世之墓，有《祭钟氏墓文》。

是年，叶良佩以诗歌方式与黄绾谈论小梅山（梅岩）隐居之胜，黄绾和之，成七言绝句《叶敬之谈梅岩隐居之胜咏诗索和》。

是年，黄绾于黄岩县南五里官道之旁、委羽山下，捐赀买地建重屋二十楹为义楼，床笫、炀灶、汲浴、樵采、什器，靡不整具，供过路旅客晨飧夕宿。此时，叶良佩从黄绾游息于委羽，亲睹义楼之役，遂成《黄氏义楼记》。

是年，黄绾为已故温州知府郁山撰墓碑铭，有《明温州知府郁君墓碑铭》。

是年，天台学者夏镔谢世。夏镔系黄绾青年时代的学术知音，对黄绾多有提携。

嘉靖十七年戊戌(1538),五十九岁,在黄岩

正月十五日,元夕之夜,黄绾一家老少与亲朋欢聚一堂,赏灯宴饮。黄绾有七言绝句《元夕灯宴》(二首)。

三月,湛若水为薛侃之侄薛宗铠作《明故征仕郎右给事中东泓薛君墓志铭》。薛宗铠于嘉靖十四年因弹劾吏部尚书汪鋐,廷杖八十而卒。黄绾与薛宗铠生前亦交好。

十一月初一,世宗以其生父兴献皇帝既称宗配帝,乃于南郊上"皇天上帝"大号,恭进册表,并诣太庙,改上太祖高皇帝、高皇后尊号。皇后助行亚献礼,文武大臣及命妇陪祀。

是年左右,叶良佩有《奉久庵先生书》,与黄绾探讨"志道"、"诚意"之学。

嘉靖十八年己亥(1539),六十岁,在黄岩,至京师,归黄岩

正月,先是,礼部奏遣使诏谕朝鲜。嘉靖帝以为:"安南亦在天覆之下,不可以迩年叛服之故,不使与闻,今择廷臣有文学才识、通达国体者,赍诏谕之,如故事。"于是,所司以其人上报,前后多次上报之人选,皆不称帝意。

二月,嘉靖帝命原礼部左侍郎黄绾升本部尚书,为正使,右春坊右谕德张治升翰林院学士,为副使,捧诏行。时黄绾守制家居,趋赴行在所,领面谕行事。时同任礼部尚书系严嵩。

二月初六日,张孚敬(张璁)卒于温州。

春,黄绾在黄岩之时,在朱谏、王献芝等人的陪同下游雁荡山。

四月左右,南京吏部尚书湛若水作《治权论》,上《进治权论疏》,主张"天子讨而不伐",反对对安南用兵。

五月左右,黄绾奉诏至京。

六月八日,礼部尚书严嵩、黄绾俱以雷警,自陈乞罢。诏留用。

六月十四日,湛若水由南京吏部尚书改为南京兵部尚书参赞机务。在吏部尚书任上,湛若水成《杨子折衷》,对宋儒杨简学说进行评议。黄绾晚年不喜杨简之学,《明道编》以为"慈湖之学,禅学也"。

六月,同任礼部尚书严嵩,大力支持同僚黄绾"宣谕安南"的前期准备事宜。黄绾奏请"要将安南黎氏受封始末等项查录前去,以备应用",嘉靖帝命严

嵩照办。严嵩遂翻阅、稽查礼部所存有关安南国案卷,查录完毕,上奏疏《稽古典以备采酌事》。

七月,黄绾有《定庙谟疏》,请求出使安南可便宜行事。

闰七月,礼部尚书兼翰林院学士黄绾罢。《明世宗实录》记:先是,绾以礼部左侍郎升本部尚书,充正使,往谕安南,未行。为其父母请赠且援建储恩例,请给诰命如其官,上怒,曰:"绾先因行取使安南,闻命不趋。既至,则多端请辞,畏缩阘茸。今又复有请。其以原职闲住,毋复起用。"

秋八月,黄绾乘舟南归,途中曾在蔡家庄逗留,有五言古诗《乙亥归舟逗风蔡家庄见田舍土垣茅茨朴野有类太古慨然兴怀》。南归途中,黄绾还有七言绝句《出京泊舟保运观道馆书怀》、《出京中秋舟中观月》(二首)、《游白园赠白师慎鸿胪》、《题张氏隐居》等。

冬,黄绾正式归隐,开始田居生活。施沛《南京都察院志·黄绾传》称黄绾"归抵家,迁居翠屏山中,杜门谢客,日事注述,布衣草履,超然于尘埃之外,虽极寒暑,手未尝释卷。远近有志士,咸趋事之"。

是年,黄绾与叶良佩一道凭吊了乡先贤符邵阳之墓。叶良佩有七言律诗《谒先师正斋先生墓》,黄绾次韵和之,成《吊符邵阳墓次叶敬之韵》。[1]

是年,黄绾在京师之时,南京礼部侍郎吕柟因奉先殿灾而致仕,黄绾作七言绝句《赠吕泾野归关中》,为之送行。

是年,北方王门学者穆孔晖卒,年六十一。

嘉靖十九年庚子(1540),六十一岁,在黄岩

五月,南京兵部尚书湛若水六年考满,因年逾七十,嘉靖帝令致仕。七月,湛若水离开南都返乡,路经杭州,至天真精舍,以三香祭奠阳明先生。九月中旬,抵家增城。

六月十九日,黄绾第五孙黄惟庚生,惟庚系黄绾三子黄承德长子。

六月,叶良佩应太平县令曾才汉之请,主持修纂《(嘉靖)太平县志》。

十月,礼部尚书霍韬卒于官,享年五十四岁。翌年,湛若水作《太子太保礼

---

[1] 拙著《黄绾生平学术编年》(第330页)把"黄绾与叶良佩一道凭吊乡先贤符邵阳墓"系于"嘉靖十六年",兹改系于"嘉靖十八年"。

部尚书掌詹事府事赠太师太保谥文敏霍公墓表》。方献夫撰《明礼部尚书谥文敏渭厓霍公墓表》。

是年，王阳明门人周桐、应典等建书院于永康寿岩，祀阳明先生。

是年左右，王克之治台州满五载，擢任岳州太守，时抱病山谷的黄绾应黄岩县令林人纪及其同僚宗君、毕君之请，作《赠王克之擢岳州贰守序》。

约是年左右，黄绾有七言古诗《白纻词》（二首）等。

嘉靖二十年辛丑(1541)，六十二岁，在黄岩

是年，黄岩县令林人纪重修黄岩县儒学，黄绾撰《重修黄岩县儒学记》。

七月，台州大水，黄岩尤甚，知府周志伟振恤有加。明年（嘉靖二十一年）周志伟擢官去，百姓在黄岩县治东为其立祠，黄绾为之记，成《甘棠遗爱祠记》。

九月，王廷相以郭勋事牵连，革职为民，罢官归里。其近四十年的从政生涯结束，王廷相抵家后，日以闭门读书为事。

是年，台州太守周志伟任满三年，赴京考绩。应黄岩县令林人纪之请，黄绾成《赠周太守考绩序》。

是年，江右王门学者邹守益"因谗者中伤，落职闲居"，"既归，卜筑东阳行窝，四方学者日众"，有《简复久庵黄宗伯》相告。约在此时，邹守益还寄赠七言古诗《东海篇为黄久庵宗伯赋》。

是年，泰州王门学者王艮卒，年五十九。北方王门学者南大吉卒，年五十五。

是年，湛若水高足洪垣补任温州太守，岭南诸友人有歌行赠别，湛若水作《送大巡觉山洪君外补温州太守诗序》。

是年左右，黄绾作七言律诗《和曾梅台少参游灵岩韵》。

是年左右，谢应午于台州任节推仅两月，升任真定府别驾从事，应黄岩后学梁子、文子、林子之请，黄绾作《送谢子应午序》。

嘉靖二十一年壬寅(1542)，六十三岁，在黄岩

正月初二日，黄绾与四弟黄约酌酒于江上草堂，黄绾有七言律诗《新岁二日四弟携酒酌江上草堂》。

三月十六日，礼部左侍郎兼翰林院学士费案六十寿辰，黄绾应在浙任职的费案同乡詹燕峰、欧阳约庵、高玉华、张蒙溪之请，为文祝寿，成《贺费钟石六十

寿序》。

四月十四日，黄绾七子黄承恭生，承恭系黄绾继室王氏之媵婢陈氏所生。

闰五月五日，黄绾应台州府同知王廷幹之邀，撰《赤城书院记》文千余字，并刻成碑文。

夏，黄岩一带酷热，黄绾携周志伟、王维祯、张岱野等好友在郡城临海避暑，并宴饮集会于东湖；众人有诗歌唱和，黄绾有诗作《东湖宴集次周士器太守韵》、《东湖宴集次王维祯韵》(二首)、《和张岱野宪副游东湖韵》。

七月，致仕南京礼部右侍郎吕楠卒。黄绾闻讯，特作五言律诗《哭吕泾野宗伯》。湛若水闻讯后，作《奠吕泾野文》。

七月，致仕南京刑部尚书周伦卒。

八月十六日，礼部尚书严嵩兼武英殿大学士，入阁参预机务，仍署礼部事。

九月，王畿在落职回绍兴之后，携檇李沈静夫、余姚杨汝鸣至黄岩拜访黄绾，探视王阳明独子王正亿。黄绾在黄岩北山石龙书院予以接待，二人就为学宗旨展开辩论，先是在石龙书院"论绝学未明之旨"，继而在雁荡山能仁寺"深辩释老精微不同之旨"。

又，黄绾与王畿、沈静夫、曾才汉、叶良佩、冯子通、杨汝鸣，壻王正亿，儿承式、承忠，同游雁荡山，黄绾有《游雁山记》。游雁荡山之时，黄绾追忆三十年前与郑继之、应元忠、赵弘道、弟黄约同游之事，此时郑继之、应元忠、赵弘道已亡故，故而感怀，有七言律诗三首之作。①

王畿离开雁荡山，拟同石简一道前往临海桐岩，黄绾、叶良佩有诗歌相赠，叶良佩诗作题名曰《奉陪久翁送石玉溪王龙溪至桐岩作》。

王畿完成黄岩之行，归越之后，有《与张叔学书》，相告此次游学收获，有"此行受久庵公真切之教，向来凡情习气顿觉消灭，可谓不虚行矣"云云。

十一月十七日，黄绾四弟黄约病逝，叶良佩有诗作《挽空明山人》。

十一月十三日，黄绾第六孙黄惟新生，惟新系黄绾次子黄承廉四子。

是年，江右王门学者欧阳德与邹守益、罗洪先等会讲于青原，游石屋、玄潭，并有书函《寄黄久庵》。

---

① 拙著《黄绾生平学术编年》(第 368 页)把此三首七言律诗记于"嘉靖二十八年"下，当以本书为正。

　　是年,台州太守周志伟离任,至湖南岳阳任职,黄绾为之饯行,作七言古诗《感慨歌送周士器太守》。叶良佩有五言律诗《送郡守周阳山公擢官重夔兵备四首》,并有《阳山说》。

　　是年左右,黄绾第七孙黄惟龍生,惟龍系黄绾长子黄承文次子。

　　是年左右,黄绾有五言律诗《于东湖柬孔文谷提学用张岱野兵备韵》。

　　约是年左右,黄绾作七言律诗《秋居感怀》、《咏侄承芳山池》、《江山草堂》等。

　　约是年左右,黄绾移居翠屏山,作七言律诗《移居翠屏》(二首)。

　　约是年左右,黄绾于翠屏山中构建书堂,名曰"思古堂",并作《思古堂记》。以"家经"名其书阁,成《家经阁记》。

嘉靖二十二年癸卯(1543),六十四岁,在黄岩

　　六月十五日,黄绾作七言古诗《飞虹硖歌》,并有摩崖石刻。

　　夏,黄绾有七言古诗《紫霄吟》,有摩崖石刻存世。

　　秋七月,黄绾撰《明奉政大夫南京吏部考功郎中无逸林公墓碑铭》。

　　是年,太常寺卿魏校卒,年六十一。赐祭葬如例,赠礼部右侍郎,谥恭简。魏校生前与王阳明有过学术论辩,黄绾曾居中调停。缘此,黄绾与魏校也成为好友。

　　是年左右,黄绾在黄岩澄江之北的北山(翠屏山)一带躬耕田野、课子读书,赋诗《田居》(六首)。嗣后,黄绾还有田园诗作《力耕》(三首)等。

　　约是年左右,黄绾作七言古诗《送曾明卿守茶陵歌》、《松图歌赠张元益》。①

嘉靖二十三年甲辰(1544),六十五岁,在黄岩

　　春,黄绾有七言古诗《云壁楼歌》。

　　春,临海学者王宗沐中进士。

　　六月,致仕少保兼太子太保吏部尚书武英大学士方献夫卒,年六十。方献夫生前与黄绾交好。湛若水成《祭告西樵方公文》。

　　八月,黄绾撰《明处士松屿金翁墓碣铭》。

---

　　① 拙著《黄绾生平学术编年》(第372页)把此二诗篇误记于"嘉靖三十年"下,当以本书为正。

九月二十八日，黄绾于黄岩县东南十五里处东盘山(俗名"五马回朝")摩崖岩石之上刻《生圹自铭》，对自己一生志业、功过是非进行评价，同时希望自己卒后归葬于此。

九月七日，王廷相卒。闻讣，黄绾特作五言律诗《哭王浚川宫保》。

秋冬之时，致仕家居的湛若水有南岳衡山之行。

十一月，鄞县学者张邦奇谢世，生前与黄绾、王阳明、湛若水等交好。

是年，黄绾为追记先姚鲍氏先祖鲍叔廉及其侄女媰娘、婉娘在宋末誓死抗击元兵入侵台、温二州之英烈事迹，为乐清旸谷岙(今浙江省乐清市智仁乡大台门村)所建义烈祠撰记文，成《义烈祠记》。

是年左右，黄绾追忆王阳明、湛甘泉、郑善夫等好友，在二公亭作七言古诗《胡为吟》，今有石刻存世。

嘉靖二十四年乙巳(1545)，六十六岁，在黄岩

正月初八，黄绾作七言律诗《谷日》。

闰正月，顾璘卒，年七十。黄绾、王阳明、王廷相、郑善夫等与顾璘交好。顾璘在正德十一至十六年担任台州太守。

四月十二日，黄绾第八孙黄惟峻生，惟峻系黄绾长子黄承文第三子。

四月，薛应旂以南京考功郎中考察南都官员，受夏言指使，王畿被黜罢官。王畿罢官事传到台州，黄绾作诗安慰之，叶良佩亦次韵和之，成七律《王龙溪驾部免官归次久翁韵奉讯二首》。

五月，温处兵备副使夏浚檄修处州城内丽阳、溪水二渠，知府李冕开浚，黄绾有《浚河记》文。

中秋，黄绾至越中探访王畿，在王畿庭园所构洗心亭上赏月论道。其间，黄绾有七言绝句《中秋洗心亭与王汝中观月》，王畿有《次久庵中秋洗心亭玩月韵三首》。此外，应王畿之请，黄绾作有《洗心亭记》。

是年，王畿归林之后，四处讲学。《明儒学案》记："先生(王畿)林下四十余年，无日不讲学，自两都及吴、楚、闽、越、江、浙皆有讲舍，莫不以先生为宗盟。年八十，犹周流不倦。"

是年，黄绾有书函与江右阳明学者罗洪先，罗洪先覆函《奉黄久庵公》。

是年，粤闽王门学者薛侃卒。

约是年左右，黄绾与张岱野多有诗文唱酬，如《和张岱野兵备石门潭韵》、《和张兵备湖亭雨集》。

约是年左右，台州陈姓太守将北上，黄绾作七言古诗《恻边行赠陈太守》。

嘉靖二十五年丙午(1546)，六十七岁，在黄岩

春，江右王门学者陈九川入越，省先师(王阳明)之墓及其家，并入台州寻访王正亿、黄绾、叶良佩。先是，汪青湖、陈九川有书函与叶良佩，告知拟前往台州寻访好友、游玩雁荡事，叶良佩有《答汪青湖陈明水约游雁山二首》。

夏，黄绾在家乡台州与女婿王正亿及好友叶良佩，与陈九川、汪青湖一行，偕游天台、雁荡等名山大川。在雁荡山中，叶良佩有诗歌《宿灵岩寺》、《由瑞鹿抵能仁寺》。

八月，王正亿持黄绾所撰《阳明先生行状》及黄绾手书至岭南西樵山烟霞洞，请湛若水为亡父阳明先生撰墓志铭文。应黄绾、王正亿之请，湛若水成《明故总制两广江西湖广等处地方提督军务奉天翊卫推诚宣力守正文臣特进光禄大夫柱国少保新建伯南京兵部尚书兼都察院左都御史阳明先生王公墓志铭》。

十一月二十三日，黄绾因山居之暇，在细读先师谢铎诗文集最后定本《桃溪类稿》后，为之作序，成《桃溪类稿序》，嗣后由谢铎曾孙、延平府同知谢适然刊刻之。

冬，黄绾在翠屏山中接待了闽中族弟黄希白的来访，因黄希白即将赴京参加明年会试，黄绾有七言古诗《赠闽族弟希白会试》。

冬，黄绾作《玉溪图歌》，赠宁海阳明学者石简。

嘉靖二十六年丁未(1547)，六十八岁，在黄岩

夏，台州民间一带讹传采童女，少女一时嫁娶殆尽。

五月，黄承德为乃父晚年著作《明道编》作跋文一种。与此同时，黄绾门生林文相有《明道编序》。

是年，黄绾在祖父黄孔昭早年抄录的《杜清献公集》基础之上，又从《赤城集》及乡里诸载籍中检录杜范佚文若干种，重新编订成《宋杜清献公集》二十卷。其中古律诗四卷、杂文四卷、奏稿十卷、书札一卷，传记、行状等汇为一卷，置诸卷首。黄绾作《序》、符验撰《跋》的《宋杜清献公集》刊刻，是为嘉靖二十六

年明刻本的《杜清献公集》,现收藏于日本静嘉堂文库。

是年,朱纨提督浙闽海防军务,巡抚浙江,防御倭寇。嗣后,黄绾结识朱纨。

是年,王道卒。王道系黄绾好友,早年师从王阳明,后转师湛若水。

约是年左右,文启治持《百雀图》上门拜访黄绾并索诗,因文启治"介而知言",黄绾乃作七言古诗《题百雀图》。

约是年左右,蔡生拜会黄绾,临别,黄绾作七言古诗《赠蔡生》。

嘉靖二十七年戊申(1548),六十九岁,在黄岩

九月初八,黄绾第九孙黄惟楫生,惟楫系黄绾四子黄承式长子。

十月初二,夏言被杀于京师西市,年六十七岁。黄绾在京师礼部任职之时,与夏言交好。

十月十九日,黄绾第一曾孙黄学诗生,学诗系黄绾次子黄承廉长子黄惟宠之长子。

嘉靖二十八年己酉(1549),七十岁,在黄岩

二月,黄绾年七十,有《纪梦》诗作赠与王畿,王畿次韵《复久庵纪梦韵十首》。

四月十五日,黄绾应邀为时任浙江巡抚朱纨的《甓余杂著》作"序"文一种①。

九月,湛若水撰《潮州宗山精舍阳明王先生中离薛子配祠堂记》。

十一月十二日,仙居阳明学者应良卒。嗣后,邹守益应应良门人李一瀚之

---

① 今天津图书馆藏有明朱质刻本《甓余杂著》(十二卷,现收录于《四库全书存目丛书》集部第78册,齐鲁书社1997年版),卷首即载有黄绾撰写的"序"文一种,末署"嘉靖二十有八年夏四月望日资善大夫礼部尚书兼翰林院学士赐一品服前詹事府詹事兼侍讲学士同修国典经筵讲官久庵居士黄岩黄绾撰"。笔者在编校整理《黄绾集》(上海古籍出版社2014年版)时,未见《甓余杂著》,故黄绾所撰《甓余杂著·序》系《黄绾集》佚文一种。
关于《黄绾集》佚文,近日笔者又有收获:永康地方学者程朱昌、程育泉重新编辑整理的《五峰书院志》(增订本)卷十二所载《答周厚峰书》(中国文史出版社2010年版,第345—346页)、《与一松先生书》(第372页)亦系《黄绾集》佚文。还有明代学者潘缄纂、今人胡正武教授点校的《天台胜迹录》中亦录有黄绾以天台山为创作题材的诗歌若干篇,其中卷三所收录的《寄题桐柏观》(浙江大学出版社2010年版,第167页)系《黄绾集》佚文又一种。上述《黄绾集》佚文四种,包括本书附录一《洞黄黄氏家训》(载《洞黄黄氏宗谱》,民国乙卯年重修本)一种,他日若重新修订并再版《黄绾集》,当一并录入。

请,撰《应方伯良墓志》。湛若水作《寓奠应方伯南洲元忠文》。

冬,湖州学者唐枢至台州,寻访好友黄绾、叶良佩。黄、叶、唐一同前往金鳌山望海,并有诗歌唱和。黄绾赋诗《金鳌山望海有感》,叶良佩作《陪唐一庵金鳌山观海同黄久翁符松岩作》。

是年,黄绾长子黄承文离家前往京城任职,叶良佩有诗作《送黄伯勇上舍之京》。

是年左右,黄绾有七言律诗《岁暮感怀》、《次秦子亨宫允见访山居话旧韵》、《雪后野望》等。

是年左右,少时邻居林世善携画作,请黄绾题诗。黄绾有《凭翠楼歌赠林世善》之作。

嘉靖二十九年庚戌(1550),七十一岁,在黄岩

三月十五日,黄岩儒学教谕、黄绾门生吴国鼎为乃师《明道编》作跋文一种。

四月四日,黄绾第二曾孙黄学敏生,学敏系黄绾次子黄承廉次子黄惟宠之长子。

是年,闽东重刻《阳明先生文集(录)》。

是年左右,黄绾著《洞黄黄氏家训》一卷,析分十二条目,依次是"端本"、"志学"、"教养"、"励志"、"师友"、"技艺"、"婚姻"、"治家"、"勤俭"、"内德"、"朔节"等。

嘉靖三十年辛亥(1551),七十二岁,在黄岩

三月二十一日,湛若水为严嵩《钤山堂文集》作序。

十二月,薛应旂游雁荡,撰有《雁荡山志》,赋诗《登雁山》、《宿雁山禅院》等。

是年,江右王门学者何廷仁卒,年六十六。

嘉靖三十一年壬子(1552),七十三岁,在黄岩

四月,倭寇入海门关,黄岩知县高材御战,不胜,邑民杨志等被杀。

五月十七日,倭寇犯黄岩县治,泊舟澄江,据城七日,毁官民庐舍殆尽,杀

掳甚重。台州府遣知事武炜赴救,至钓鱼岭,伏发死之。

五月二十八日,福清贼首邓文俊等率倭夷二千,直入黄岩,焚县治,七日而出。时县无城,贼乘潮至,故陷。至十一月,参将汤克宽追逐之于马下洋,文俊始就擒。

五月,黄岩县城黄绾住宅被倭寇毁,王正亿游北雍,其妻黄姆哀惶奔走,不携他物,独抱王阳明木主图像以行。

是年,黄绾三子黄承德离家赴广西任奉议军民指挥使司经历。岁暮,黄绾有五言绝句《岁暮忆三儿承德》。

嘉靖三十二年癸丑(1553),七十四岁,在黄岩

二月,南中王门学者戚贤卒,年六十二。戚贤系正德八年王阳明在安徽滁州讲学之时的得意门生。黄绾与戚贤有交往。

春,会试之时,徐阶、聂豹、欧阳德、程文德等在京会讲于灵济宫,学徒云集,至千人。

五月,台州黄岩大风,雨连日不止,坏民田稼。

八月二十六日,黄绾第十孙黄惟柱生,惟柱系黄绾四子黄承式次子。

十月二十九日,黄绾第三曾孙黄学礼生,学礼系黄绾次子黄承廉长子黄惟宠之次子。

晚年家居之时(嘉靖十九年至三十二年),黄绾有七言律诗《寿任秋山八十》、《和应立之归田自咏韵》、《送范元德岁贡》、《和高少参雁荡韵》、《和宗叔亦斋岭店驿韵分得歌字》、《和张岱野岭店驿分韵得歌字》、《夜读宋靖康德祐史有感》、《岁暮江楼咏怀》、《夜坐一碧楼》、《次韵留别杜子敬郡博》、《陈山人鹤以诗见赠依韵酬之》等。

晚年家居之时,黄绾作有五言绝句《明印流落远来住我溪亭三年矣兹欲寻访名山诗以赠之》(四首)等。

晚年家居之时,黄绾作五言古诗《和游金事游灵岩韵》等。

晚年家居之时,黄绾作七言绝句《和萧两湖宪副雁荡道中韵》(二首)、《题常秋壑赠王湍》(二首)、《雁荡书院赠朱时言》、《和甘泉登罗浮见怀韵》(二首)、《送潘司训归休》、《暮春》、《次应立之亭池韵》、《写松》(二首)、《写梧冈图赠陈太守》、《写海峰图赠叶敬之》、《与文启治写壁峰图》、《雨后枕流亭观瀑》(二

首)、《为林尹通写梅趣图》、《叶云鋆以诗期过次韵答之》等。

嘉靖三十三年甲寅(1554),七十五岁,卒于黄岩

九月四日戌时,黄绾病卒于黄岩翠屏山里宅村。年七十五。始葬于邑南东盘山;以家多变,迁葬委羽山文毅公墓前;以地多水,又迁于紫霄山之南的长陇。

附 录 五 种

一、洞黄黄氏家训①

（明）黄　绾

家 训 小 引

　　道七府君久庵公所著《家训》，虽日用诰诫，莫不表里于经，驰骤于史，谆谆数千万言，实足为天下明训，岂徒为子孙虑深远？迨传至不肖，而仅留其半，遍访老成，家余无存者，不胜痛恨太息，于职守者每致咎焉。因谨书所见十二条于《谱》，吾族子孙，尚其无忘先训。

端　　本

　　一，吾家祖先教子孙营生之道。男子读书之外，以耕种为业，各务本等生理，不许渔贾远海、经营末利；或至借放银谷，不许过取利息、勾留票券，故延岁月、重沓复算。女子中馈、织纴以外，以孳养鸡豚鹅鸭为务，不许干预门外之事，及妒忌多言、玩亵戏笑，以致丧败廉耻。累世祖母暨先母鲍太夫人，皆以顺德配助而无愧也。

　　一，人家以道德为本而不在势利。父子至性在道德，夫妇至恩在道德，兄弟至亲在道德，长幼至爱在道德，婢仆至恭在道德，亲友至情在道德，以至读书

---

　　①　录自《洞黄黄氏宗谱》，1915 年重修本。笔者按：《阳明后学文献丛书》本《黄绾集》（上海古籍出版社 2014 年版）由于交稿日期较早，未能及时收录《家训》一卷。

为仕只在道德,而不在富贵。故可仕、可止、可久、可速,各随其宜,庶几不为市井庸俗鄙夫。思于此立志,是为正本。其本既正,万事无失,方能兴育贤才,保家永世。所谓道者,顺其当然之理;所谓德者,得其忠恕之德。

一,吾欲尔子孙皆读书,非欲尔皆仕,但愿读书知义礼,知为人之方,以成其身而已。其仕与否,皆随其才质,以听命与数而不可强,强则不惟无成而反误其平生,以致落魄浪荡。近日,乡里游民之多争竞、妒忌之甚,皆由于此,实不可不知,所深戒也。

一,吾家世读书业儒为事,虽不立道学门户,然所以相传饬身教家、处官处世,皆合圣贤执中之道,并无为人矜炫之事。

一,黄鲁直云:“四民皆当世业,士大夫家子弟能知忠、信、孝、友,斯可矣,然不可令读书种子断绝。有才气者出,便当名世矣。”此言虽若寻常,亦为士大夫家所当知也。

一,一家之事定于一人,犹一国之事定于一君。所谓一人者,家之主也。家主之志不定,一家之事皆不定;家主之志定,一家之事皆定。家主志于尚德则一家皆尚德,家主志于道义则一家皆道义,家主志于敛约则一家皆敛约,家主志于勤俭则一家皆勤俭,家主志于势利则一家皆势利,家主志于淫佚则一家皆淫佚,家主志于欺诳则一家皆欺诳,家主志于争胜则一家皆争胜,家主志于浮薄则一家皆浮薄,家主志于夸大则一家皆夸大。盖有不言而喻、不约而同、不令而行者,诚可畏也。凡为家主者,可不慎哉,可不敬哉!

志　学

一,古人云:“学莫先立志。”故古人之学,志于仁、志于道、志于德而已。孔门之言曰:“苟志于仁矣,无恶也。”世儒之言曰:“志于道德者则功名不足以累其心,志于功名者则富贵不足以累其心。”知志于仁而无恶,则知不志于仁必不免于恶矣;知志道德不可累于功名,况可累以富贵乎? 知仁之必当志、知道德之必当志,则知所立志矣。

一,夫仁,犹木之有根;道,犹行之有路;德,犹居之有宅。木而无根,可乎? 行而无路,可乎? 居而无宅,可乎? 知斯三者决不可无,则知所立志矣。濂溪周子曰："志伊尹之所志，学颜子之所学，过则圣，及则贤，不及亦不失其令名。"所谓"志伊尹之志"、"学颜子之学"，亦在于仁、于道、于德而已。若舍仁、舍道、舍德，别无可以为志、为学矣。

一，夫学当以仁、以道、以德为志，然生于其时则有时王之制。故孔子之为学，虽祖述乎尧舜而必宪章乎文武，盖以时制不可不遵也。今时之制，以科第取士，以举业为学，士生今世，欲学必由举业，欲仕必由科第，此所不能逃者。要知举业之初，以明经为本，原不外乎圣学；则知科第取士之本，原不外乎仁与道、德。皆由世人急于名利，逐其末而忘其本，乃自异于圣而自绝于仁与道、德也，岂国家制度固如此哉！吾家自曾祖、先祖、先君以来，皆由科第而仕，皆自秀才为举业时，即知所立志，皆知切己体认，求有得于身心，故发于举业皆与众人不同，故居官处家亦与众人不同。吾少承荫叙，后闻横渠"荫袭"之说，遂谢应举，然于举业未尝不究心。但所以究心，视今日众人所学有不同耳。宋儒有云："凡学之道，必须一言一句自求己事，如《六经》、《语》、《孟》中。我所未能者，当勉而行之。或我所行，未合于《六经》、《语》、《孟》者，便思改之，先务躬行，非徒诵书作文而已。"又云："凡读书如《论语》，将诸弟子问处便作己问，将圣人答处便作今日耳闻，自然有得。孔孟复生，不过以此教人耳。"张子韶又云："如看唐朝事，则若身预其中，人主性情如何？时在朝士大夫，孰为君子，孰为小人？其处事，孰为当，孰为否？皆令胸次晓然，可以口讲指画，则机会圆熟，他日临事必过人矣。凡前古可喜可愕之事，皆当蓄之于心，以此发之笔下，则文章不为空言矣。"

一，凡教子弟，不可先令作文字，只教熟读经书及子、史、古文、程文之类；讲解俱明，使之有本，然后教作文字，庶使专心诵读，不敢玩物、蹉跎岁月。皆教子弟之要也，为父师者不可不知也。

一，圣人之学，艮止以存其心，执中以尽其道，云"人心"、"道心"以辩其体，云"危"、"微"以明其体之所以辩，云"精"、"一"以致其工之所以用，此乃圣学之要也。自伏羲、尧、舜、禹、汤、文、武、周公、孔子及颜、曾、思、孟没而圣学无传，至东汉摩腾、竺法兰以其经入中国而其说闻于中国，至南北朝达摩入中国［而］其法行于中国，历唐迄宋而盛，故当时士大夫无不事禅学者。虽圣学之兴，亦自禅学而来，以至于今。凡圣学皆以虚无为本，而失圣人"艮止"、"执中"之旨。吾幸得之遗经而验之于身心，涉历星霜，每尝笔之于《大学》、《中庸》、《论语》、

《孟子》及《易》、《诗》、《书》诸经,谓之"原古"。又尝笔之于《日录》及诸门人所记,人谓之《明道编》,颇明千古圣学之要。今时制虽主朱注,吾子孙欲学圣学而业举子者,能取而时玩之,不惟圣学于此有得,虽举业亦能明其纲领宗旨而得益,以为终身成立之本矣,庶不孤吾平生之苦心也。

一,凡子弟欲务学,切不可以室家之务扰其心,其或犯兹戒者,决无有成之理。昔胡安定与孙明复同读书泰山,得家问,见上有"平安"二字,即投之涧中,不复展读,恐其乱志。可以为法。

一,昔人论作文之法,有曰:"地步高则局段高,见识高则意度高,气量高则骨格高,此培养其身心也。读书多则学力富,历世深则才力健,此培养其材识也。养元气以充其本,养题意以极其变,此培养其思虑也。乃至论其体格,则叙事之文贵简实、议论之文贵精到、辞令之文贵婉切、辞赋之文贵婉丽。论其体段,则历代有风气之殊,诸家有材气之别。"以上皆宜融会贯通,此入境之法也。识得培养、入境二法,方可言作文字,文可以易言哉!

一,松坞府君平生读书,手不释卷,晚好读《通鉴纲目》。日取一编,坐所谓松坞观焉,见忠臣孝子则喜见于色,见奸臣贼子[则]掩卷大骂。卒之前一日,是书犹在手。

一,先祖文毅公少失怙恃,励志问学,即以古贤圣自期。虽至寒馁,不以为意。怠,则书姓名于掌,以木枋击之。又自呼其姓名曰:"汝父母俱亡,汝可不知自立而自怠乎?"

一,文毅公少年尝读书于洞黄集怡楼上,婶母以盂蜜盘糍来馈,食糍用蜜。公方发愤,误认砚墨为蜜,食已,人见其唇墨,往视之,盂蜜如故,知发愤之深,食不知其味也。

一,文毅公幼失怙恃,艰苦备尝,岁歉,食鑫粥。先职方公老婶,北人,不习治鑫,杂芒秕,不可入口。日盛一器,俟其凝,画为四块,读倦剔其芒而食,旦暮尽四块。弟妹幼弱不能食,以鑫易米食之而自鑫,笃于友爱如此。

一,文毅公虽居官,(尝)[常]读书。为文选郎中,稍暇即手不释卷。及为南京工部侍郎,犹夜读。或问曰:"尚欲科举乎?"曰:"不然,圣贤行己治人之方悉在于是,读书则使心有归宿,不致外驰。"

一,昔胡澹庵见杨龟山,[龟]山举两肘示之曰:"吾此肘不离案三十年,然后于道有进。"张无垢谪横浦,寓城西宝界寺,寝室有矩窗,每日昧爽,辄抱书立窗下，就明而读，如是者十四年。泊北归，窗下双跌之迹隐然，至今犹存。前辈为学，勤苦如此。然龟山盖少年事；无垢乃晚年，犹难也。此皆为学所当知也。

一，赵东山曰："袁公伯长尝问于虞公伯生，曰：'为文当何如？'虞公曰：'子浙人也，子欲为文，当问诸浙中庖者。予川人也，何足以知之？'袁公曰：'庖者何以知文乎？'虞公曰：'川人之为庖也，粗块而大胾，浓酰而厚医，非不果然属餍也，而饮食之味微矣。浙中之庖者则不然，凡水陆之产皆择取柔甘、调其滫齐，澄之有方而洁之不已，视之冷然水也，而五味之和各得所求，羽毛鳞介之珍不易故性。故余谓文之妙，惟浙中庖者知之。'袁公蘉然，称之曰：'善。'"夫作文之法在多读书，多读古书明其理，则用句用字皆练且有根据、有典则，不空疏。又当如水中着盐，使饮水者知其味，此浙庖之谓也。若用之觑觎有迹，则又蜀庖之不若，不但粗块大胾、浓酰厚医而已也。

教　养

一，先君与先叔侹为稚子，日收谷簌不实，俗谓之淘有。谷中有遗粒，先君与先叔复簌之，得谷数升，藏之。一日，取谷至东浦舟中买梨枣食，曰："此我自己谷也。"祖母蔡夫人闻之，曰："父母在，子妇无私货。汝等为稚子，有自己谷也？"辄语先文毅公，皆痛责。先君悔悟终身。绾为童子时，尝闻先君语。

一，先母之教子孙，不以华衣美食，一言之妄、一行之差，必不轻贷。平居必以古人德行、节义、阴功贻后，足为持身治家之法者，谆谆语之不倦。岁时必集诸妇、诸孙妇、孙女为燕会，亦谆谆语之不倦。绾童子时，文毅公及先君皆在仕途，尝谆切寄书训教："毋学市井子弟，见人面敬背侮，与人语面是背非，流为轻薄，终不可反。"若此之训甚多，先母皆揭于所坐壁上。绾兄弟少有过差，必令跪壁下，语之曰："尔祖、尔父之所以惓惓教尔者何如？尔可不遵耶？"甚至痛棰之乃已。

一，先母鲍太淑夫人常语绾兄弟曰："汝今成人，毋谓自能，忽我教训。我自孕汝等，即居静寝，毫发罔念不敢萌于心，非理之色不敢接于目，非理之声不敢入于耳，饮食之味常淡泊而邪味浓厚无所嗜，非理不正之语无所言，寝处起居皆有常，喜怒嚬笑必有则。至生汝等，自怀抱至今，疾痛疴痒、贤愚寿夭、顷刻不敢忘于心,亦未尝不念汝家祖父欲教汝、爱汝辈之心而有忽。汝可不知、不常常思念而忽我之教、之爱耶?"

一,凡子孙少年教养之方,不可示以有余,使其骄满,不可与之金帛,恣其费用,衣服不可与之华靡,饮食不可与之甘美。吾先母教养吾兄弟五人,自少不以华衣,不以美食。衣必兄弟相传,虽至敝犹补缀以衣之;食有鱼肉,必各分一小楪,使之有节,虽蔬菜亦不使之纵。一言之妄、一行之差,必不轻贷。平居必以古人德行、阴功贻后。足为持身治家之法者,谆谆语之不倦。

一,吾乡人子孙多令为吏,年来益甚,虽故家旧族亦然。殊不知一至公门为吏,便坏本心,遂学奸猾、说谎之习,敢为欺公、玩法之为,卒之丧门灭类、破家荡产。吾家之子孙,切宜知戒。

一,"酒"、"色"、"财"、"气"四字皆能致疾、犯刑、坏名、灾己、丧身、亡家,惟"色"一字为尤酷。子弟自十一、二、三、四岁,天癸未通,习俗诱化,又被一种淫佚儇薄之徒故意哄嬲,早开情窦,丧其天元真气,夭寿绝嗣,浪败身家。及至十六、七、八、九岁,血气未定,惟色是耽,不惟自速死亡,幸而不死则终身病疾羸瘘,百事皆做不成。纵生子孙,非凶折则必愚昧浮薄,且习与性成,以至丧失行止,坏家法、乱风俗,皆由于此。为父母者,实当以此提撕,不可忽也。

一,吾家先世家庭之教,最严而有礼。凡子姓,每日晨见必揖,至暮见必揖而退。凡常侍寝庭及候宾客,虽冠,皆侍立终日不许坐。凡设几席,列肴馔,斟酒捧蔬,虽一切劳役,皆子弟躬为之,不许辄退避。吾兄弟昔侍先君、先姙,日皆如此供役。

一,横渠先生曰:"勿谓小儿无记性,所历事皆能不忘。故善养子者,当其婴孩,鞠之使得所养,令其和气。及长而性美,示以好恶有常。至如养犬者不欲其升堂,则待其升堂而扑之。若既扑其升堂,又复食之于堂,则使孰从? 虽日挞而求其不升,不可得也。养异类且尔,况人乎? 故养正者,圣功也。"此横渠先生教养小儿之训,故详述以为尔辈鞠养子孙之所当知。

一,家养正《语录》云:"人家子弟惟可使觇德,不可使觇利。"此言最切要,子孙当刻骨知之。

一,又云:"养子弟如养芝兰,既积学以培植之,又积善以滋润之,父子之间不可溺于小慈。自少律之以严,绳之以礼,则长无不肖之悔。"噫,欲为子孙虑者尽之矣!

励　志

一，凡有富必有贫，有贵必有贱，此理势然也。世皆以为富者子孙必不可使贫，贵者子孙必不可使贱，殊不知富贵、贫贱有命，岂能久富无贫、久贵无贱者哉？为子孙勿以祖父富贵必欲富贵，惟贵修德以承之耳。虽果富贵而不修德，则富贵何益？果贫贱而能修德，则贫贱何损？如国初吾乡郭饶阳先生，不过一知县耳；杜清献公后人号梅屋、曰清贫者，不过一布衣耳，至今人皆景仰。陕西李某官止同知，竟为关中先达。如宋之史浩、贾涉辈，身为大官，其后子孙嵩之、弥远、似道，虽为宰相封王，乃贻千古吐骂，二氏家声反为之坠。由此观之，官岂在大？吾子孙能有如郭、杜、李者，吾愿足矣。徒富贵如嵩之、似道辈，岂吾愿哉？吾或死，亦不瞑目于地下矣。

一，汉疏广曰："子孙贤而多财则损其志，愚而多财则益其过。且富者，众之怨也，吾既无以教子孙，不欲益其过。"信乎！少闻外祖颍州公云："温州府有李同知者，是北方人，自书对联于门曰：'子孙贤似我，要钱做怎么；子孙不如我，要钱做怎么。'"其言甚可味也。后见王祭酒虎谷云："陕西近来士林之有材之人皆由李同知，其人清俭笃实，教人有方，乃关中前辈。"恐温州之李同知，即此人也。

一，罗大经曰："东山先生杨伯子尝为余言：'某昔为宗正丞，真西山以直院兼玉牒官，尝至某位中，见案上有近时人诗文一编，西山一见，掷之，曰："宗丞何用看此？"某悚然，问故。西山曰："此人大非端士，笔头虽写得数句，所谓本心不正、脉理皆邪，读之将恐染神乱志，非徒无益。"某佩服其言，再三谢之。'因言近世如夏英公、丁晋公、王岐公、吕惠卿、林子中、蔡持正辈，亦非无文章，然而君子不道者皆以是也。"东山乃诚斋万里之子，父子皆以清操重于世，不但文章而已，此言实后生业文艺者所当知也。

一，方蛟峰八字格言："富莫大于蓄道德，贵莫大于为圣贤，贫莫大于不闻道，贱莫大于不知耻。仕能行道之谓达，贫不安分之谓穷，流芳百世之谓寿，得志一时之谓夭。"

师 友

一，吾家先世，家学相承，以至于今，实非一日。七世叔祖柏四谏议府君恪，与柏十九洗马府君仍，与吾八世祖桂二处士和，同游叶水心先生之门，得《易》学之传。谏议府君与泉溪潘评事裡为友，评事卒，府君尝赋诗挽之，曰"水心心上《易》，同悟到玄真"之句。洗马府君与泉溪潘秘教起余为友，秘教卒，亦有诗挽之，曰"云路迟吾到，恩波及子多"之句。吾世祖慎，又创读书堂，专以读书教子弟为事。叶水心先生尝题诗于上。传承三世，其堂毁于火，吾十世祖轲又复建之。

一，吾大间十二族祖七六府君、邕州教授清湘先生讳石，实与考亭门人、同族黄勉斋幹、孙竹湖应时为友，相与淬励，以究朱学。家居创楼，藏书数千卷以事检阅，孙竹湖为之题匾，曰"步云楼"。友人林晓庵昉为之记。

一，兵部府君与兄桃溪府君少从叶拙讷先生士冕、程成趣先生完游，二先生之学皆原于贞成郭楷先生。贞成之言曰："敬者，天命之所流行，衽席之上，一有不敬则天命于兹息矣。"故二先生之学皆以诚敬为本，而拙讷先生尤为端确。府君兄弟喜得依归，朝夕相与淬励，勤苦学问，一言一行皆以二先生为法，凡闻见有疑必穷，探得其要领而后止，故二府君德器大成，超然远诣。兵部府君成进士，为天下名士；桃溪府君亦不失为一乡名师。

一，曾祖为职方主事，徽州歙县侍郎吴公宁时为郎中，与曾祖契谊笃厚。卒之日，先祖年十三，奔曾祖母丧归，不在侧，吴公为敛。先祖既仕，厚视吴公之家，及先君，至今子孙数世犹为通家，亲爱不绝，可见前辈僚友交情非今日之可及。

一，文毅公应荐举，退归，未入学。谢文肃公初为秀才，未冠，一日趋金浦云先生馆，请问可交之友。浦云默然不答，思之良久，曰："在今学校中，择可交之友甚难。其人有黄某者，吾家之甥也，此人乃可交之友，不惟今日交之，可以终身。"方语未毕，文毅公适至，文肃公问："为何人？"浦云曰："此所言吾甥也。"文肃公甚喜，同坐。茶罢，文毅公出，从而至江边旧居，遂拜文毅公而定交，果至终身，以至子孙而交谊不废。二公皆为我朝名臣，则文肃公之问交，浦云之为择交，皆可为世法矣。

一，文毅公自秀才即以圣贤自待，超然思远于俗。与文肃公为友，同居庠序,因贫窭流辈诸生皆务夸扬,惟二公退然自修。或见凌侮,皆不为意。出入起处,必与文肃俱:或寓旅舍,或憩息道傍,或共炊爨,或共锄圃而讲习不废;或制一衣,二公共为之,圆领不能裁,以茶钟规圆而自缝之。其清苦刻励如此。

一,谢文肃公曰:"须友以成,宁可少哉!余托交定轩公,天假之缘,一语而合,遂至忘年,切磋磨砺,终始无间。既成进士而出,天下名士不为不多,而平生知己惟西涯、东山二公;回视吾乡,则惟定轩公一人而已。定轩尝谓余曰:'姻连骨肉,人皆有之;朋友之交,至或旷世,不一二人焉。'涉历之久,余始信其言之不诬也。余无似,有愧于公多矣。噫,须友以成,信哉!"

一,郑少谷善夫,字继之,闽人也。予为后军,告病归。过浒墅,始会继之。继之时为户部主事,督税浒墅,至舟中一拜,遂定交,期访余山中。别几十年,果至山中,不失前约。及凡期约,皆一一不失,可谓有范氏之风。今日朋友益见少也。继之初学,刻意诗文,蹈清高而已,无志于道。及闻予言,遂有志求道,又欲邀其友孙太初、高宗吕、傅木虚与予游而共学。故太初弃方外而有室家,又以《竹林精舍诗》寄予以定交。高宗吕亦尝访予山中。及继之,皆惜不寿,余每思继之志远意真,使天假之年,其进可量哉!余因念生平海内朋友,如湛甘泉若水、王阳明守仁、朱白浦节、徐横山爱、席元山书、胡静庵世宁、邵端峰锐、吕泾野柟、应石门典、罗东川侨、何柏斋瑭、钟筼溪芳、王顺涯道、梁默庵谷、及安庆何唐、竹溪周清、天台布衣王西轩宗元,虽形迹亲疏、丽泽滋益有不同,而其心庶几始终之义。

一,阳明往年因徐曰仁卒,有书与吾,曰:"自宗贤归,日切山中之想。自曰仁卒,无复入世之心。"其当时交友笃厚之情如此,今不可见矣。

技　艺

一,吾少年日尝学书、学画,因欲学问,恐其妨功,故皆弃之。晚年因不试居闲,偶因相知谈书画,忽复挥毫,漫成幅素,诸子见而习之,皆精笔意。

一,《颜氏家训》曰:"王逸少,风流才士,萧散名人,举世惟知其书,翻以能自蔽也。萧子云每叹曰:'吾著《齐书》,勒成一典,文章宏义,自谓可观,唯以笔迹得名,亦异事也。'王褒,地胄清华,才学优敏,后虽入关,亦被礼遇,犹以书工,崎岖碑碣之间,辛苦笔砚之役,尝悔曰:'假使吾不知书,吾不至今日邪!'以此观之,慎勿以书自命。虽然,厮猥之人,以能书拔擢者多矣。故道不同不相为谋也。"

一,《颜氏家训》曰:"画绘之工,亦为妙矣,自古名士,多或能之。吾家常有梁元帝手画蝉雀白扇及马图,亦难及也。武烈太子偏能写真,坐上宾客,随宜点染,即成数人,以问童孺,皆知姓名矣。萧贲、刘孝先、刘灵,并文学已外,复佳此法。玩阅古今,特可宝爱。若官未通显,每被公私使令,亦为猥役。吴郡顾士端出身湘东国侍郎,后为镇南府刑狱参军,有子曰庭西,朝中书舍人,父子并有琴书之艺,尤妙丹青,常被元帝所使,每怀羞恨。彭城刘岳,橐之子也,仕为骠骑府管记、平氏县令,才学快士,而画绝伦,后随武陵王入蜀,下牢之败,遂为陆护军画支江寺壁,与诸工巧杂处。向使三贤都不晓画,直运素业,岂见耻乎?"

婚　姻

一,汉匡衡曰:"配匹之际,生民之始,万福之原。婚姻之礼正,然后品物遂而天命全。"孔子论《诗》以《关雎》为始,言夫上者民之父母,后夫人之行,不侔乎天地,则无以奉神灵之统而理万物之宜。自上世以来,三代兴废,未有不由此者也。

一,配匹为生民之始,故古之婚姻必择有德。然闺门之德不可外见,必视其世族,观其祖考,察其家风,参以庶事,而可知也。上至帝王婚姻,必大国诸侯、先圣王之后、勋贤之裔,否则甥舅之国,不以微贱上敌至尊,故其福祚盛大,子孙蕃昌。自黄帝以至三代,下及汉唐宋,其兴皆始于婚姻之得人,其衰皆由于配匹之非人。故婚姻之际,可不慎哉!

一,女有五不取:逆家子不取,乱家子不取,世有刑人不取,世有恶疾不取,丧父长子不取。妇有七去:不顺父母去,无子去,淫去,妒去,有恶疾去,多言去,窃盗去。有三不去:有所取无所归,不去;与更三年丧,不去;前贫贱后富贵,不去。凡此,圣人所以顺男女之际,重婚姻之始也。

一,文中子曰:"古者男女之族,各择德焉,不以财为礼。"

一,文中子曰:"早婚少聘,教人以偷。妾媵无数,教人以乱。且贵贱有等,一夫一妇,庶人之职也。"

一，司马温公曰："凡议婚姻，当先察其婿与妇之性行及家法何如，勿苟慕其富贵。婿苟贤矣，今虽贫贱，安知异时不富贵乎？苟为不肖，今虽富贵，安知异时不贫贱乎？妇者，家之所由盛衰也，苟慕一时之富贵而娶之，彼挟其富贵，鲜有不轻其夫而傲其舅姑，养成骄妒之性，异日为患，庸有极乎？借使因妇财以致富，依妇势以取贵，苟有丈夫之志气者，能无愧乎？"

治　家

一，先母欲创造室庐，则预于二十余年，积聚山木，无一不备。文毅公殁于官，舆柩归，襄事毕，先母乃白先君："诸子皆将有家矣，无室以居之，奈何？"先君检遗箧，仅存俸金数百两，余则一无所有，先君颇难之。先母曰："吾久备之矣。"乃尽以所有告先君，先君乃喜，始获有居宇之庇。

一，吾家自曾祖至吾，历世素无厚积，赖承先业及母氏鲍太夫人勤俭积累之遗，有此田亩。每岁除纳粮及公私费用外，所余不多。又赖积庆为朝官，幸一切杂泛差役，及一切劝借营办之类，皆获优免，尚可支持。尔等子孙，只宜常以清苦勤俭自励，若一日骄奢怠惰则恐不继。

一，民生衣食，以农为本；农事之忧，水旱为急；水旱之来，凶歉不免，故水旱之于衣食，不可不备。故范蠡之师计然，计然之策曰："知斗则修备，时用则知物，二者行则万货之情可得而观已。故岁在金穰、水毁、木饥、火旱，旱则资舟，水则资车，物之理也。六岁穰，六岁旱，十二岁大饥，夫粜二十病农，九十病末，末病则财不出，农病则草不辟矣，上不过八十，下不减三十，则农末俱利，平粜齐物，关市不乏，治国之道也。"范蠡用之，以兴货殖，卒强越以复吴仇，此虽非君子之所尚，然十二年水旱之相半，而水旱之来，凶歉当预备，又岂不为民生衣食先务之当知哉！

一，先君在外之日，先母极严内外之防。其门之扃，系之以绳，穴壁引绳，入室启门，消息皆在室中。室前之窗，垂之以帘，帘之四围，各以片竹钉之，使不可卷；以纸糊帘之下半，使无所窥。未晨则促侍婢起炊爨，既具则盛以盂，置于门内庋板上，立室中，呼诸仆至窗前付属之，乃令开门，使人携去。食讫，以器置门外庋板上，喝云收家伙，然后令侍婢往携入。他若治家之常、饔飧之候、集事之节,无一不可为法。

一,人家内外之当谨,此古今治家之至要。每见人家凡有淫乱之事,必至衰败。人心荡肆,贤才不兴,纵有聪明子孙,亦皆夭折无成,必出鬼祟,百怪俱兴。吾见亦不罕矣,痛宜谨之。

一,《内则》曰:"男不言内,女不言外,非祭非丧,不相授器,其相授,则女受以筐,其无筐,则坐奠之而后取之。外内不共井,不共湢浴,不通寝席,不通乞假。男女不通衣裳。男子入内,不啸不指,夜行以烛,无烛则止。女子出门,必拥蔽其面,夜行以烛,无烛则止。道路,男子由右,女子由左。"

一,臼季使过冀,见冀缺耨,其妻馌之敬,相待如宾。与之归,言诸文公曰:"敬,德之聚也。能敬必有德,德以治民,君请用之。臣闻'出门如宾,承事如祭',仁之则也。"文公以为下军大夫。

一,罗大经曰:"本富为上,末富次之,奸富为下。今之富者,大抵皆奸富也,而务本之农皆为仆妾于奸富之家矣。噫!"

勤　　俭

一,曾祖为职方主事,日出入无马,乘驴,跟随只一皂一童。一日,童以驴私雇与人,不知为盗驴者所诳,骑入杀驴,市而烹之。所服圆领乃双线粗布,而绣鹭鸶为补。今人家口袋隶卒粗衣犹不肯用,其清素如此。

一,人家生财,岂有他道?只循"勤俭"二字而已。今人惟务竞利而好奢侈,不知《大学》"生众食寡,为疾用舒"之道,所以每致丧败。为吾子孙者切当以竞利为戒,只循《大学》生财之勤俭有常,当用则用,不可悭吝,当节则节,不可奢侈,则财恒足矣。

一,先母性甘淡薄,日食惟淡饭、蔬菜,饮以热水。非有宾客来,未尝自买一肉、宰一鸡。至于祀先,则极其诚敬丰腆,具物无俭。嫁时妆衣,服之终身,虽极敝坏,重复补缀,犹洁净而无垢,属纩之日始脱而尚存,将宝藏之,所以示我子孙亲戚及子妇辈。有馈必收蓄,以待宾客之用。子孙侍侧,常有赐馔。亲旧来谒,无间疏贫,必留款酒食。未尝多市而常见有余。

一,人家田产、金帛之类实不宜多,但能勤俭,稍得自给,为庶足以存其心,为士足以养廉节,多则必为身家之累、子孙之害。凡骄奢淫逸、傲惰放肆、丧败覆亡,皆由于此。

一,人家不论贫富大小,凡金帛菽粟之类,常宜度量节约,常留有余,以待公私缓急之需。虽至乏亦宜忍省,不宜徇物纵欲,不量事力,赢缩过用,竭费以致不给,借贷于人,以速丧败。

一,人家时节饮食及宴宾之礼,皆当有节,不可奢侈。若不有节,必不可继日,后必致废家荡产,流离乞丐,及为盗贼,皆由此始,吾见甚多。凡人家之败,皆由饮食、衣服奢侈所致。如吾邑年来城市乡村、大家小户皆败,实有四端,此亦一端也。司马温公之言,实为可训,吾故识之于后。

一,司马温公曰:"先公为郡牧判官,客至未尝不置酒,或行之三,或行之五,不过七行,酒沽于市,菓止梨枣栗柿,肴止脯醢菜羹,器用瓷漆,当时士大夫皆然,人不相非也。会数而礼勤,物薄而情厚。今日士大夫家酒非内法,菓非远方珍异,食非多品,器皿非满案,不敢会宾友,常数日营聚,然后敢发书。苟或不然,人争非之,以为鄙吝。故不随俗奢靡者鲜矣。嗟乎,风俗颓敝如是,居位者虽不能禁,忍助之乎!"

内　德

一,五世祖统五府君尽以居产美者让之群从,祖母金氏欣然乐承,略无疑沮。视今锄耰箕帚而有难色诟语,相去何如也?

一,继高祖母祝氏,高祖晚年婢,生第八子,高祖时在田舍,前七子皆成室家,产业分析已久。祖母呼诸子与妇,谓之曰:"尔翁生少子,不可不育。但翁年老,万一事有不讳,少子无依且无产以为生,奈何?"诸子妇欣然乐育,愿合所析产业重作八分均分。长子妇李氏躬为抱乳。比长,文毅公教之读书,始终扶植,后为延平司训。此家之将兴,祯祥所至,故有此事。家之将亡,则必起妒害残贼之意,岂有此哉!

一,曾祖母金太淑人少无父,事母至孝,遇疾病屡祈于天,愿以身代处。姊妹恩意笃甚,衣服食妆每让美与姊妹,而自取其薄者。既归曾祖,恭俭淑慎,曾祖读书夜分,必躬织纴以待之。及曾祖为职方,犹服布素,食蔬食,淡然无所欲,每以"居官当清慎尽职"为劝勉。

一,婢妾之于有家,关系甚大,今人家皆不知此理而每忽之。其故始于为夫者不知寡欲正身,率之以道,为妻者但知争欲妒忌,抚之皆不以恩,甚者凌暴惨毒,无所不至,以至蓬首垢面,皲足龟毛,腹无常饱,身无完衣,丧其廉耻,又不规检,或至于奸,家法由此而坏。或至为盗,财货为之日空,且子孙昵近,诱引失义,为害有不可胜言者。知此,则为夫者必当先事寡欲、正身,以导其妻,使为妻者知不以欲为重,念彼亦人子,以笃恩爱,然后教之以道义,则家法整而家道正矣。孟子曰:"身不行道,不行于妻子;使人不以道,不能行于妻子。"至哉言乎!

一,先文毅公于南京侍郎(南京)①,务简蚤休,斋居必读书。虽燕居,亦左右置几,一公自居,一夫人居之,相敬如宾,阅书有关内德及家人之道,必详释近喻,以晓夫人。故夫人德器成就,端庄简重,性虽严整而心地平直忠厚,所以福遗子孙。

一,先母每日必昧旦而兴,夜必终二鼓乃寝,率以为常。平生寡疾,间有痁疟疾,虽寒热交攻,至不可堪,拥衾默坐一榻。子妇更以为劝,亦少偃即起。

一,绾家自始祖都监公以来,世居邑南海上万山中,曰"洞黄"。至文毅公为秀才,始迁邑中。先母既归先君,文毅公方为文选郎中,一室萧然,徒四壁立而已。先母因念绾家先祖累世为官,皆清白自守,而家贫如此,以家人不事生业故也,由是,遂矢志克家。虽先君仕宦终身,未尝从至官所。作家之始,悉以所有妆奁鬻之,得五十金,典田为亩五十,岁入可租百石。由此,益务勤俭,滋树蓄居,傍有园几二亩,百种具备,岁时宾祭及人事往来之需,皆取给于此。作二十余年,有田千余亩。文毅公久在宦途,始闻之,以他人诡籍,及问,方知其详,乃骇而难之。

一,吾家祖先教子孙治家之道,必严内外之辨。一切男子及仆从之类,成童以上,并不许擅入内门。女子及婢姊苍头之类,八岁以上,不许辄出外门,倘有不得已急事,必须伴而出。夜行必以烛,不许暗行。

一,吾家祖先以来,家法最严,嫌疑之别极慎。先妣鲍太淑人,内外之防尤谨。

一,先君早年读书山舍,既仕,则多离居、暂居。生吾兄弟五人。既生五

---

① "南京"二字,系衍文。

弟，即居外寝。日间入内寝，先母见，必起立。寝中置一座，先君中坐，母傍坐而不敢并。惟岁时子孙罗拜，则暂并坐，退又复故处。先君契阔在外，略无离索之叹。虽为子者，终身未尝稍见有一动之狎、一言之戏，所谓"相敬如宾"。情欲之感，无介乎仪容。

朔　　节

一，古人教人，必严朔望之仪，必谨晨昏之令，此最为规矩。况人有家，生齿日繁，若无规矩则必心身日放，任纵自恣，无所拘束，则乱矣。

一，朔者一月之始，望者一月之中①，所以不可不严。晨者一日之始，昏者一日之终，所以不可不谨。节序自元旦至除日，凡九节，一岁之始之终，所以不可不重。重之者，使人知岁功代谢，光阴可惜，不可不及时警励也。但观《七月》与《蟋蟀》之诗，可见矣。及汉以来，又有大酺之令，亦因时行之，则余时皆当勤励也。必至节序，方许饮食，此亦古人张弛之义，然劝励之意亦在其中矣。

一，凡遇朔望日、昧爽直日，一人主击鼓，始击咸起，盥漱总栉。再击，皆着本人各等礼服至祠堂，及应谒各祠，家长帅子弟诣各神前，焚香燃灯，四拜讫退，揖尊长讫，诸子弟以次相揖。择子弟声音洪亮者，诵太祖皇帝木铎牌，曰："孝顺父母，恭敬长上，和睦乡里；教训子孙，各安生理，毋作非为。"及画角三声，又言曰："为君难，为臣难，难又难；创业难，守成难，难又难；启家难，保家难，难又难。"诵讫，总揖而退。

一，凡常日之晨、昧爽直日，一人击响板，内外闻声即起，子孙诣父母前作揖，讫后各执所事，如读书、治农圃、纺织之类，皆当勤谨。至夜，必继烛以勤其事，不可早睡，习为淫逸。

一，古人夙兴夜寐之节，皆观天地阴阳之理以顺万物之情。明而动，晦而休。其兴必以鸡鸣为候，故君子修身皆自昧旦丕显，不以有事而蚤，无事而宴。其兴居皆顺阴阳之理以为常，故《内则》有曰"凡内外，鸡初鸣，咸盥漱，衣服，敛枕簟，洒扫室堂及庭，布席，各从其事"，此乃有家之常也。

---

① "中"，底本原作"终"，兹据文意改。

二、《明世宗实录》中的黄绾史料

黄绾为有明一代浙中王门先驱与杰出的政治活动家,今日学者欲了解其生平,主要是依据黄宗羲《明儒学案·黄绾传》、《明史·黄绾传》。然而相关文本之记述大多简要勾勒,有语焉不详之嫌,尤对黄绾从政诸事着墨颇少。如果我们认真检录《明世宗实录》,就会发现其中所涉黄绾史料十分丰富,这对研究黄绾的仕宦旅程、嘉靖帝与黄绾之间的君臣关系、黄绾与杨一清、张璁、汪铉、夏言等廷臣之间的利害关系等,提供了大量资料,颇具学术价值。尤为值得注意的是,《明世宗实录》之中对黄绾奉使抚勘大同兵变之起因、经过、结果的记录甚为翔实,其中存录有黄绾向嘉靖帝所上的十余种奏疏之节本,而这些奏疏节本可以弥补黄绾《云中奏稿》一书佚而不存之遗憾。兹为便于学人展开对黄绾政治活动及其仕宦生涯之研究,笔者不揣浅陋,特把《明世宗实录》中所涉黄绾史料予以辑校,名之曰"《明实录》中的黄绾史料"。

辑校体例如下:

一、辑校所用《明世宗实录》版本,系台湾中研院历史语言研究所1962年校印本。

二、史料辑校依照《明世宗实录》所记历史事件发生时间(年、月、日)先后顺序,以阿拉伯数字"1、2、3……"编序,如果同年同月即同条目之中所涉黄绾史料超过一种则以"1.1、1.2、1.3……"样式予以标识。

三、为方便读者核对《明世宗实录》原文,特在每条目序号之后注明《明世宗实录》原卷目、年月,又在每条史料之后以"(p. 或 pp. +页数)"(如 p. 1304,表示该条史料见于《明世宗实录》第1304页)形式标识页码。

四、本史料之年限,上起明嘉靖三年(1524)黄绾参与"议大礼"、下迄嘉靖三十三年(1554)黄绾去世。

1.《明世宗实录》卷四十"嘉靖三年六月"：

戊戌,礼科都给事中张翀等三十余人连章,言:"皇上命取桂萼、张璁入京,萼称疾不出,璁如,数日后始朝见,不意二臣恣肆若此。盖自二臣进言以来,半祀于兹,朝讲一'皇'字,暮议一'考'字,纷纷不已。万一皇上惑于其言而轻改之,纵我孝庙如此之神歆否,不可知其如母后心何,其如天下臣民心何? 夫此二臣者,赋性奸邪,立心险恶,变乱宗庙,离间宫闱,诋毁诏书,中伤善类,据其见,不止于冷褒,段犹推其凶,直浮于章蔡下,望亟罢之,以为人臣不忠之戒。"御史郑本公等四十四人连章,言:"桂萼首倡乱阶;张璁再肆欺罔;黄绾如鹰犬,张啄而旁噬;黄宗明如奴隶,攘臂以横行;方献夫居中内应,以成夹攻之势;席书阴行间谍,以伺渔人之功。卒之,尚书之命由中而下,行取之旨已罢再颁。大臣因此而被逐,言官因此而得罪。虽当时瑾、宁之奸,其流祸亦不至此。"御史戴金言:"萼等既被召命而从容道路。诏令已布而肆为奏扰。"御史章衮言:"萼、璁以新诏为误诏而诡言欺诞,以定礼为非礼而妄意更张。"御史张日韬言:"席书等乘机献谀,阳流议礼之文,阴怀干进之路。"给事中谢贡、御史郭希愈、沈数、涂相等章上,皆下所司。(pp. 1106—1007)

2.《明世宗实录》卷五十二"嘉靖四年六月"：

癸卯,南京刑部郎中黄宗明、都察院经历黄绾并上疏,言:"何渊献议谬妄,干天下万世之公,议宜正其罪。"俱报闻。(p. 1304)

3.《明世宗实录》卷六十"嘉靖五年正月"：

乙巳,升江西吉安府知府黄宗明为福建盐运司运使,南京都察院经历黄绾为南京工部员外郎。(p. 1415)

4.《明世宗实录》卷七十一"嘉靖五年十二月"：

己未,先是上林苑监右监丞何渊,复请以世庙议行礼仪如修正尊号,《集议凡例续编》刊布以成《大礼全书》,并乞附其屡年章奏于后,必明著仿成周世室遗制,为百世不迁之义,不宜从礼官所谓"准汉宣立考庙京师"故事。又言:"臣先后所上诸疏,悉因席书唾其异己,多阻格不覆。"上谓:"议定世庙实与尊号相同。"诏内阁草敕,命儒臣纂成《全书》,其先所颁行《集议》且令缴进。时书方病,因奏:"顷'议礼'初,已有另庙之说,且前庙卷内所载略具,惟开神道。以众论不一,及迁主谒庙之议,稍未编入,宜即敕原议礼官如方献夫、霍韬、黄宗明、熊浃、黄绾,同本部官增修续之。或召起尚书王守仁,可与咨议。若今内阁及诸翰林官皆昔日跪门呼号者,无烦使之事事以启纷更。"且论渊章奏"文义悖谬,无足采者"。上特委曲谕书,命将续修事理直对以闻,于是书请"以建庙诸所宜悉者编次为两卷,仍于《纂要》内次第岁月,提纲分目,据事直言,续附原编之后。其已成之书,不可更易一语,并已颁行者止勿取缴,俟缮完刊定,昭示中外,以成一代之典"。命如议行,已复诏:罢监修总裁官,取原议礼韬等五人至馆供事,以张璁、桂萼充副总裁、翰林院修撰等官,曩未预修书者五人、礼部司属二人,并韬等五人为纂修官。(pp. 1598—1599)

5.《明世宗实录》卷七十二"嘉靖六年正月":

庚子,诏开馆纂修《大礼全书》。赐少师兼太子太师吏部尚书华盖殿大学士费宏等敕,曰:"朕自继承大统即位以来,朝夕之间,惟我皇考、皇母尊亲未定,命诸礼官考详大礼,辄引后世继祠之说,名实不称,废坏纲常,尚赖天赐良哲正直之士,力赞朕一人,正厥大伦,尊尊亲亲,各当其宜。位号已定,庙祀已成,岂可无一《全书》以示后世?虽前命礼官席书纂成《集议》,其中或有未备。朕心慊焉,今特命尔宏与少师兼太子太师吏部尚书谨身殿大学士杨一清、少保兼太子太保吏部尚书武英殿大学士石瑶、少保兼太子太保礼部尚书武英殿大学士贾咏、少保兼太子太保礼部尚书席书为总裁官,兵部左侍郎张璁、詹事府詹事兼翰林院学士桂萼为副总裁官,詹事府少詹事兼翰林院侍讲学士方献夫、霍韬、原任河南布政使司右参议熊浃、福建都转运盐使司运使黄宗明、翰林院修撰席春、编修孙承恩、廖道南、王用宾、张治、南京工部营缮司员外郎黄绾、礼部仪制司主事潘潢、祠祭司主事曾存仁为纂修官,于正月二十二日开馆。尔宏等宜勉尽忠爱,深体朕心,上稽古人之训,近削毙陋之说,参酌诸臣奏论,汇为《全书》。前《集议》所编不得更改,可略加润色,以成永久不刊之典。其尚同心协虑,称朕正名崇孝至意。钦哉。"故谕赐宏等宴于礼部,命英国公张仑侍。至是,上御文华殿面谕总裁等官,各赐金币有差。(pp. 1636—1638)

6.《明世宗实录》卷七十七"嘉靖六年六月":

壬子,升南京工部员外郎黄绾为光禄寺少卿,入史馆修书。绾疏辞任,不允。(p. 1715)

7.《明世宗实录》卷八十"嘉靖六年九月":

7.1　庚辰,以少詹事方献夫为礼部右侍郎仍兼翰林院学士,照旧经筵日讲,纂修《明伦大典》。以光禄寺少卿黄绾为大理寺左少卿,仍赴馆纂修如故。

(p. 1769)

7.2　戊戌，原问为民陈洸复上疏，言："前以议礼为邪党所诬御史蓝田、知县宋元翰、郎中叶应骢、按察使张祐、周宣、知府唐昇，相与罗织成狱。而应骢、宣复杖死，其连坐者几三十人，充军者十五人。乞行辩雪。"事下刑部。署部事吏部左侍郎桂萼遂为洸颂冤，言："洸通盗无状，而其子杀人无尸，非尽逮诸臣，从公鞫问之，不得其情。"上以为然。诏锦衣卫差官校逮洸、元翰、应骢，及续问郎中黄绾等，并词所连及，俱至京听理，张祐等俱回籍待命。已而吏部侍郎方献夫言："词所连及者不下三四百人，今诏并逮捕，必有无辜蒙害者。请较其轻重，非奸盗人证佐，皆下所在抚按官勘报，不必概捕，致扰地方。"从之。

(pp. 1786—1787)

8.《明世宗实录》卷八十一"嘉靖六年十月"：

8.1　丙寅，初，翰林院侍读江佃进讲"洪范九畴"不称旨，上亲讲解其义，谓辅臣曰："人君能尽伦理以立于上，万姓化于下，伦序明而人道备，福将自至。"以佃讲读迟钝，令吏部改调外任。因命内阁选择翰林诸臣称职者留用，不称者量材除他官。于是，大学士杨一清等言："翰林，清要之地，诚不可以匪人处之，且文学、政事，材各有宜，枉而用之，终无成绩。宋两制儒臣皆尝扬历州县，遂多名臣，内外均劳，自昔然已。臣请选自讲读以下，其学有本原，文能华国，及行义无玷者，存留供职，以备讲筵史局之选。即文学未称而才识疏通，堪理政事者，请下吏部量才外补。其丁忧在告者，并加选择，以为去留。自后经筵日讲，皆精选以完其任，庶不负圣世崇儒右文之意。"报可。寻调佃为宁国府通判。一清等因言："左中允刘栋，右中允杨维聪，侍讲陈沂、邝灏，修撰萧与成、季方，编修刘泉，皆政务疏通，可外补。编修王同祖、黄易，宜罢。"因请下吏礼二部、都察院咨访有才识文学者，量为推举，改宫僚翰林，以广用人之路。上犹以外补数少，命更加选择，勿泥常格，内外官选补务合公议。因言："前岁所选庶吉士大半徇私，命内阁考选，量留三五人，余皆授科道部属。以后选留，皆如故事。"一清等奉命，复简："侍读崔桐，修撰张衍庆、陆钶、江晖，编修黄佐、应良，疏通政事，宜外补。左春坊左中允边宪、任深，宜处以两京他秩。计前后考黜迁转二十二人，员缺乞抢取以充。"上命："桐及宪等皆补外。中外臣工有堪任翰林者，部院公选，以请期于众议协服，毋取备员。"遂改大理寺左少卿黄绾为詹事府少詹事兼翰林院侍讲学士，南京通政司右参议许诰为翰林院侍讲学士,南京尚宝司卿盛端明为左春坊左庶子兼翰林院侍读,福建按察司副使张邦奇为左春坊左庶子兼翰林院侍讲,四川按察司副使韩邦奇、山西按察司副使致仕方鹏为右春坊右庶子兼翰林院修撰,吏部文选清吏司彭泽为右春坊右谕德,刑部员外郎欧阳德、吏部考功司主事金潞、御史张衮为翰林院编修。已而詹事霍韬又言:"大学士之选,宜巡抚方面部院等官通融推用。"上以其疏下吏部,命集九卿科道议,上裁定。(pp. 1813—1815)

8.2　壬申,光禄寺少卿黄绾言:"黄河在三代时未尝为患,盖以水性向北,就而道之,其流自顺故也。至于后世,引河作渠,或以通漕,乃不免于堤障,而堤障一溃,遂不可支。汉时,瓠子之役道河北行,复禹旧迹,而梁、楚之地稍得底定。至隋开通济渠,自板渚引诸河入汴而河始入淮,今黄河口、金龙口至安平镇一支,或时北流,其余不入漕河则入汴河,皆合河入海矣。夫跨中条而南,为河南、山东、两直隶所交地势,西南则高,东北则下,其垫没也固宜,乃丰、沛、徐、淮之水则自汴河渗流所致。夫彭城、下邳、马陵诸山皆发迹泰山,与蒙羽相接,从东转西以逆水势,水小则循吕梁出清口入淮,大则河不能容,水为山阻,泛溢原野,其为丰、沛、徐、淮患,必然也。若不疏道别行,患无已时。臣以为当于兖、冀之间,求其两高中低即中条、北条所交者浚之,使北至直沽入海,乃得免于垫没。夫沛河既去,漕河必淤,则当自沛县及吕梁至淮,多造滚江龙之类,洩之上流,则泥沙必随水而去,乃开浚为易。或谓沛河虽为丰、沛、徐、淮之患,亦为漕河之助,殊不知漕河泉源皆发山东,不必资于黄河。若南旺、马肠、樊村、安山诸湖实诸泉钟聚之所,宜倍加修浚,而引他泉别流者总蓄之,则漕河不竭矣。又南旺、马踏湖堤之外为孙村湖者,地形下湿,较之湖水反低,若决潴为湖,并道漕河改经于此,又可以免济宁高原浅色之艰矣。"上以其疏下总理河道侍郎章拯议处以闻。

先是六月间,黄河水溢,奔入运河沛县地方,沙泥淤填七八里,粮船三千余只阻不能进。御史吴仲以闻且言:"侍郎章拯、郎中丘茂中、李煌三臣者必不能为陛下办此,乞推总制都御史一人往代之。"上命户、工二部会议,章拯亦言:"河渠淤塞,势难遽通,惟金沟口迤北新冲一渠可以假道,令运船由此进昭阳湖出沙河板桥,其先阻浅者西历鸡冢寺,出庙道北口通行。"得旨,下工部并议,议未决。给事中张嵩等言:"去秋河塞,皇上特命章拯、丘茂中、李煌并力修浚,而拯苟且塞责。今不得已,又令运船由昭阳湖以出。夫湖地库、河势高,引河灌湖,必致弥漫,使湖道复阻,拯何以为计哉!茂中、煌尝议于沽头闸设官专理,是二臣亦逆知有今日。"拯乃抑而不行,以至事势穷迫,贻害至此,乞罢。拯别推大臣素有心计风裁者,往代之。上以漕计重大,责部迁延,不即定议。于是,工部议:"引舟入湖,终非长策,诚如嵩言,请先饬拯、茂中等悉心区画,仍举大臣才望素著者一人总其事。河南、山东守臣及藩臬等俱听节制,复选郎中、主事各一人为之协理,并采缙、仲诸议,酌量可否,其征发夫役、调度工费,悉得便宜从事。用或不足,令户部处给。其沽头上闸,宜增设主事一人。"上以为然,因让拯前报运河疏通,旋奏阏塞,若迟误粮运,国计何赖!兹姑留拯、茂中、煌等供职。吏部即推择大臣中有谙古今、识地利、实心经国者往提督之。余悉如议。

是时,建议治河者詹事霍韬、左都御史胡世宁、兵部尚书李承勋,言人人殊。(pp. 1819—1827)

9.《明世宗实录》卷八十二"嘉靖六年十一月":

丙申,上谕礼部,"冬已过半,气未凝寒,雨雪愆期,咎在朕躬,朕宫中亦既露祷,其令顺天府官祠、城隍、礼部祠、诸宫庙,务以诚格"。大学士张璁等言:"臣等本为书生,偶因一得之愚,误蒙圣眷,相继登进,臣约会桂萼、方献夫、霍韬、黄绾、熊浃五人在于东阁,告之曰'吾辈居此要职,若不能平其心思、公其好恶、各修本职以收治平之功,是负吾君、获罪于天也。祖宗法不可变,只在修举废坠而已'。各警省而退。臣观天下之事,修举与纷更,大有不同,理乱所关,亦甚相远。皇上前日清翰林科道等官,是修举祖宗之法也。或有不察,多为过高之论、难行之事,是纷更祖宗之法,生乱之媒也。皇上于诸臣言之当否,宜无不察。而愚臣终不能无虑焉者,恐未免有违过高难行,以滋纷更之说者也。"疏入。上批答曰:"览卿所言,具见持慎至意。卿以道辅朕,以谨饬身,谅无所失,不必过虑,惟慎终如始也。他人有泛高不经之论,卿宜明指可否告朕,庶不失于扰乱我祖宗良法。善政无可更者,惟守而行之可也。前日黜科道、考翰林,预弭后患耳。不容姑息,余无可议。今当修之务,止要整饬边备以制御夷狄,重究赃吏以伸雪民冤,此朕所在怀也。卿可展布忠诚,匡朕冲昧。萼等各宜酌审而为之,实不可自陷也。"(pp. 1846—1847)

10.《明世宗实录》卷八十三"嘉靖六年十二月":

壬子,礼部尚书方献夫等言:"尼僧道姑有伤风化,欲将见在者发回改嫁,以广生聚。年老者量给养赡,依亲居住。其庵寺拆毁变卖,敕赐、尊经、护敕等项追夺,戒谕勋戚之家不得私度。"诏悉如其言。献夫复言:"内有年老无归者,不可不为之处内外,皇姑寺为敕建之所,宜令安置其中,以为终老之计。其所居庵寺俱私创,乞令户、工二部变卖以为公需,仍量给尼姑之贫者以为养赡费。"上曰:"变卖庵寺如议行。年老而贫者量给银,养赡各听其父兄亲党收之,不必处之皇姑寺。"上复谕献夫曰:"昨霍韬言'僧道盛者,王政之衰也',所言良是。今天下僧道无度牒者,其令有司尽为查革。自今永不许开度及私创寺观、庵院,犯者罪无赦。"会江西提学副使徐一鸣以拆毁寺观被逮至京,献夫乃与詹事霍韬、少詹事黄绾、右佥都御史熊浃上疏,乞宥一鸣,言:"僧道不事农业,善为幻术,惑弄愚民,祖宗深察其奸,故独严其禁,凡府州县惟令存一寺观并居其众,禁度尼僧,又禁子弟披剃,俱发北京种田,诚预防祸乱之至计矣。今一鸣拆毁淫祠及额外寺观,王宪司之职,而陛下顾欲罪之,此臣等所未喻也。"上曰:"徐一鸣未奉明旨,尽毁古建寺观并逐僧道,为地方扰,故逮问之。诸臣何乃为之论救?俟问完有处。且皇姑寺尼僧坏乱风俗,已令拆毁,此即礼部所建言也。献夫顾又欲存留,况尼姑与僧道不同,京师与在外不同。何一时之言,前后相背若此耶?"(pp. 1866—1867)

11.《明世宗实录》卷八十九"嘉靖七年六月":

辛丑朔,《明伦大典》书成,进呈,上亲制《序》文。命宣付史馆,刊布天下,加恩纂述效劳诸臣。少师兼太子太师吏部尚书华盖殿大学士杨一清加正一品俸,荫一子为尚宝司司丞。少保礼部尚书兼文渊阁大学士张璁加少傅太子太傅,升吏部尚书谨身殿大学士,荫一子为中书舍人。吏部左侍郎兼翰林院学士翟銮升礼部尚书兼文渊阁大学士。太子太保吏部尚书翰林院学士桂萼加少保兼太子太傅,荫一子为中书舍人。礼部尚书兼翰林院学士方献夫加太子太保,尚书兼官如故。俱照旧办事,各给与诰命。都察院右副都御史熊浃升左副都御史。詹事府詹事兼翰林院学士霍韬升礼部尚书,仍兼学士掌詹事府事。少詹事兼翰林院侍讲学士黄绾升詹事,兼官如故。(pp. 2005—2006)

12.《明世宗实录》卷九十"嘉靖七年七月":

丁亥,锦衣卫指挥佥事聂能迁有罪谪戍。能初附太监钱宁,冒功滥升后以例裁免,复因缘议礼且交关太监崔文,冒复故秩。比见《明伦大典》书成,不得升职。怨望不平,属闲住工部主事翁洪草疏,诬论新建伯王守仁贿通礼部尚书席书得见举,用词连詹事黄绾及大学张璁。于是,绾上章自明,言迁议礼奏疏,文义心迹非出真诚,故尽黜之,积恨肆诬,无怪其然,意在倾排善类、动摇国是,因乞引避以谢之。上曰:"黄绾学行才识,众所共之。王守仁功高望隆,舆论推重。聂能迁乃捏词妄奏,伤害正类,令法司严加审问并追究帮助之人。黄绾安心供职,不必引嫌辞避。"已而审其事无左证,尽出诬罔,乃谪戍能迁。翁洪者,福建莆田人,以褫职匿居京城,至是令发原籍为民。(pp. 2070—2071)

13.《明世宗实录》卷九十一"嘉靖七年八月":

13.1　甲寅,詹事兼侍读学士黄绾疏言:"朝臣之中,有饕餮无厌如狼豕之不极,张胆无忌如贲育之敢往,变幻是非如化人之莫测,狡狯闪倏如鬼魅之默运,甜软诱惑如狐妖之媚人,机失中伤如射工之密发,沦化士习如点丹砂之必变,谋宠固身如饮九还以起死,趋利避害如挟灵犀以入水,内侍被其深结而交誉,言官皆其私人而不言。始臣亦以为才,今方觉之。第论其情状而不指斥其姓名,盖欲陛下因情状以察群臣之中孰为最似者耳。"上曰:"人臣告君言当以实,今乃朦胧浮泛,非忠爱之意,本当究治,姑置不问,诸臣俱宜勉尽忠诚,修乃职业,勿因此言,自怀忧疑。"(p. 2092)

13.2　甲子,大学士杨一清言:"臣昨乞休致,蒙钦遣鸿胪寺少卿王道中造臣卧内,宣谕圣意。臣伏枕叩头,仰惟圣恩高厚,既以悯臣衰老,不欲劳以政机,复以才德见褒,勉其始终辅导,臣敢不鞠躬尽瘁,继之以死,臣之志,亦臣之分也。但年既摧颓,病复荏苒,出处所关,犹有不能自尽者,敢及未填沟壑,为皇上陈之,死不恨矣。臣与张璁同在内阁,原未有隙,比璁为聂能迁所讦憾。臣拟票太宽,奏请宣谕内阁,以绝谗邪。诸所指摘意阴诋臣。伏蒙圣谕,俾彼此和衷,毋负简任。臣诚震越无措,臣在阁每事必推让璁。圣明洞察,何敢媚忌?方聂能迁奏下,臣思璁常言'昔议礼为众所嫉,独能迁深相结纳,多得其力。不知何由,失欢一旦,乃有此奏'。又且未奉明旨,不敢拟置重典,盖事理固然,岂有他意?若诋毁大臣同列,即置之死地,是将蔽主上之聪明,涂天下之耳目也,臣岂敢哉?至于张浩一节尤有可言。浩,璁亲也。璁欲用为浙江都司,难于自言,乃谓臣'浩才可用'。臣随告之尚书王时中而推之,今乃谓浩为臣所荐,非自欺乎?先年,浩备倭宁波地方失事,与守巡官张芹、朱鸣阳俱被勘治。去秋,璁署都察院事,以前处分太轻,参芹与鸣阳降级而浩以专职独不及焉。此情安可掩也?自今春以来,臣见璁志骄气横,狎视公卿,虽桂萼亦不敢与抗,其余大臣,颐指气使,无不如意,百司庶僚,莫敢仰视。臣尝以恭逊劝之,璁口称善而心不平也。黄绾乃璁同乡故友,虽不同科目,颇有文学。顷为少詹事,补经筵,臣以其吴音,未令进讲。比璁欲用为吏部卿贰,又欲用为南京乡试考官,臣皆沮之,以是怨臣。昨所奏,虽若泛论,意亦阴诋臣也。臣以老病之躯处嫌忌之地,唯皇上怜而放免之,俾得远憎怨,保余年,不胜幸甚!"

上报曰:"卿历陈被人指斥诬害之意,朕已知其久矣。夫人君受天付托,必资老成贤硕以为夹辅,朕所倚卿不但为己而已,实为天下耳!朕闻先儒有云'不徒知之,实欲行之',又云'凡人之能,不可自伐'。彼张璁也,性资虽敏,奈强梗不受人言,已是不听于众。其忠孝、仁义、谦恭、廉守,彼皆无不通晓,何其自入阁以来,专恣而自用,无复前之初也?且如聂能迁纵是小人,置之于法,未为不可。但璁之仁义不无有亏。如张浩者,朕闻诸人言皆一,曰'本是张阁老浼杨阁老言于王尚书',今日却不认。朕闻之,心切叹吁,非自欺乎!近又令史立模为言以箝人人之口,指为阴中。朕昨谕内阁,云'大臣不受人言,已有过不能正,焉可正其君哉!'立谟之言,谄而巧媚,欲悦大臣,不知卿见此论否?璁未即奉命,反复辩言。朕复下谕,方拟旨行。又黄绾之奏,非忠公果为国也,是言也,立党之基也。朕欲重治,复而思之,绾之言无根据,若罪彼,却似真有这等人而曲庇之也。故令璁票责,谕璁为晓谕,朕复曰:'票责绾之意,犹有难辞。'朕遂亲作旨行。彼璁尽忠事君,博见多识,居顾问之允称。可惜者,自伐其能,恃朕所宠。呜呼!朕所礼之者,非私恩也,报昔正伦之功。璁当愈加谦逊,竭诚图报可也。竭诚者何?推公让贤,谦己容众是也。今却若是,良可叹哉!卿若果于一去,曰远嫌避诬,保其终全为善计。朕以为未也。夫既被攻之,我即去之,恐自此而后,仿而为前。进一人,攻之者随之。此风正当今日除去,可使中之也。所留者正欲革此风、制此辈耳。卿果为国尽忠,当于此熟思,若只欲以去为善,是虑国不如虑身也。彼他夕谋之,朝攻之,不足介意,亦不为我政治之害矣。卿其加意而审处哉!慎哉!"一清复惶惧,上疏且谢且请。上固留之曰:"朕以卿耆硕旧辅,方切倚毗而卿必欲退。君臣之义,恐弗如是。朕躬多愆,当直言以匡救,何遽舍朕而去?卿其副朕望焉!"(pp. 2098—2103)

14.《明世宗实录》卷九十三"嘉靖七年十月":

14.1　壬寅,詹事府詹事兼翰林院侍讲学士黄绾以疾乞致仕。不允。(p. 2136)

14.2　乙卯,初敬一亭成,赏赉馆阁儒臣。詹事兼学士霍韬,詹事兼侍讲学士黄绾,侍讲学士张潮,许诰,席春,太常寺少卿兼侍读谢丕,皆不与。辅臣杨一清等以为言。上命给赏韬,视董玘等;绾、潮、诰、春、丕,视穆孔晖等。(p. 2152)

14.3　壬戌,升詹事兼翰林院侍讲学士黄绾为南京礼部右侍郎。(p. 2158)

15.《明世宗实录》卷一百四"嘉靖八年八月":

15.1　丙子,工科给事中陆粲言:"大学士张璁、桂萼,凶险之资、乖僻之学,曩自小臣赞议大礼,蒙陛下拔置近侍,不三四年,位至极品,恩宠隆异,振古未闻,虽损躯陨首,未足以报,乃敢罔上行私,专权纳贿,擅作威福,报复恩仇。璁虽狠愎自用,执拗多私,而其术犹疏,为害犹浅。桂萼外若宽迂,中实深刻,忮忍之毒,一发于心,如蝮蛇猛兽,犯者必死。臣请姑举数端言之。尚书王琼,奸贪险恶,在正德间交结权奸,浊乱海内,罪不容诛。而萼受其赂遗钜万,连章力荐,璁从中主之,遂得起用,乃为之言曰'使功不如使过,琼虽有过,材不可弃'。昌化伯邵杰,本以邵氏养子,争袭伯爵,人所共知。而萼受其重赂,力为主张,竟使奴隶小人,滥膺封爵,勋戚世胄,羞与为伍。萼所厚医官李梦鹤,假托进书,夤缘授职,与居相邻,内开便门往来,常与萼家人吴从周及序班桂林嘱事过钱,道路之人皆知之。又引乡人周时望为文选司郎中,通同鬻选。时望既去,代之者胡森,森与主事杨麒、王激又皆辅臣之乡里亲戚。铨选要地,尽布私人,升黜予夺,惟其所欲。萼典选仅踰年,引用乡故,不可悉数。如原任工部尚书、今致仕刘麟,其中表亲也;礼部侍郎严嵩,其子之师也;佥都御史李如圭,由按察使一转而径入内台;南京太仆寺少卿夏尚朴,由知府期月而遂亚卿寺;礼部员外郎张敬,通律历而假以结知,怀金钱而为人请托;御史戴金,承望风旨,甘心鹰犬。此皆萼之亲党,相与比周为奸者也。礼部尚书李时柔和善逢,狡猾多知;南京礼部侍郎黄绾曲学阿世,虚谈眩人;右谕德彭泽夤缘改秩,玷躐清华。此皆阴厚于璁,而阳附于萼者也。谄佞之辈,相师成风,人心士习,败坏极矣。萼等威势既大,党与又多,天下畏之,重足屏息,莫敢公言其非。不亟去之,臣恐凶人之性不移,怙终之恶益甚,将来必为社稷之忧。伏望皇上大奋乾纲,速加诛窜,仍将其心腹及诸阿谀之徒重加惩治,庶几公道昭明,人心痛快。"

上览奏批云:"朕习以大礼未明、父母改称时,张璁首倡正议。奏闻更复后,桂萼赞议。自礼成之后,朕授官重任,盖以彼尽心救正、忠诚之故。今彼既顿失前志,肆意妄为,负君忘义,自取多愆,朕不敢私。张璁仍以本职、令回家深加省改，以图后用。桂萼革去散官及学士职衔，以尚书致仕。周时望、李梦鹤、桂林、吴从周，令法司逮问。刘麟革去新升职御令，以原职致仕，不许起用。黄绾、彭泽等并桂萼在吏部所选大小官员，除堪用者弗问，但有私厚不堪用者，吏部会同该科官从公查奏定夺。李时安心办事。邵杰、严嵩、李如圭罢。陆粲既居言官，何不早奏？坐观至此乃却上言，非本心之忠也，下法司逮问。"寻命璁驰驿去。（pp.2443—2446）

15.2　甲申，广西道御史王化劾奏："兵部尚书李成勋、王琼，工部左侍郎何诏、刘思贤，南京礼部侍郎黄绾，顺天府府尹黎奭，太常寺卿陈道瀛，大理寺左少卿曾直，右寺丞叶忠，兵部武选郎中刘景寅，云南按察使张祐，佥事樊准，皆阿党璁、萼，助报恩仇，纳贿迁官，假作威福。巡抚顺天都御史汪玉、巡抚应天都御史陈祥、巡抚云南都御史欧阳重、巡抚延绥都御史萧淮、右谕德彭泽、编修张衮，皆反覆小人，倾陷善类，变乱白黑，颠倒是非，俱宜罢黜。仍自乞诛谴，以为言官不早言事之戒。"上命李承勋、王琼、曾直、陈祥、张衮视事如故，彭泽、叶忠调外任，其余吏部酌议奏请。王化既言事，又认罪，姑置不问。（p.2458）

15.3　丙戌，十三道御史吴仲等言："总制三边尚书王琼凶恶奸猾，总制两广都御史林富通贿骤迁，礼部侍郎严嵩卑污谀佞，南京礼部侍郎黄绾柔媚奸贪……"（p.2459）

16.《明世宗实录》卷一百五"嘉靖八年九月"：

丙申，吏部尚书方献夫等奉旨详核科道官所论劾党附张璁、桂萼诸臣，除已有旨留用外，如南京刑部尚书何诏、南京礼部侍郎黄绾、顺天巡抚汪玉、云南巡抚欧阳重、延绥巡抚萧淮、太仆寺少卿戴时宗、南京太仆寺少卿夏尚朴、尚宝司少卿姜清、南京国子监司业江汝璧、右中允孙承恩、翰林院编修欧阳德、都给事中蔡经、给事中李鹤鸣、魏良弼、御史郑洛书、陆梦麟、吏部郎中胡森、员外潘潢、主事杨麒、王激、工部郎中丁洪、刑部员外张寰、工部员外金述、按察使张祐、副使丁汝夔、佥事萧璆，俱素行无玷。（p.2474）

17.《明世宗实录》卷一百六"嘉靖八年十月"：

17.1　庚辰，南京礼部右侍郎黄绾以被劾，乞休。上优诏，不允。（p.2515）

17.2　癸未，南科给事中何祉等、山东道御史朱绶等劾奏："翰林院学士席春，太常寺少卿谢丕、太仆寺少卿冼光，光禄寺少卿史道周、文兴，南京刑部主事黄春，广西副使伍箕、两淮运使史绅、右春坊右庶子廖道南、顺天府府尹黎爽、南京礼部侍郎黄绾、总督粮储都御史陈祥、工部郎中丁洪、南京太常寺卿方鹏、大理寺少卿曾直,皆指为大学士张璁、桂萼私党,乞行罢黜。"上诏:春等各供职如故,责祉等既知,何不早论,乃待今日? 所攻者皆赞助大礼之人,不过蹈袭前非,徇私报复,各夺俸半年。都察院仍申明敕谕,晓示中外。既而,春等各自陈乞罢,不允。(p. 2517)

18.《明世宗实录》卷一百十九"嘉靖九年十一月":

己亥,南京河南道御史张寅劾南京礼部侍郎黄绾违法不职十事。绾疏辩,谓寅挟私。诏俱下南京所司,令核实以闻。已南京部院奏,二臣所讦皆无据。诏置不问。(p. 2836)

19.《明世宗实录》卷一百二十五"嘉靖十年五月":

丁未,南京礼部右侍郎黄绾疏乞休致。不允。(p. 3003)

20.《明世宗实录》卷一百二十九"嘉靖十年八月":

壬午朔,南京吏部尚书刘龙、兵部尚书王廷相、刑部尚书周伦、工部尚书何诏、都察院右都御史万钟、户部左侍郎顾珀、礼部右侍郎黄绾、兵部右侍郎林庭、刑部右侍郎周广、督粮右副都御史毛思义、操江右佥都御史张璇、太常寺卿黄芳、少卿胡森、太仆寺卿王崇献、光禄寺卿冼光、应天府府尹江晓、府丞柴奇、鸿胪寺卿张楠,各以雷震午门,自陈求罢。俱不允。(p. 3065)

21.《明世宗实录》卷一百三十二"嘉靖十年十一月":

癸亥,南京礼部右侍郎黄绾请以御制《祭告先师孔子祝》正文立石于南京国子监。从之。(p. 3129)

22.《明世宗实录》卷一百三十七"嘉靖十一年四月":

己丑,以秩满,荫南京礼部右侍郎黄绾子承文为国子生。(p. 3226)

23.《明世宗实录》卷一百四十三"嘉靖十一年十月":

辛卯,南京吏部尚书刘龙、礼部尚书严嵩、兵部尚书王廷相以星变,各自陈乞罢,上皆褒谕留之。南京礼部右侍郎黄绾、刑部右侍郎胡琏、工部右侍郎张羽、都察院右都御史万镗、提督操江右都御史潘真、通政使司右通政王激、右参议林时、大理寺卿冼光、右寺丞林希元,各疏请罢,不允。(p. 3335)

24.《明世宗实录》卷一百五十"嘉靖十二年五月":

丙午,南京吏部尚书刘龙、户部尚书许诰、礼部尚书严嵩、兵部尚书王廷相、刑部尚书周伦、工部尚书何诏、都察院右都御史王轨、吏部右侍郎潘旦、户部右侍郎顾珀、礼部右侍郎黄绾、兵部右侍郎潘珍、工部右侍郎张羽、都察院右副都御史张衍庆、陈轼、高公韶、通政使司右通政王激、大理寺卿冼光，各自陈乞罢。得旨，伦、公韶致仕，余俱不允。(p. 3433)

25.《明世宗实录》卷一百五十二"嘉靖十二年七月"：

庚申，升南京礼部右侍郎黄绾为礼部左侍郎。(pp. 3461—3462)

26.《明世宗实录》卷一百五十六"嘉靖十二年十一月"：

癸卯，宣大总制都御史刘源清、宣府总兵郤永率兵讨乱至大同，先出榜晓谕城中，令其解散胁从。榜中有"五堡之变，朝廷处之太宽"等语，五堡遗孽见榜偶语不自安，谓且追理甲申事也。师次阳和，大同守臣及乡之士大夫、耆老皆来见，请驻兵解甲单骑入抚之。源清疑，不许。巡抚潘仿、督副总兵赵镇、佥事孙允中、郎中詹荣、游击戴廉等捕乱卒，杖死十余人以献。允中槛诸囚，诣军门，请旋师，稍徐图之，逆党可尽得。又，五堡事朝廷已处分，今幸勿以为言。源清曰："甲申之役，胡公以兵不临城致言者纷纷，吾不可蹈前辙。"乃以因属御史苏祐拷讯，因妄言前总兵朱振失职怨望实首乱，又多株连无辜者。源清遣参将赵纲率甲士三百人大索城中。仿验所捕多有功，为诸囚所仇诬，止捕八十余人。比晚，城中讹言且屠城，先令三百人者启之。逆党遂夜大呼为乱，杀千户张钦，仿令诸将击死数人。会允中从源清、永所来，谕意抚之乃定。源清为书召振，疑其不来，请锦衣奉驾帖逮之，振实不及诣幕府自明，因言乱党就逮且尽，可无烦兵，不许振发愤自杀。明日，兵至城下，大肆杀掠，城外横尸枕藉，五堡遗孽遂变悍不可制。少选永大集兵，乱兵开门迎战，杀游击曹安等数十人。官军亦斩获八十余人，攻四关厢据之，日夜围击。而城中乱兵益发库兵，出前参将黄镇、指挥马昇、杨麟于狱，奉以为将。永筑塞城门，以水灌城，冰滑不可上。仿与俊橁等六镇国将军谕止之，不听。俊橁出见永，令缓兵亦不听。永因扬言大同欲奉一王子，召虏兵南袭金陵以撼朝廷。源清次聚落驿，允中缒城出，谒言将士妄杀故。源清曰："汝无以母妻在围，为贼游说。"欲囚之。允中遂留居怀仁，不敢归。源清、永多设逻卒，遏城中王府及有司军民诸章疏，而请益师至五万，粮饷器械称，是以剿之。又连疏，言："城中衣冠之族，悉以从贼。"尚书王宪以为然，疏请，得旨，选听征官军万二千人，令赵卿、任凤、傅铎、谭铉充左右参将将之，兵部左侍郎钱如京、兼都察院右副都御史都督佥事江桓充挂印总兵官，督领以往；转运通仓米十二万于怀来城，令户部右侍郎张瓒整理粮饷，促巡抚樊继祖赴任,给事中俞朝妥同御史苏祐纪功,马兰谷参将萧升充协守大同左副总兵代赵镇。已而都给事中曾忭等言:"往岁大同兵变,江桓实总兵也而不能讨,反为所窘,不宜使复将。"上责兵部非所宜举,令于勋臣中求之,尚书宪因推遂安伯陈鏸、宣城伯卫錞、靖远伯王瑾。是时上悟,大同小变不足以烦朝廷。报曰:"源清、永已有专责总兵官,及钱如京可无遣。弟令赵卿等帅师,听源清调发,但不可复事姑息耳。纪功责巡按御史、给事中,亦可无往。"居数日,潘仿复言:"大同兵变已定,源清及永贪功妄杀以激乱之。今如班师,乱可遄已。"而源清深诋仿,谓其"媚贼取怜,殆非人类"。朝议皆助源清。独礼部侍郎顾鼎臣、黄绾皆言"用兵之非时"。又有虏入、寇城中,炮声应之,将从东门出走,为官军所阃遏。诏:"源清内讨外御,勿致疏虞;且敕入城之日,务分别善恶,勿致滥杀。"(pp. 3156—3159)

27.《明世宗实录》卷一百五十九"嘉靖十三年二月":

乙亥,先是南京礼部主客司郎中邹守益引疾乞归,行南京礼部核实。时尚书严嵩尚未抵任,今礼部左侍郎黄绾方以右侍郎摄部篆,久之未报,而守益已回籍年余矣。至是,吏部尚书汪铉发其事,诏革守益职,命吏部查参以闻。铉因劾绾不能纠正所属,敢为欺蔽;仪制司郎中季本职在承行,虚文掩护,并宜加罪;尚书嵩抵任在浚,情犹可原。疏入,得旨:调绾外任,嵩夺俸二月,本降二级,调外任。会太常寺先期请祈谷导引官,上念绾尝赞大礼有劳,命复原任充之。铉意不惬,乃再疏攻绾,且掇及他事。诏:如前旨,仍调外任。而导引官以户部侍郎张云充之。于是,绾上章自理,且言:"衅端所由起有三:臣雅与辅臣张孚敬交厚,及孚敬在政府,屡有规正,见谓讥切,一也;孚敬与尚书夏言不相能,而臣为言同僚,每欲调和两人,孚敬反生疑恶,二也;大同之变,孚敬力主征剿,而臣议当抚安,意见相左,三也。臣尝语孚敬曰:'圣明在上,宵旰求理,第使二三大臣得人,公平好恶、弗事险欺,则宿习可回、至治可望。'铉疑臣所云者盖指己也,故甘为孚敬鹰犬,攻击臣以快其私。然臣不去,铉必不已,乞亟罢臣以避祸,不则奸谋叵测,阴肆中场,臣死无日矣。"上览奏,谓"绾事已迁官,竟仍留绾供事如故"。明日,孚敬疏辩:"臣与绾初同议礼,自许同心。近该吏部参绾纵放属官擅自回籍,以为情甚欺罔。臣与同官臣时、臣献夫从公斟酌,拟调外任,非臣一人私有好恶也。大同叛军作乱,臣等钦奉圣谕,此逆卒前攻得志,后来间未思以处之者,今日之叛有自耳,今但当讨之,岂可容缓以一日哉?

彼既屡谕不信,敢行拒敌为在,征讨为正,亦难说玉石不分。臣等遵奉庙谟,敢不依朝廷纪纲法度为重,前后奉行敕旨,俱是'擒捕魁首、胁从罔治',原未主力征剿之说。使绾诚有忠爱之心,以抚安为是,自当尽言陈奏于上,不应暗昧附人以摇国是也。孟轲氏曰:'不信乎友,弗获乎上。'臣蒙圣明付托,勿贰勿疑,所宜鞠躬尽瘁,死而后已。而昔所同心如绾者亦不相信,又转而之他,则臣孤危一身,亦何以报圣明于万一哉!伏望皇上将臣速赐罢黜,上以全君臣保爱之恩,下以全朋友徽戒之义。"上曰:"朕昔闻绾于卿,故前日特留旧任,况他赞助议礼,已有旨还留用。卿不必与辨,即赴阁办事,庶朕得以养病省事。"铉亦疏辨乞罢,上慰留,不允。(pp. 3563—3566)

28.《明世宗实录》卷一百六十一"嘉靖十三年三月":

28.1　壬申,命礼部左侍郎黄绾抚赈大同,兼体察军情,勘明功罪,许以便宜从事。

初,代王之国,言:"乱孽既除,宗室军民久困,请特遣大臣抚赈。"疏下礼部。尚书夏言覆言:"大同之变,本于军士戕杀主帅,罪首当诛,以一狱吏治之足以,非有据土建号、重大不轨谋也。乃镇臣奏报张皇,轻动大众,文告不修、戎律不肃,以致人心惊惶,遂有洗城之讹,使叛卒得藉以鼓众,凭城旅拒朝命,要结丑虏侵败王略。而中外任事诸臣又不能审势定谋、相机善应、布昭德音、宣畅皇灵,乃广调诸军政围四月,耗帑金百有余万,选锋锐士物故太多,而重镇盖岌岌。赖皇上圣明,神武不杀,德音一播,凶渠授首,百万生灵免于涂炭,地方亦既宁矣。第该城久困严围,播迁凋丧,余民无几,生理穷蹙,兼以功罪未究,国法未伸,奏牍累闻,朝旨不下,窃恐积疑生变,更酿大忧,宜如代王议:特简忠亮大臣一员,令会同总制侍郎张瓒并抚绥官,宣布朝廷德威,慰安宗室,抚定军民,赈济困穷,综核功罪,章显欺蔽,昭雪冤抑。中间果有幸功债事之奸,责其指实纠举,以肃国纪。臣又惟近者使臣四出,召募武勇,追呼配抑,所在骚然,其各镇募军数必不下万计,月粮资装,耗费不赀,比敕使既归,尺伍随散,名系虚藉,粮出冒支,此所谓无事生扰而重贻厉阶也。矧今大乱已平,请罢召募之令,追回诏使,第以其费加惠实在行伍,则不待增兵而士气百倍。"疏入,大学士张孚敬持,不欲行。

上谕之曰:"大同一事,卿独未究心于至理,委非正大之举,嘱逆诛逆,终是贼得,计我师伤亡无数,用财无数,今如是了事,可耻之甚,不罪其有罪之人,是何理耶？非朕偏听于言之言，卿可推思其理，自得其正也。人皆曰，卿独与言为忌，之事又不从，果然矣。如其所言，真不当行，岂可迁就为之？朕为言之力干君事，今亦不多。及黄绾之为人，卿所甚晓。朕恐前日之事如所言，卿不自累耶？卿能与绾比旧加厚其交，再肯与言凡事和处，则朕之不劳于政务，卿之德量益著矣。朕此言非有所私，特为卿耳！"

"孚敬对大同一事，始终处置，不能祇承德意以正国法，盖生于臣下心有公私而议不同，故事有牵制而功难成也。当变生之初，皇上惩于昔年姑息之毙，毅然以正法讨逆为事，时夏言常与臣等相见，并无一言论及。比见黄绾有安抚之说，即危言附和，使当时从之，今日国论又不知何如矣。夫人有言似公而心私，有似私而心公者，不可不察也。兹虽'首恶就擒、胁从罔治'，委于国法，未正后患，难保不能上尘，圣明远虑，臣等非敢安于苟且，仍蹈昔年之失。但近日给事中曾忭所奏处置大同善后事宜，部覆准行，总制等官及见，差募军给事中处置。今言复欲召回给事中，另差官查勘，窃恐事体不一，或举措少差，关系国体非细故耳！"上复谕曰："大臣事臣，谋国贵和，若彼此争诋，各生私嫉，则其君何托？即卿上平而熟思之，礼部此请。当都依拟行。"遂降上嘉言忠谋，召还募军官给事中常序等，下兵部会推京堂堪命者。部拟二人，上不中旨，乃特召绾往。

绾遂言："上幸念大同初离乱瘼，特遣臣往抚慰，盖欲宣示德意，惩讦往来，为边疆建永久计也。臣窃惟凋疗已极则赈恤宜广，是非未判则勘覆宜公。请自三司方面官，并听臣选委。其支用钱粮并查拟功罪，亦听会总制诸官，参酌举行，而纠其回护阻挠者。又，陛下昨谕内阁手札，备论大同事宜，皆哀矜无辜，罔治胁从至意。乞录付臣，以宣谕军民，使晓然知皇上好生之德，令人人荷戴。又，彼中事多涉提督总兵郤永，乞罢永离镇，乃可核实。"上并从之，诏永回卫，以防守居庸关东官厅听征总兵官都督张軏代之。（pp. 3582—3587）

28.2　戊寅，御史苏祐上纪验大同功罪，言张瓒、樊继祖等有平定功而劾郤永等欺误贪残之罪。革任巡抚潘仿，亦疏辩心迹，并以军变失屯政，敕书自劾、请罪兵部，请皆俟侍郎黄绾勘奏处分。从之。（p. 3589）

29.《明世宗实录》卷一百六十三"嘉靖十三年五月"：

甲午，初，礼部左侍郎黄绾至大同，左右随从悉用大同人，城中宗室军民迎道诉官军暴掠者，投牒且数百，无告言叛军者。绾亦绝不问叛军事，众心稍安。

有阚钺、薛源、杨月者为叛卒使虏，会事平、留虏中。至是，钺自虏归，绾执而付之法。反侧子遂籍籍有流言，绾因大集军民，谕以逆顺祸福，责其怙乱，众誓无有，流言不得行。又有请招源、月归者，谓留虏且遗祸，绾曰："此辈悉庸奴、虏所牛马驱役之者，何能为中国患？且中国当严武备，虏之来去要在有以待之，而奚虑此之也？"因下令："源、月及余逆卒，自虏来者，边吏执而戮之，不来则勿索。"是时，诸叛卒方挟虏恐喝内地，至叱啐墩卒需饮食，要中国招己。闻绾令，大沮，往往向墩卒诉虏虐，号泣去。百姓知绾足恃，凡前罹叛卒害者始麇至陈牒。绾佯不应而密以牒授给赈官，令随里聚阴核实之，刻期遣卒四捕，获首恶王福胜等若干人。有尚钦者当抢攘时，曾杀一家三人，惧不免，夜执刀鸣金倡乱，历数街无一人应者，遂被擒。绾遂出未获首恶郭经等名图形，悬榜捕之。于是城中军民始诉诉鼓舞，知不复有诖误累矣。

绾乃疏，言："大同之所以屡变者，始由于情罪不明，终成于积疑不解。臣惟'王用三驱，宁失前禽'，故于王福胜则设法密擒，以正典刑，其郭经等则书名图形，榜示擒捕。又戒有司无贪功，无急追，听其自逃而执其不获脱者，但使不敢入镇城为地方害，则善矣。或又虑其急而走虏，为疆圉忧者，是不知彼己情也。虏得汉人，率奴隶之，不则易马远夷耳。且使虏果雄桀，即无赖此一二辈。如犹常虏也，则得此百辈奚益？况虏性得利则趋，遭创则避，固非此辈能使之去来也。今若招之使来，贷之则失刑，杀之则害信，反使彼得恃通虏之势以挟制止下，非计之得也。臣窃谓今日安攘之要，莫先自法，但使吏此土者仰体圣心公平廉洁，饬法详刑，劳来安集。其未获余恶，听其自逃而徐捕之，则地方保无虞矣。"部覆如议。

绾疏，言："大同街衢广衍，故凶狡易于贪夜作恶。治乱于已著，不若防患于未萌。请于大小街衢，各设门房栅门，晨昏启闭，坚其键鐍，委官不时督核以消夜聚之奸。仍立十家牌法，挨门鳞次，编为保甲，各立长统之。令其互察奸慝，防御外患。仍随城四隅，各立社学，群军民子弟择师教之，作兴礼义之风以潜化其非僻之习。庶几边镇永安，甸服有赖！"部覆绾奏实防奸易俗要务，宜悉如议从之。（pp. 3615—3618）

30.《明世宗实录》卷一百六十五"嘉靖十三年七月"：

丙寅朔，礼部左侍郎黄绾以访捕大同叛军首恶王福胜等狱情来上："甲申倡乱及害李瑾通诛贼首，及后杀游击曹安并屠灭指挥景铨等六七十家、男妇一

百余口,劫神机营都司军器与夫勾引虏寇敌,杀官军、拆毁民廨舍、凶渠根排无
遗者福胜等十四人,论凌迟处死,妻奴资产没官,父母祖孙兄弟俱缘坐流徒。
张玉等十九人论斩,与福胜等俱不决待时。未获郭经等四十九人,俱论斩,令
所在物色根捕。白奴儿等四十一人当充戍。请兵部先定卫分,获日即行发
遣。"法司覆,悉如缙拟。福胜等首级仍当枭示九边,及录所犯招由,并图处决
形状,通行榜示,以为恶逆之戒。诏可。(p. 3633)

31.《明世宗实录》卷一百六十六"嘉靖十三年八月":

壬子,礼部左侍郎黄绾言:"大同所属城堡刍粮匮乏,及廨宇墩营,间有毁
坏。请发帑银数十万,以为和籴、修复之费。"户部请以折粮银四万,合前已解
盐银七万及南北新纳例银三千三百余两给之。入言:"大同城北原设草场城,
尽将为镇城外护,匪直以积草设也。今镇城宗室蕃衍、民居日蹙,而草荡空旷,
宜有以分奠之,请立公廨草场城中,而给民愿从者地,令自筑室以居。不惟民
居收适,且使镇城有所捍蔽。"兵部亦以为便。上皆从之。(pp. 3651—3652)

32.《明世宗实录》卷一百六十七"嘉靖十三年九月":

32.1 庚午,礼部左侍郎黄绾言:"宣大总制提督,原议暂设,今虏稍宁,宜
裁革。至于保定兵马之设,以守紫荆关为重,专统于提督都御史。宣大边关兵
马之设,以守边为重,兼统于总制都御史。今使保定亦听宣大总制节制,是以
门外人摄门内事也,不唯调度纷扰且职掌以混淆不便,宜亟行改正。"巡关御史
赵元夫亦以为言。兵部覆:"请行总制侍郎张瓒等议奏,果虏警以宁,保无后
虞,方可议革。昨以地方多故,令宣大总制兼制保定,系一时权宜,当从缙议更
正。"上然之。已,张瓒议上,以为总制、提督两皆宜罢。乃召瓒与提督张輗俱
还京。(pp. 3658—3659)

32.2 癸未,礼部左侍郎黄绾奉旨勘上大同事,言:"乱卒王福胜等之杀总
兵李瑾,实瑾峻法所致,其首恶不过数人,应者不过六七十辈。藉令如巡抚潘
仿议,且擒且抚,自可旋定。而总制刘源清、都督郤永益张其事,以耸朝廷。朝
廷命其相机征计,而源清、永一意对之,但言五堡事处之太宽,遂榜示城中,五
堡遗孽疑以为追理旧事,而人心益骇。仿所捕乱卒,杖杀及槛致者已六七十
人,是时入抚而徐图之,逆党可尽得。而源清以功不出己,乃凭诸囚之妄攀、纵
甲士之横索,追呼益急,复诬原任总兵朱振为谋主。振仰药死,乃人人自危,讹
言屠城,群起为乱。今日谕诸军胁从不问矣,明日又以师逼城下,斩关而入,大

肆杀掠。虽以宗室士民及佥事孙允中等之力沮,卒不听。益百道攻城,至穴地灌水而城中不得不为自全之计,乃发禁兵,出罪囚,开门迎敌,杀参将一人。是时,王府及有司军民章疏,皆为逻卒所过,朝廷莫乃闻,而两人请师益急,且谓城中悉从贼,实大欲厌绝此城,遂致上厪宵旰之忧,调兵转饷,殆无宁日。忠于谋国者,固如是乎?时乱卒又诱北虏数万人大举入寇,攻东南诸关,官军累败,城中且为内应。源清、永进不能讨逆,退不能御虏,致残破重镇,几撤藩篱。赖圣明特降御札,释群疑之心,罢源清之职,中外始知用兵非朝廷意。而主事楚书等一人谕之即释申稽颡,自斩倡乱者二十余级以献,城中若更生然。虏闻之,寻近远遁。有如源清不去,乱岂有既乎?是役也,杀游击曹安、千户张钦等数人,士女千八百人,被虏及惊失者千余人,其余擅杀埋掩者不可胜数。毁室庐以万计,财货刍粮称是。民不堪命甚矣。而源清、永又厚为掊克,赃贿不赀。臣始至境,见赴愬者载道,切悲怜,乃宣圣谕、慰宗室、抚残伤、掩骸骼、赈穷乏,以称陛下亲亲爱民之意,而城中大悦。按其罪,则源清与永,贪功偾事,诬上殃民,实为之首。而副总兵赵镇等九十六人,或视瑾死弗救,或防御无策,罪为次之。游击徐淮等五人,又次之。论其功,则总督张瓒、巡抚樊继祖、巡按蓟祐之运筹督粮,分猷共济。主事楚书、郎中詹荣、都指挥纪振、镇抚王宁,或倡义入城,或乘机抚定,并宜优叙。而员外李文芝则次之。参将叶宗、段堂、李彬、刘江、副总兵梁霆、张镇、指挥张忠又次之。他如游击戴廉,虽有不救李瑾之罪,而抚处之功可赎。指挥马昇、千户杨麟,虽为乱军推戴,而从正之志可原。又如潘仿仓卒遭变、备历难危,孙允中离母出城、遂被羁绁,卒之密图抚处,两人有力焉。是皆不可以其所失而遽弃之也。惟陛下裁察。"疏下兵部,会兵科都给事中曾忭等言:"大同乱卒稔恶积虑无上久矣,其杀主将非律,所谓谋杀乃谋叛也。今议者欲曲从轻,比意以不出此无以议。赦而不知神武之义、不杀之仁,断自圣心,何必曲法以惠奸慝哉!臣请令法司明正叛逆之名,而因诏陛下特赦之惠,使天下知犯法必诛而无复徼幸,则奸萌之心折矣。"又,黄绾言:"刘源清赃贿交通,贪功偾事,春秋必诛。夫源清不能观机进止则有之矣,往者宸濠之乱,源清为进贤令,倡乱死守,在湖东有保障功即举事,一不当尚当蒙八议之贷,况源清非激变者也。"绾又称:"潘仿、孙允中俱宜叙用。夫为守臣,乱阶不杜,见难不援,踰垣而避,救符俱亡,降止辱身,观衅自全,皇惑草疏,为贼请贷,得不流窜为幸已厚,尚将靦颜污朝列哉?惟詹荣身陷贼中,本无强土之责;

楚书奉使筑濠,非有军旅之事。乃有肯越职以谋,因几成事,录此而量赏之,亦足以示劝。若夫樊继祖挫威于城下,张瓒受命于军中,亦复贪天因人,冒昧掠美,此而赏之,非所以昭天公也。"疏亦下兵部,覆言:"绾受命查勘功罪,穷推尽结,纤悉不遗,固人臣守法之常。尔等职司封驳,权量轻重及辩拆实天下士论之公。臣等参酌定拟,永罪在不赦,源清当录曩劳末减,并镇等一应罪犯,俱事下刑名,宜移都察院审详覆奏。仿、允中损威失职,录用非宜。瓒、继祖等诸功次宜悉如绾议行赏。绾尽心抚赈,靖除遗恶,使积疑对解、边镇获安,为劳甚大,宜优加奖赉。"得旨:"源清、永及镇等情犯轻重,下法司从公依律拟。瓒、继祖、祐,各赏银等币有差。书、荣、振、宁,各升一级。文芝,升俸一级。廉以功赎罪。昇、麟调别卫。仿、允中各复原职。任、宗等各赏彩币。淮等各夺俸半年。黄绾奉命抚赈查勘,周悉勤劳,可加升俸一级,仍赏银币。李瑾量加恤典。又,以怍等不候覆奉,辄先论扰,言词欺诳,沮坏国是,令锦衣卫拷讯。"已而释之。

初,绾勘疏既上,都督郤永不服,反奏之。绾因悉数永及刘源清未尽之罪。兵部请遣给事中一人同御史再勘,已得旨矣。绾言:"臣之所勘,法司尚未拟覆而兵部请官再勘,则为罪人谋者工也,如国法何?方臣之奉命往也,永尝为飞语以摇惑军心,复令人击臣途中以逞其凶臆,兹复浮言诡辩。臣恐勘官一出,大同军士皆将自危,其为边患,诚非细故。且臣复奏,俱勘余情,初不藉此为归结而兵部颠倒重轻,敢为狙诈之术。臣不知其何心也。"疏入,上乃止科臣不遣。(pp. 3644—3670)

33.《明世宗实录》卷一百六十八"嘉靖十三年十月":

33.1 乙未,法司覆礼部左侍郎黄绾勘明大同叛卒及文武诸臣罪:"伏叛卒王宝、尚卿论凌迟处死。张斌、阚铖、萧激、牛名、董海、王仓、樊钦、许实坐斩。内宝及已死徐文全等六人俱以支解,各财产给被杀之家,妻子流从,文全等六名仍锉尸枭示。钦及铖等四人及已死首恶刑通事等九人皆以谋叛,杨彪以拒敌,各妻子俱给配功臣为奴,父母祖孙兄弟缘坐流徙。罗得虎等三人坐绞。犯官宋赟以例当枭示。刘宗澜永戍边卫。轻犯马鉴等二十七人各遣边,杖发有差。先革任兵部左侍郎刘源清、提督宣大都督郤永及副总兵赵镇、游击戴廉、武滢、徐淮、都指挥杜辉坐、营指挥杨德中、军指挥赵春、千户郤方,皆情罪深重,宜逮入京按臣。而总制中军指挥刘环、提督中军锦衣卫指挥使马骥皆与源清事,于质证请并逮之以正其罪。其游击等官、上爵等九十三人皆情罪稍轻。及未获陈淮等二百一十人,未至丁秀等四十二人,宜俱下各按臣逮问。议上,报如议。源清等令各巡按御史逮问,赴京师鞫讯。"

兵部覆绾所勘擒斩首恶幸贼并阵亡被伤官军功次,谓:"闭门擒斩首恶并内应补获助恶人员,建谋奋力,使凶渠授首,功委可嘉,宜依新定赏,格优禄续。擒首恶人员,拔除病根、永安边镇,功亦当录,但系事平之后缉获,较之内应斩获终属有间。臣等参酌先后事宜轻重,分别格例:都指挥纪振、镇抚王宁等官舍八人应升三级,正千户周宗等二十三人升二级,正千户罗杲等五十四人升实授一级、署一级,指挥佥事蒋深等八十五人阵亡,指挥佥事李宗七百一十九人升一级,旗军郭忠等四十三人升署一级,余有功官军二千三百五十三人,给赏有差。其忠义将士、因补诛首恶为乱军所贼者,若总旗王安等三人全家被害,其身尚存,宜陛录。指挥景铨等三十三人身已被杀,妻子间存,宜给赡录荫。军人张宗等一十七人身亡世绝,宜表其门闾。"诏悉如拟行。(pp. 3679—3681)

33.2　己未,以侍郎黄绾奏,旌大同节妇董氏等三人、烈妇王氏一人、孝子温钺一人。(p. 3687)

34.《明世宗实录》卷一百六十九"嘉靖十三年十一月":

34.1　丙寅,上谕辅臣张孚敬、李时曰:"兹文华饬新,但'九五斋'书轴未成、'精一'堂额未悬,朕惟此冠裳所在,欲更定其名。今日卿等可与礼官往礼东室,绘'敬一'二字及'诚意正心'四字,西取汉文帝止辇受谏、唐太宗纳魏征十思疏为图。"于是,孚敬、时及礼部尚书夏言、侍郎黄绾、黄宗明,恭诣文华殿,周回纵观,因造恭默室,睹《龙马》、《神龟》、《丹凤》三图,退各上疏称谢。而言、绾、宗明复撰《赐观文华殿》颂、赋、诗以进。上皆优诏答之。(pp. 3694—3695)

34.2　辛未,上御奉天殿,百官行庆贺礼。两宫皇太后及庄肃皇后、中宫皇后俱免,命妇朝贺。上在南郊斋宫,自制《大报歌》一章,出示大学士张孚敬等,曰:"朕肃怀大报,草此数言,聊以见意,卿等可与言。"鼎臣、道南及分献礼官一观,其各以赞佐、戒进之辞和之。其辞曰:"岁次甲午兮,阳月之八日新冬。肃群臣而朝趋泰坛兮,钦大报以叩苍穹。朕以微薄菲质兮,荷洪眷下及而主兆。庶愧绵才愚质兮,惧无以上副恩隆。思欲康此民以图报称兮,惭无学以出其治源。爰肇复泰禋兮,兹当四举愚衷。匪直慎始兮,思惟厥终。咨左右丞弼兮,其尽启沃以匡佐。期世道跻于熙皞兮,庶或仰承乎眷崇。"末仍御笔注云:

"曰道举去岁,疾未亲耳,故承之以'慎终'句。"于是,侯郭勋,伯陈万言,大学士张孚敬、李时,尚书汪铉、夏言,侍郎顾鼎臣、黄绾、黄宗明、甘为霖,学士廖道南,皆奉诏恭和。上俱命留览。(pp. 3696—3697)

35.《明世宗实录》卷一百七十"嘉靖十三年十二月":

庚戌,大祫太庙。命附马都尉邬景和代,尚书汪铉、夏言,侍郎黄绾、黄宗明、钱如京、张瓒、林庭楜、甘为霖,学士张璧、吴惠、廖道南,捧主。(p. 3714)

36.《明世宗实录》卷一百七十五"嘉靖十四年五月":

36.1　辛酉朔,礼部左侍郎黄绾言:"臣往奉命勘大同事,方下法司而刘源清等辄先奏辩,以为臣欲文致其罪、为逆党报仇;继又自夸其功,谓臣率意颠倒,枉杀天下忠臣义士。此何言哉? 臣初入城,不顾利害,擒其首恶王福胜等四十四人械系,驱其党郭经等九十人出城,以正典章。今议者犹以臣为不尽法,以此劾臣,以此参臣,又以此发策阴寓贬臣。臣有章奏,该科贴报或摘去要语,或一字不贴,及源清安辩俱与全贴,欲令传播以惑四方观听。臣何足惜? 顾惟圣德神功,真足以系人心而彰,告械者亦拥阏而不彰,足可惜耳! 臣往谢恩疏中乞敕该部特用表章,风示四方,垂之国史,以为将来劝惩,而该部竟以乡曲姻娅贿赂之私,匿而不举,乃至今日犹有此说。况臣所用以擒首恶如纪振、王功等虽升三级,皆置之闲散。祥、董玺等至今不升,夏鹗反以考察去,无惑乎源清等之肆志也。请从公据实,早为会问。"因著其大略有五:一曰明事机,二曰明情罪,三曰明职守,四曰明弊端,五曰明欺乱。极言源清暗于事机、贪功罔上之罪。诏下所司,议报。(pp. 3789—3790)

36.2　癸酉,赐礼部(右)[左]侍郎黄绾母鲍氏祭葬,并赐其父黄俌祭一坛,以纂修、讲读劳也。(p. 3810)

37.《明世宗实录》卷一百八十八"嘉靖十五年六月":

丁酉,初,礼部侍郎黄绾奉命勘处大同,事还,言总督刘源清、总兵邬永二人贪功偾事,盗钱谷百万、杀伤无辜千余,大坏边防,罪宜首戮;并论副总兵赵镇等不救主帅、游击武滏等杀掠居民、掊克军饷之罪。有旨,俱逮入京讯鞫。源清不服,奏辩者五;永奏辩者九。绾亦数行参奏,狱久不决。至是,绾以忧去任,法司始具狱以上,言:"永、源清身负重任,掌握大兵,坐视无策,既失机宜,而永又多赃罪,情罪无枉,弟久居边镇,为国大臣,乃似叛军,故置之重议,恐于国体有伤。矧其时贼炽虏强,内防外捍,亦为不易,惟上裁宥。滏先攻取南关以驻军,镇能擒乱军自效,亦宜从末减,发戍边卫。"上谓:"源清、永奉命讨乱,不能随宜区画,乃囤执攻城,以致师劳财费,伤残众多,损威负任,法当处死,尔等既为边防远虑,请从末减且事权本出总制,其斥源清为民、不许朦胧起用。降永职二级,令立功赎罪。镇、滢等悉如所拟。"(pp. 3971—3972)

38.《明世宗实录》卷二百二十"嘉靖十八年正月":

丁酉,先是,恭上皇天上帝大号尊加皇祖谥号,礼成,礼部奏遣使诏谕朝鲜。上曰:"安南亦在天覆之下,不可以迩年叛服之故,不使与闻。今择廷臣有文学才识、通达国体者,赍诏谕之,如故事。"于是,所司以其人上。上命更推者再四,皆不遣,已乃命原任礼部左侍郎黄绾升本部尚书,为正使,右春坊右谕德张治升翰林院学士,为副使,捧诏行。时绾守制家居,趋赴行在所,领面谕行事。(pp. 4549—4550)

39.《明世宗实录》卷二百二十五"嘉靖十八年六月":

甲辰,吏部尚书许赞,礼部尚书严嵩、黄绾,兵部尚书张瓒,刑部尚书杨志学,工部尚书蒋瑶,右都御史毛伯温、周期雍,吏部侍郎张潮、张邦奇,户部侍郎李如圭、高公韶,礼部侍郎张璧,兵部侍郎樊继祖、张润,刑部侍郎宋景、屠侨,工部侍郎吴大田、周叙、郑绅,都察院副都御史王杲、党以平,金都御史周煦、胡守中,通政使司左通政蔡子举、右通政郑坤、屠楷,大理寺少卿王守、钱学孔,掌太常寺事侍郎金赟仁,俱以雷警自陈乞罢。诏:志学、公韶、侨、叙、以平、学孔致仕,余俱留用。(p. 4685)

40.《明世实录卷》二百二十七"嘉靖十八年闰七月":

辛酉,礼部尚书兼翰林院学士黄绾罢。先是,绾以礼部左侍郎升本部尚书,充正使,往谕安南,未行。为其父母请赠且援建储恩例,请给诰命如其官。上怒曰:"绾先因行取使安南,闻命不趋。既至,则多端请辞,畏缩阘茸。今又复有请。其以原职闲住,毋复起用。"

安南事本因一人倡之,众皆随之讪。上为听夏言之言,共起违慢之侮,此国应弃、应讨,宜如何处之?兵部其即会议来闻。兵部集廷臣议,谓:"黎氏本我臣妾,义不可弃,而其臣莫登庸父子篡国逼主,罪所必讨。近虽畏威悔过,上表乞降,籍其土地人民,恭听处分。据其哀请,似亦可矜,但夷情反覆,诡秘难信,请敕原拟钦命咸宁侯仇鸾、兵部尚书毛伯温往两广、云南,调集各处汉土官兵,招谕安南。归顺土官刁雷及黎氏旧臣武文渊等,各练集兵粮,以备征讨。

若莫登庸父子果隐谋,则进兵以正朝廷之法。如其束身待命,果无他心,则星夜檄闻朝廷,待以不死。如此则春生秋杀,仁义并行不悖矣。"上从之,乃仍命鸾挂征夷副将军印,给伯温参赞军务关防,奉敕南征。(pp. 4719—4721)

41.《明世宗实录》卷四百十四"嘉靖三十三年九月":

壬寅,原任礼部尚书兼翰林院学士黄绾卒。绾,浙江黄岩人。正德中,以祖荫授后军都督府都事。嘉靖改元,为南京都察院经历,以议大礼与张、桂合,迁南京工部员外郎,谢病免归。未几,复起为光禄寺少卿,与修《明伦大典》,寻升大理少卿,改少詹事兼侍读学士,充经筵讲官。《大典》成,进詹事。久之,进南京礼部右侍郎,转礼部左。时大同军乱后,反侧子犹攘臂鼓啸,人心讻讻,代王请遣大臣安集,上命绾往。绾抚辑流亡,分别善恶,悉索其倡乱党与诛之,还奏称旨。母忧,服阕,即其家拜礼部尚书兼翰林院学士,抚谕安南,未行,落职闲住。至是,卒于家。

绾有文学,明习国家故事,博辩捷给,吏干亦敏瞻,故虽起家任子,致位八座,人不以为忝。然其倾狡善变,不专一节,初以讲学取声誉,比议礼,见举朝不悦,复首鼠避去,事定乃复扬扬自负,力附张、桂,锄所憎忌。尝上书,以隐语撼大学士杨一清,公论恶之。及夏言有宠,复附言而非张孚敬。迹其终始,真倾危之士哉!(pp. 7195—7196)

三、黄绾著作考述

久庵先生黄绾作为浙中王门杰出代表，一生著述宏富，既有经学名作《四书五经原古》等十种，又有政论著作《石龙奏议》、《云中奏稿》、《边事奏稿》等四种，还有哲学、文学代表作《困蒙稿》、《石龙集》、《久庵先生文选》、《久庵日录》等七种，另有家乘编纂《洞黄黄氏世德录》、《家训》两种，并辑录有《阳明先生存稿》、《桃溪类稿》等四种。

对于黄绾著述之目录，徐象梅撰《两浙名贤录》、庆霖等修《(嘉庆)太平县志》、黄虞稷著《千顷堂书目》、嵇曾筠等修《(雍正)浙江通志》、陈宝善等修《(光绪)黄岩县志》、王棻著《台学统》、项元勋编《台州经籍志》、喻长霖等修《(民国)台州府志》、杨晨编《台州艺文略》等，皆有载录。黄绾遗稿号数百卷，后大多"以海寇残毁散逸"而不存世，今存者仅有《石龙集》、《久庵先生文选》、《知罪录》、《明道编》、《家训》五种，及散见于明清学者诗文集（诸如《王阳明全集》、《明儒学案》、《名臣经济录》等）、家乘（《洞黄黄氏宗谱》）、地方志（如《(光绪)太平续志》、《(光绪)乐清县志》、《(雍正)浙江通志》）等史料之中的佚诗文若干篇。为便于学人详细了解黄绾各种著作之创作背景、思想主旨、版本存佚、学术价值等情况，兹按经学著作、政论著作、哲学著作、文学著作等进行编排，逐一考论。

一、经学著作

以《四书五经原古》(亦称《经书原古》[①])为代表，正式成书于黄绾晚年由黄

---

① （民国）杨晨编：《台州艺文略》，黄岩友成局 1936 年印，第 7 页。《(雍正)浙江通志》卷二百四十二《经籍二·经部下》：《两浙名贤录》作《五经四书原本》。

岩县城迁家江北翠屏山(嘉靖十八年)之后。黄绾本人关于《四书五经原古》之创作由来,其在《家训》文中记,自己于"圣人'艮止执中'之旨","幸得之遗经而验之于身心,涉历星霜,每尝笔之于《大学》、《中庸》、《论语》、《孟子》及《易》、《诗》、《书》诸经,谓之《原古》"①。

据《礼经原古序》,可知黄绾先著《四书原古》,嗣后撰《五经原古》,而《礼经原古》则最迟完成。清朱彝尊《经义考》对黄绾《四书五经原古》不分经著录,统称为《黄氏(绾)经书原古》,入"群经类",并云"未见";又转录黄宗羲《明儒学案》中概述《五经原古》之语,末了附陆元辅案语一种。②此外,黄虞稷撰《千顷堂书目》卷三《经解类》录有《四书五经原古》书目。

1.《四书原古》 卷数不明,今佚而不存,系黄绾在晚年对《大学》、《中庸》、《论语》、《孟子》重新加以笺注、疏解的经学著作。按照下文所述《五经原古》之子目,《四书原古》子目当为《大学原古》、《中庸原古》、《论语原古》、《孟子原古》。《两浙名贤录》、《千顷堂书目》、《台学统》均录有书目。

2.《大学古本注》 卷数不明,今不存世,系黄绾于嘉靖十四至十六年(1535—1537)在黄岩丁内艰之时所成批注古本《大学》的经学著作一种。黄绾《与孙太守书》(成文于嘉靖十五年左右)云:"向者不自量力,尝于蠡测之余,僭为《大学》、《中庸》古本注。《大学》刻已将毕,俟他日奉请益也。"③嘉靖十五年左右,黄绾在《大学古本注》刊刻之后曾寄赠王畿,王畿拜读之后有书函与黄绾商榷,并有"《大学古本注》至善之旨、有所念懥之说,细体会,终未能尽契于衷"云云。嗣后黄绾有《复王汝中书》以回应。④ 可以推断,《大学古本注》至迟于嘉靖十六年已经刊刻。

3.《中庸古本注》 《千顷堂书目》、《台学统》、《经义考》称《中庸古今

---

① 据笔者调查,《家训》载《洞山黄氏宗谱》卷一,1915 年重修本。关于《家训》版本及相关内容见下文。

② (清)朱彝尊撰,林庆彰等主编:《经义考(新校)》卷二百八十四《群经十》,上海古籍出版社2010 年版,第 4456—4457 页。陆元辅案语为:"黄绾,字叔贤,黄岩人。正德丁丑进士,仕至礼部尚书。"不难发现,陆元辅关于黄绾的记录有两处错误,一是黄绾表字非"叔贤",应称"宗贤";二是称黄绾为"正德丁丑进士"为误记,黄绾在弘治十一年即"弃举业不为",亦从未参加过科举考试,其出仕乃系"袭祖荫"。

③ (明)黄绾:《石龙集》卷二十,台湾中研院文哲所藏明嘉靖刻本,第 25 页。

④ 同上,第 27—29 页。

注》①，一卷，今佚而不存。上引黄绾《与孙太守书》提到《中庸古本注》，可以推断，该书成文并刊刻于嘉靖十四至十六年年间。《千顷堂书目》卷二"三礼类"记："黄绾《中庸古今注》一卷。"《台学统》藉此录有此书目，称"见《千顷堂书目》，疑即《四书原古》之一"②。又，朱彝尊撰《经义考》卷一百五十四《礼记》云："黄氏(绾)《中庸古今注》一卷，未见。"③

　　4.《易经原古》　卷数不明，今佚而不存，《嘉庆太平县志》、《台学统》等录目。

　　《易经原古》系黄绾晚年隐居翠屏山"思古堂"④、"家经阁"⑤时所撰。原著佚而不存，今仅存黄绾本人撰《易经原古序》一种于黄宗羲《明儒学案》之中⑥。在《易经原古序》中，黄绾对《易》的"三才之道，圣人之学，忧患之书"性质、宗旨予以揭橥，并对《易》"先天、后天之教"详加辨析；进而回顾自己少年、中年、晚年学《易》、玩《易》、解《易》的经历，得出"《易》之在予，皆因忧患而得之"的结论。《易经原古》的命名原因，黄绾称自己"历数十年，敢以生平所得之艰难者释其义，或先儒之说有同者亦不敢废，谓之曰《易经原古》"。详而析之："今敢定之以先天诸图，有图无书为伏羲《易》，以彖辞为文王《易》，以爻辞为周公《易》，以《彖传》、《小象传》、《系辞传》、《文言》、《说卦》、《序卦》、《杂卦》为孔子《易》。又以《大象传》为《大象辞》，为孔子明《先天易》。其卦次序，亦依《先天横图》之先后。又以孔子《系辞》言神农、黄帝、尧、舜、周《易》之韫为明历代《易》。又以孔子始终万物莫盛乎艮，以阖户之坤，先辟户之乾，合先后天而推之，以见夏、商《连山》、《归藏》卦位之次序。其《文言》之错于《系辞》者，则归之《文言》；其《系辞》之错于《说卦》者，则归之《系辞》，及凡诸错者皆正之，皆详于

---

① 笔者窃以为《中庸古今注》、《中庸古本注》二书名，当以黄绾《与孙太守书》所称"中庸古本注"提法为定称。

② (民国)王棻撰：《台学统》卷四十四《性理之学》三十二，1918 年吴兴刘氏嘉业堂刻本，第15 页。

③ 《经义考》此书目之下有陆元辅夹注："绾，息县人，正德丁丑进士。"显系误记，如前所述，黄绾从未参加科举，不可能中"正德丁丑进士"。

④ 黄绾《思古堂记》文称"思古堂"系黄绾在嘉靖十九年(1540)之后，迁家翠屏山中所筑之书堂名："黄子山栖之堂，名曰'思古'。"命名缘由详见黄绾《久庵先生文选》(明万历刻本)卷八，第 10—11 页。

⑤ 黄绾《家经阁记》文："黄子修《四子五经》于山阁，谓其阁曰'家经'。"命名之缘由可参见《久庵先生文选》卷八(第 12 页)之说明。

⑥ 黄宗羲著：《明儒学案》卷十三《浙中王门学案三》，载沈善洪主编、吴光执行主编《黄宗羲全集》第七册，浙江古籍出版社 2005 年版，第 320—321 页。

各篇。"对于黄绾此种编纂意图，黄宗羲大为不悦："夫《先后天图说》，固康节一家之学也，朱子置之别传，亦无不可。今以《先天诸图》即为伏羲手笔，与三圣并列为经，无乃以草窃者为正统乎？《大象传》之次第，又复从之，是使千年以上之圣人，俯首而从后人也。"①至于黄宗羲的评判是否恰当，在此我们存疑不辨，因为黄绾《易经原古》书稿不存世，无法与黄宗羲《易学象数论》进行勘比、解读。

5.《书经原古》 卷数不明，今佚而不存。《书经原古》系黄绾对《尚书》进行笺注的经学专著。《(嘉庆)太平县志》、《台学统》录有书目。其中《台学统》称"'此书但正其中错简'，于今文、古文不加考辨。见《明儒学案》、《太平县志》"②。

黄宗羲《明儒学案》中录有黄绾《书经原古序》一种，从中我们可以了解到黄绾研读、笺注《书经》而成《书经原古》的一些信息。黄绾在《书经原古序》中提到自己早年研读过《尚书》，并以其中上古三代君臣道德功业勉励自己而出仕："早尝有志，癙瘝景行，黾勉从仕。"然而现实官场的残酷混乱(明武宗正德五年至正德七年)与《尚书》所论"君臣雍雍济济，感德仰恩，相与揖让于一堂之上"的理想愿景之间，差距甚大。所以，黄绾引疾告归，"归卧穷山，扫迹蓬户"，隐居读书达十年之久，取《尚书》之《典》、《谟》、《训》、《诰》文，反复研读以体究领悟其中之三昧，终有所得："一旦恍然若有所启，若见言外之旨，目击其君臣雍雍济济、感德仰恩、相与揖让于一堂之上，皆有以见其道德高明如天、容物之所不能容，博厚如地、载物之所不能载，悠久无疆、成物之所不能成。逆顺万途，贤愚万类，公私取舍，皆不出其范围。"③欣喜之余，黄绾发出了"斯学既绝，如斯道德所以久不明于人，如斯功业所以久不明于世，予何汩没"④的感叹。而为使后之君子证斯学、明斯道，黄绾决定订正《尚书》篇、文之错简，"随其所得，或因旧闻为笺"，名之曰《书经原古》。

① 黄宗羲著：《明儒学案》卷十三《浙中王门学案三·尚书黄久庵先生绾》，载沈善洪主编、吴光执行主编《黄宗羲全集》第七册，第319页。
② (民国)王棻撰：《台学统》卷四十四《性理之学》三十二，1918年吴兴刘氏嘉业堂刻本，第14页。参阅笔者下段行文之中关于黄宗羲对《书经原古》的概述，可知王棻之语出自黄宗羲《明儒学案》。
③ 黄宗羲著：《明儒学案》卷十三《浙中王门学案三》，载沈善洪主编、吴光执行主编《黄宗羲全集》第七册，第322页。
④ 黄宗羲著：《明儒学案》卷十三《浙中王门学案三·尚书黄久庵先生绾》，载沈善洪主编、吴光执行主编《黄宗羲全集》第七册，第319页。

可见，黄绾在正德八年（1513）至嘉靖元年（1522）隐居黄岩紫霄山石龙书院读书之时，已经对《书经原古》发凡起例并草创成型。至嘉靖十九年（1540）结束仕宦生涯而迁居翠屏山之后，又于翠屏山之思古堂、家经阁中润色定稿。

6.《诗经原古》　卷数不详，今佚而不存。《诗经原古》系黄绾晚年对《诗经》重新编排、笺注的经学著作。《（嘉庆）太平县志》、《台学统》录有书目。《台学统》记："以《南》、《雅》、《颂》合《乐》者次第于先，退十三国于后。去'国风'之名，谓之'列国'。《鲁颂》亦降为《列国》。见《明儒学案》。"①

黄宗羲《明儒学案》之中存黄绾《诗经原古序》一种②，从中基本可以窥知黄绾《诗经原古》之体例及其诗学片论。黄绾在少年之时即学《诗》，但是直到晚年迁居翠屏山，重修《四子五经》于家经阁时，才通晓"《诗》合于《乐》，古之教"以及孔子删《诗》之真正意图。所以黄绾在《诗经原古》之中才"以《南》、《雅》、《颂》合《乐》者，次第于先，退十三国于后，去'国风'之名，谓之'列国'。鲁之有《颂》，僭也，亦降之为《列国》。"黄绾以为唯有如此编排处理，才足以明孔子之志，恢复《诗》、《乐》两全之原貌。因此之故，黄绾对《诗经原古》的定位即"以俾审音、讽志之有考，陶镕、孚格、劝戒之有法，以俟学《诗》、学《乐》者之两得"。对于黄绾的良苦用心，我们应该认可并予以同情理解。

然而，在黄宗羲看来，黄绾《诗经原古》的创作体例是有待商榷的："《诗》有《南》、《雅》、《颂》及列国之名，而曰'国风'者非古也，此说本于宋之程泰之。泰之取《左氏》季札观乐为证，而于《左氏》所云'《风》有《采蘩》、《采苹》'，则又非之，是岂可信，然季札观乐次第，先《二南》，即继之以十三国，而后《雅》、《颂》。今以《南》、《雅》、《颂》居先，列国居后，将复何所本乎？此又泰之所不取也。"③孰是孰非，笔者难以判定，在此我们不妨借用黄宗羲在创作《明儒学案》之时所倡导的在学术研究中力行"存同求异"的治学方法视之："学问之道，以各人之自用得着者为真。凡倚门傍户、依样葫芦者，非流俗之士，则经生之业也。"④作

---

① （民国）王棻撰：《台学统》卷四十四《性理之学》三十二，1918 年吴兴刘氏嘉业堂刻本，第 14 页。参阅笔者下段行文之中关于黄宗羲对《诗经原古》的概述，可知王棻之评论取自黄宗羲《明儒学案》。

② 黄宗羲著：《明儒学案》卷十三《浙中王门学案三》，载沈善洪主编、吴光执行主编《黄宗羲全集》第七册，第 321—322 页。

③ 黄宗羲著：《明儒学案》卷十三《浙中王门学案三·尚书黄久庵先生绾》，载沈善洪主编、吴光执行主编《黄宗羲全集》第七册，第 319 页。

④ 黄宗羲著：《明儒学案·发凡》，载沈善洪主编、吴光执行主编《黄宗羲全集》第七册，第 6 页。

为后之学者,我们对于黄绾、黄宗羲各自"一偏之见"、"相反之论"的"不同处正宜着眼理会"。

7.《春秋原古》　卷数不明,黄绾晚年所成经学著作之一种,今佚而不存。《(嘉庆)太平县志》、《台学统》录有书目,云"痛扫诸儒义例之凿,一以圣经明文为据。见《学案》"①。

黄宗羲《明儒学案》中录有黄绾《春秋原古序》一种②,为我们了解黄绾关于此书创作过程有帮助。据《春秋原古序》,黄绾少年之时即"有志于《春秋》",然对"义例之凿"的解经方法甚为反感。待晚年隐居著述之时,"学之白首,忽悟孟子与夫子之言而有省"。尔后,黄绾偶然见到湛若水所撰《春秋正传》,发现自己关于"《春秋》者,夫子经世之志,处变之书也"的省悟与湛氏主张,尤其是反对"义例之凿"的解经方法不谋而合。于是,黄绾以《春秋三传》、湛氏《春秋正传》、胡氏《春秋传》为蓝本,并参阅诸儒之说以折衷,皆以明文为据,而成《春秋原古》一书。对此,黄宗羲在《明儒学案·黄绾传》中明确指出黄绾的《春秋原古》编撰方法就是"痛扫诸儒义例之凿,一皆以圣经明文为据"③。

8.《礼经原古》　卷数不明,原著佚失。黄绾晚年于《四书五经原古》之中最后完成的一部经学著作。《(嘉庆)太平县志》、《台学统》录有书目。其中《台学统》记:"(《礼经原古》)以身、事、世为三重,身者容貌之属、事者冠昏之属、世者朝聘之属。于经虽乱,甚资取用。见《学案》、《太平志》。"④黄宗羲《明儒学案》中录有黄绾《礼经原古序》一种⑤。

黄绾早年即志于治《礼》,下文提到的《礼经》即黄绾早年之作,"思学诸身者未有所得,故置其稿(《礼经》)于箧中以俟时。迨仕而或出或处,南北靡常,皆有未暇"。嘉靖十八年(1539),黄绾在去职投林之后,先是撰《四书原古》,尔

---

① (民国)王棻撰:《台学统》卷四十四《性理之学》三十二,第 14 页。参阅笔者下段行文之中关于黄宗羲对《春秋原古》的概述,可知王棻之评论摘自《明儒学案》。
② 黄宗羲著:《明儒学案》卷十三《浙中王门学案三》,载沈善洪主编、吴光执行主编《黄宗羲全集》第七册,第 324—326 页。
③ 黄宗羲著:《明儒学案》卷十三《浙中王门学案三·尚书黄久庵先生绾》,载沈善洪主编、吴光执行主编《黄宗羲全集》第七册,第 319 页。
④ (民国)王棻撰:《台学统》卷四十四《性理之学》三十二,第 14 页。参阅笔者下段行文之中关于黄宗羲对《礼经原古》的概述,可知王棻之评论转自《明儒学案》,但是"于经虽乱,甚资取用"云云系王棻本人检阅黄绾《礼经原古序》之后的评论。
⑤ 黄宗羲著:《明儒学案》卷十三《浙中王门学案三》,载沈善洪主编、吴光执行主编《黄宗羲全集》第七册,第 326—328 页。

后著《五经原古》，其中《礼经原古》为最后完成，因为"《礼》之为经，非若他经虽或错乱，其经之规模犹在，尚可依据寻绎，求其意旨而订定之。至于《礼》，则散亡日久，虽有高堂生、二戴、《艺文志》所存遗简，然已茫无头绪，不知孰为先王之作，孰为后世之为，孰为洙、泗之传，孰为汉儒之附会，孰为天子、诸侯、卿、大夫、士、庶人之礼，无以辨之。纵或辨之，亦不能全。"于是，黄绾以礼之"三重"（身、事、世）分类法订定辑校古《礼》，"凡言身者，以身为类；凡言事者，以事为类；凡言世者，以世为类。所谓纲与目者，亦次第其间。又取朱子《仪礼经传》数篇益之，以成一经之纲领，总谓之曰《礼经原古》"。这就是黄绾《礼经原古》之编纂体例，至于考订古《礼》的动机、意图，黄绾说道："俾学《礼》者，知其源委，寻其脉络，以为三重之条理，以立大本，以经大经，以赞化育，庶几或少补于明时。"

9.《礼经》　卷数不明。黄绾青年时代所编订的礼学著作，约成书于弘治十四至十六年（1501—1503）间。此系黄绾在放弃科举之后，用功于古圣贤之学的成果之一。至于重新编订《礼经》的缘由，黄绾在《与王东瀛论礼经书》中有说明：儒家传世《五经》之中以《礼经》缺讹最为严重，周衰之时，"诸侯放恣而《礼》最为所恶，故未经秦火而《礼》已亡其七八"。汉儒所成《仪礼》、《周礼》及《大戴礼记》、《小戴礼记》皆掇拾于时进取之作，且多糜文，已非周孔制作、删定之遗经。即便是朱熹《仪礼经传》、吴澄《三礼考注》等，也都"据陈言于尺素，因讹谬以踵袭"，均不足以反映周孔制作、删定之意。缘此，黄绾以"精求二圣（周、孔）经世作述之意"为目的，"存其同以去其异"，别为《礼经》一书。①

成书之后，黄绾呈请乡先贤王东瀛（王启）指教，即上引《与王东瀛论礼经书》云云。黄绾《礼经》一书，今佚而不存。

10.《庙制考议》（亦作《庙制考义》）　二卷，《（雍正）浙江通志》、《（光绪）黄岩县志》、《（民国）台州府志》、《台州经籍志》、《台学统》、《台州艺文略》均录有书目，今佚而不存。

嘉靖四年（1525），因嘉靖帝生父称号问题而引起的政治纷争——"大礼议"基本结束。但是光禄寺丞何渊为献媚于嘉靖帝，请建世室祀献皇帝于太

---

① （明）黄绾：《石龙集》卷十五，台湾中研院文哲所藏明嘉靖刻本，第4—5页。

庙。嘉靖帝命礼官集议,席书、张璁多次上疏"力言不可"①;时任南京都察院经历的黄绾与时任南京刑部郎中的黄宗明亦参与了讨论,与席书、张璁等"议礼派"官员主张一样,"斥何渊之谬"②。《明世宗实录》卷五十二"嘉靖四年六月癸卯"条记:黄绾与黄宗明联名上疏,言:"何渊献议谬妄,干天下万世之公议,宜正其罪。"③而《久庵先生文选》之中载有黄绾向嘉靖帝指斥何渊献议谬妄的两道奏疏,即《谏止献帝入太庙疏》④、《论上下情隔疏》⑤。最终在"议礼派"官员的齐力反对之下,嘉靖帝暂时让步,"议别立祢庙,而世室之议竟寝"。藉此推断,《庙制考议》很可能是黄绾在嘉靖四年为指斥"何渊献议谬妄"而专论皇室庙制的一部礼学著作。

二、政论著作

1.《石龙奏议》 卷数不明,《台州府志》、《黄岩县志》、《(雍正)浙江通志》、《(嘉庆)太平县志》、《台州经籍志》、《台学统》等有书目存录。原本今佚。但李时渐在《久庵先生文选·凡例》中云:"先生(黄绾)……所上章疏若干卷,名曰《石龙奏议》。"今存明万历年间刊本《久庵先生文选》之卷十三、十四、十五,凡十七篇。因系奏疏文选,故非《石龙奏议》之足本。据此可以判定《石龙奏议》系黄绾仕宦期间所上奏疏之汇辑,其中包括以下所录《知罪录》、《边事奏稿》、《云中疏稿》等。

2.《知罪录》 三卷,《天一阁书目》、《(光绪)黄岩县志》、《(光绪)台州府志》、《台州艺文略》等录有书目。《天一阁书目》卷二之一曰:"《知罪录》一卷,明嘉靖三年石龙山人黄绾著。其书盖议当今继统之事。"⑥又据《台州经籍志》称:《知罪录》系黄绾"议当时继统之事,成于嘉靖三年。今残"⑦。

据笔者多方寻求,发现上海图书馆古籍善本室藏有明嘉靖年间黄绾自

① (清)张廷玉等撰:《明史》(简体字本),中华书局 2000 年版,第 3470 页。

② 同上,第 3479 页。

③ 《明世宗实录》卷五十二"嘉靖四年六月癸卯"条。

④ (明)黄绾著:《久庵先生文选》卷十三,日本尊经阁文库藏明万历十三年刻本,第 10—11 页。

⑤ 同上,第 11—14 页。

⑥ (明)范钦藏,范邦甸撰:《天一阁书目》,清嘉庆十三年扬州阮氏文选楼刻本,《续修四库全书》第 920 册,上海古籍出版社 2002 年版,第 66 页。宁波天一阁可能藏有《知罪录》残卷本,有待访查。

⑦ (清)项元勋编:《台州经籍志》卷九,台北广文书局 1969 年版,第 299 页。

序刻本《知罪录》一册，半叶 10 行、行 24 字，正文首叶下方钤有"王培孙纪念物"六字篆文方印一枚；不分卷目，但是根据正文版心所标"知罪录一、知罪录二、知罪录三"字样可判分为三卷。"知罪录一"收《一上大礼疏》、《二上大礼疏》、《三上大礼疏》；"知罪录二"收《大礼私议》；"知罪录三"收《止迁献帝山陵疏》、《谏止献帝入太庙疏》、《论上下情隔之由及论私庙不可近太庙疏》、《论圣学求良辅疏》。其中上海图书馆所藏《知罪录》之最后一疏即《论圣学求良辅疏》有三分之二阙文。而今存《久庵先生文选》卷十三所收六道奏疏即源自《知罪录》。

上图藏本《知罪录》卷首有黄绾撰《知罪录引》文一种："当今继统之义不合于当路者，遂指目为邪说，为希宠。予故知而犹犯之，此予之罪也，岂予得已哉！故录之以著其罪，以竢天下后世之知予罪者。嘉靖三年仲秋四日石龙山人黄绾识。"可知《知罪录》系时任南京都察院经历司经历的黄绾在嘉靖三年（1524）参与"大礼议"之时所上奏疏之录编，于是年八月四日成书并刊刻。而《知罪录》"知罪"之名系借用孔子"知我者，其惟《春秋》乎！罪我者，其惟《春秋》乎"之语，以表明自己在"大礼议"之中坚持"继统说"而不动摇。又今存黄绾《石龙集》中亦录有同题为《知罪录引》文又一种："予疏草私录，名之曰'知罪'。盖予食君禄，见有不可，于理与分当言者，忧之不食，或继以不寐，辄疏而上，皆不自知其为罪也。既而人有以罪予者，予亦不得以无罪辞。虽然，又岂予之得已哉？故录之，以著其罪，以俟天下后世之知予罪者。而并以有关素履之言附焉，其心一也。"[1]藉此又可得知，黄绾《知罪录》刊刻次数不止嘉靖三年一次。

嘉靖四年秋，《知罪录》成，黄绾即寄赠时任礼部尚书席书，供其于嘉靖四年奉敕辑编《大礼集议》之用[2]。此外，黄绾还寄赠好友魏校一册，敦请指教。魏校覆函："《知罪录》……反复以观，喟然叹曰：赤城有斯人邪？何才识之高也。"[3]据此可知，魏校对黄绾及其《知罪录》评价较高。魏校（1483—1543），

① （明）黄绾著：《石龙集》卷二十一，台湾中研院文哲所藏明嘉靖刻本，第 10—11 页。

② （明）黄绾著：《石龙集》卷十八《寄席元山书（二首）》，第 8 页。关于王阳明、黄绾与席书之间的交往诸事，读者朋友如有兴趣，可参阅拙文《黄绾与席书：浙江王学与黔中王学互动的一个案例》，载《贵州师范大学学报》(社科版)2015 年第 4 期，第 32—37 页。

③ （明）魏校：《庄渠遗书》卷十三《答王(黄)宗贤》，文渊阁《四库全书》本。

字子才,一作子材,号庄渠,江苏昆山人,其学宗胡居仁,初疑陆象山之学为禅,其后又转而"始知为坦然大道"①。黄绾官后军都督府都事之时,与王阳明结交,共倡圣贤之学,约在正德七年(1512),魏校与王阳明之间围绕"朱陆之辩"展开了一场学术讨论,当时黄绾已以疾告归黄岩老家。黄绾虽未直接参与这场论辩,但是站在王阳明宗陆学的立场上,通过与魏校相识的友人从中调和之。

3.《边事奏稿》(亦称《边事疏稿》) 卷数不明,《(雍正)浙江通志》、《(民国)台州府志》、《黄岩县志》、《太平县志》、《台学统》等有录书目,《台州经籍志》称"明太平黄绾著,邑志称其议论贾、董之流"②。《边事奏稿》原书今佚。《久庵先生文选》卷十五《上明罚安边疏》当出自《边事奏稿》。

4.《云中疏稿》(亦称《云中奏稿》、《云中奏疏稿》) 卷数不明,《台州府志》、《(嘉庆)太平县志》、《(雍正)浙江通志》、《(光绪)黄岩县志》、《台学统》等有书目。《台州经籍志》称"明太平黄绾著,邑志称其议论贾、董之流"③。《(嘉庆)太平县志》称:"《石龙奏议》《云中疏稿》皆(黄绾)在官作,议论董、贾之流也。"④

据"云中疏稿"之名,可知其中所收奏稿系黄绾于嘉靖十三年(时任礼部左侍郎)勘抚"大同兵变"之时向嘉靖帝所上奏疏。原稿今佚,但《明世宗实录》之中有辑录有黄绾部分疏文,而《久庵先生文选》卷十六《遵圣谕敷王道以永定人心疏》、《昭圣功明国事伸大义示四方万世疏》出自《云中疏稿》无疑。应黄绾之请,黄绾好友叶良佩⑤为《云中疏稿》撰序,《云中疏稿序》文有云:"公(黄绾)在云(大同)多有所疏请,间尝汇为如干卷,以视良佩,俾序之。"⑥藉此,可判定《云

---

① 王维和、张宏敏编校:《〈明儒学案〉〈宋元学案〉黄宗羲案语汇辑》,杭州出版社2012年版,第10页。

② (清)项元勋编《台州经籍志》卷九,台北广文书局1969年版,第317页。

③ (清)项元勋编《台州经籍志》卷九,第317页。

④ (清)戚学标等纂《嘉庆太平县志》卷十五《书目》,第18页。

⑤ 叶良佩(1491—1570),字敬之,号海峰,浙江台州太平人。曾私淑王阳明,可入"浙中王门"。登嘉靖二年(1523)进士,官至南京刑部郎中。著有《周易义丛》、《海峰文稿》等十余种。黄绾在嘉靖十四年至十七年丁母忧居家期间,与叶良佩交往颇多,比如曾一起为乡前辈谢铎迁墓,共游黄绾弟黄约所营筑少白堂(《石龙集》卷十四下)。应叶良佩之请,黄绾还为其所著诗文集《海峰堂稿》作序(《洞山黄氏宗谱》"诗文卷"之一)。日前,笔者受温岭市文广新局之邀,襄辑叶良佩存世文献——《嘉靖太平县志》、《周易义丛》、《叶海峰遗集》、《海峰堂稿》,点校整理成《叶良佩集》,已经编入《温岭丛书》(甲集)由浙江大学出版社于2016年5月出版。

⑥ (明)叶良佩撰:《海峰堂稿》卷十三,日本内阁文库藏嘉靖三十年刻本。

中疏稿》成于嘉靖十三年，而正式编辑刊刻成书则在嘉靖十五、十六年间即黄绾丁母忧之时。

又，与《知罪录》一样，《云中疏稿》成，黄绾寄好友魏校一种，魏校覆函：“承惠寄《云中疏稿》，足以占经济大略矣。钦仰，钦仰。窃惟执事所抱负者天德王道也，其中语意，颇觉抑扬得毋，犹有人者在邪，或恐郢书而燕说之。此则愚之固也。虽然不固，不足以发执事之疑而助其观省。哲人断国，信于著龟，云中事势竟当何如？执事沈几先物，必有以洞照之矣。”①要之，魏校对黄绾在处理云中之变的谋略与胆识十分钦佩。

三、文学、哲学著作

1.《困蒙稿》　卷数不明，黄绾早年诗文著作之一种。《台学统》、《台州经籍志》录有书目。其中《台州经籍志》称：“明温岭黄绾撰，皆其少作，有天台夏镔弁首。今佚。”②

《困蒙稿》成，黄绾敦请乡贤夏镔作序，夏镔成《书困蒙稿》：“是编，宗贤（黄绾）集少作以至于今，所著凡若干篇，为一帙，名之曰《困蒙稿》，请予题其前。予于是编尚未能悉，纵悉亦未必有助于宗贤。故书数字于首简。”其中以为“世有求知宗贤之文者”当以此编观之，因为《困蒙稿》系针对科举时文而作，其中黄绾有文对科举予以抨击：“学不三代，是自弃其身于不学也。夫自举业兴而世不复知有学，则所谓学者，举业害之也。推波助澜，吾尚忍为之？”③缘此，夏镔认为“忧时挢世”实“宗贤之志也”。

此外，据黄绾《寄刘检讨瑞书》：“年十六始知为举业，又三年乃厌其

---

①　（明）魏校：《庄渠遗书》卷四《与黄宗贤》，文渊阁《四库全书》本。

②　（清）项元勋编：《台州经籍志》卷二十九，台北广文书局1969年版，第1643页。

③　（明）夏镔：《夏赤城先生文集》，《四库全书存目丛书》集部第45册，齐鲁书社1997年版，第454—455页。夏镔（1455—1537），字德树，晚号赤城，台州天台人，成化二十三年丁未（1487）进士。“弘治四年谒选入都，上书请复李文祥、邹智等官，罢大学士刘吉。忤旨，下狱，得释。久之，除南京大理评事。疏论赋敛、徭役、马政、盐课利弊及宗藩、戚里侵渔状。不报。镔素无宦情。居官仅岁余，念母老，乞侍养，遂归。家居三十余年，竟不复出。”（《明史》卷一百五十九《夏埙传》附记）今有《夏赤城先生文集》传世，有清乾隆三十七年映南轩活字印本。夏镔早年与黄绾之父黄俌交谊甚笃，因黄俌介绍，黄绾在青少年时期即与夏镔有交往；在黄俌五子之中，夏镔最为器重并看好黄绾。而此后，夏镔与王阳明亦有交往，王阳明曾赠《传习录》与夏镔，二人之间并有书信往来。

卑。"①可推知，黄绾于弘治十一年（1498，是年 19 岁），"弃举业不为"，并在同年所成《谢陈御史招应举书》②中明示自己不会参加科举考试。藉此，我们可以判定《困蒙稿》所收黄绾文稿创作年代上限为弘治十一年，下迄年限待详考。

2.《恐负卷》　卷数不明，系黄绾早年继《困蒙稿》之后汇编所著诗文集之一种，今佚，《（雍正）浙江通志》、《（光绪）黄岩县志》、《台州经籍志》、《台学统》等录有书目。据《台州经籍志》载，黄绾书成之后，与《困蒙稿》一样，敦请天台乡贤夏镖撰序跋以评论之。

夏镖有跋一种即《书恐负卷后》："予读此卷，见东白、西涯、方石三先生其所望于宗贤虽不同，其为说而意同。盖非圣贤远业，亦无所望于宗贤。噫，世有可望如宗贤，予盖未之见也！前辈往往以语言意气许人而多失之，失不在人，在我也。三先生之言，将必不失于宗贤，以予知宗贤之真而知之也。若宗贤之自处则惴惴焉，惟酬知未能是惧，于是益见宗贤之可望也。予无似，无以助宗贤，惟辨义利以始终，差可与宗贤道。然义利之辩亦宗贤所自得，尝以为言，予以无以易也。求其进于宗贤之义，惟'始终'二字。"③于此跋可知，《恐负卷》不但收录有黄绾之书函，还有黄绾早年的三位业师张元祯、李东阳、谢铎对黄绾寄予厚望的文作；此外，《恐负卷》中有黄绾论"义利之辩"的文字，夏镖对此表示认可。

弘治十五年（1502，时年黄绾 23 岁），黄绾之父黄俌丁内艰服阕之后，至京师文选司任职。继而黄绾省亲至京师，得以师从张元祯、李东阳等前辈大家，多有请益问学。第二年即弘治十六年（1503）随黄俌致仕归家，黄绾亦结束了两年的京师游学生涯。对于黄绾与张、李、谢三位业师在这段时间的交往，可以从今存《石龙集》卷十五、十六中收录的黄绾《寄方石先生书》、《赟西涯先生书》、《谢东白先生书》、《上西涯先生论时务书》、《再上西涯先生书》等文中了解。藉此，我们可以推断《恐负卷》所收文稿成文时限大约为弘治十六年前后。

---

① （明）黄绾著：《石龙集》卷十五，台湾中研院文哲所藏明嘉靖刻本，第 15 页。
② 同上，第 1—3 页。
③ 转引自项元勋编《台州经籍志》卷十八，台北广文书局 1969 年版，第 879 页；又见夏镖《夏赤城先生文集》，《四库全书存目丛书》集部第 45 册，第 455 页。

　　3.《诸葛公传》(亦称《武侯新传》)　卷数不明,黄绾早年所成关于三国蜀汉丞相诸葛武侯传记文本一种。今佚而不存。关于该书稿撰著缘由,据黄绾在《诸葛公传》成书十二年之后所撰《诸葛公传引》①文可知:黄绾年少即仰慕诸葛武侯并视之为学习榜样,遗憾的是,自己对诸葛武侯的生平业绩未有翔实的了解;但认为陈寿《三国志》对诸葛武侯之评价不合史实,即"陈寿作史不足知其心"。嗣后,黄绾偶于故箧之中捡得宋儒张南轩所作《诸葛武侯传》,认真拜读之后,仍不满意,以为"犹有未足者",遂"搜访群籍,钩醇摘疵,复广其说",厥成《诸葛武侯新传》一种。成书之后,就书稿请教于业师谢铎与乡前辈夏鍭,并请二人为之作序、跋文。夏鍭跋文即《书武侯新传后》②。在夏鍭看来,黄绾《武侯新传》体现了青年黄绾意在"志于世用"的淑世情怀。

　　通过考察谢铎的生平事迹,知谢铎最后一次出仕为弘治十三年(1500)至正德三年(1508),③正德五年(1510)年谢世于太平老家,而黄绾于正德四年(1509)首次出仕任职后军都督府都事。据此可以判断黄绾《诸葛武侯传》在正德四年已经完稿并呈请谢铎、夏鍭二先生指正。

　　行文至此,我们可以判定《困蒙稿》、《恐负卷》、《诸葛公传》三种文稿系黄绾在弘治十一年至正德四年(即 20—30 岁)之间的著作,体现了青年黄绾身上所特有的一种志在经世、朝气蓬勃、奋发向上的书生意气与壮志情怀。并且在这段时间之中,黄绾与乡前辈夏鍭先生交谊笃深,夏先生也成为黄绾的学术知音。当然夏鍭对青年黄绾期望很高,并对黄绾的前程持乐观态度。弘治十八年(1505),夏鍭应邀登黄俌为子孙求学所建、名之曰"业书之楼"的藏书楼,"周览卷帙";应黄俌之请、夏鍭成《业书楼记》文④。文中,夏鍭对黄绾兄弟评价极高并寄予厚望:"(黄俌)五子俱贤,皆能读其父祖书,绍、绎、绾、约、绤,而绾独为可畏。"而黄绾对夏鍭这位先前辈亦敬爱有加,黄绾早年的几部著作《困蒙稿》、《恐负卷》、《诸葛公传》皆请夏鍭作序,就显得顺理成章了。

　　4.《石龙集》　二十八卷,《千顷堂书目》卷二十四、《明史》卷九十九《艺文志四》、《(雍正)浙江通志》卷二百五十、《(嘉庆)太平县志》卷十五《书目》、《台

————————

　　①　(明)黄绾著:《石龙集》卷二十一,台湾中研院文哲所藏明嘉靖刻本,第 11 页。
　　②　(明)夏鍭:《夏赤城先生文集》,《四库全书存目丛书》集部第 45 册,第 455—456 页。
　　③　其实,谢铎在弘治十八年(1505)已经离京返回太平老家,正德三年(1508)方正式致仕。
　　④　(明)夏鍭著:《夏赤城先生文集》卷十六,映南轩刊本,第 9—10 页。

学统》卷四十四①均录有书目。

今存嘉靖十二年(1533)春三月十九日封仪大夫南京兵部尚书王廷相序明嘉靖刻本,台湾"国家图书馆"有藏②。版本描述:"线装,12 册;19.7×14.8 公分;10 行,行 20 字;左右双栏,版心白口,单白鱼尾。"又,台湾中研院文哲研究所、历史语言研究所傅斯年图书馆藏该本微卷③。序文首叶下方有钤印四方,其中三枚书有"刘承幹④字贞一号翰怡"、"吴兴刘氏嘉业堂藏书印"、"吴氏藏书之印"字样,可知此明嘉靖刻本《石龙集》原为清季浙江湖州南浔嘉业堂刘承幹所珍藏。另外,此刻本之中尚有不少由清末民初浙江黄岩学者王舟瑶(1858—1925)据《久庵先生文选》本所作的校记文字,比如卷十二《赠邹谦之序》叶上有"王舟瑶案:《久庵文选》卷六载此序多异字,盖此系初稿,彼系后日改窜者"(笔者按:引文内句读,系笔者添加,下同)字样,卷二十二《少谷子传》叶上有"舟瑶案:《久庵文选》卷十一所载颇多异文,系改窜之作"字样,卷二十六《刑部右侍郎东瀛王公神道碑铭》叶上有"王舟瑶案:《(乾隆)黄岩志》载此文,颇多删改"字样,等等。这说明王舟瑶曾经对此明刻本《石龙集》有过一番校勘,其中也透露出《石龙集》系黄绾亲手编选、刊刻,而《久庵先生文选》(下文论及)刻本之中有不少篇幅文字由后学"改窜"以致"异文"、"异字"颇多。如果我们认真对校《石龙集》、《久庵先生文选》中同一文本所涉文字,就会发现许多异文、异字。至于王舟瑶所校勘本如何辗转至刘承幹嘉业堂则不得而知,而刘承幹嘉业堂藏本如何流传至台湾"中研院"则可能是刘承幹自 1930 年代家道中落后不得不变卖藏书所致,"抗日战争发生后,刘承幹将大量珍贵古籍运到上

---

① (民国)王棻撰《台学统》卷四十四《性理之学》三十二称"《石龙集》三十卷"(见 1918 年吴兴刘氏嘉业堂刻本,第 4 页)、《雍正浙江通志》卷二百五十《经籍十·集部三·别集·明》亦称"石龙集三十卷",卷数显系误记。

② 检录"台湾地区善本古籍联合目录"网站,知台湾"国家图书馆"还藏有该刻本的十四卷残本,存卷一至卷三、卷八至卷十八。

③ 台湾中研院文哲研究所、历史语言研究所傅斯年图书馆所藏《石龙集》均为明嘉靖刻本,笔者在校勘核对二所所藏本之复印件后,发现二者系同版所刻。但是史语所藏本污渍、漫漶严重,文哲所藏本清晰易辨。如有学者从事黄绾著作及其思想研究,建议采用文哲所藏本。

④ 刘承幹(1882—1963),字贞一,号翰怡,别署求恕居士,原籍浙江上虞人,其祖于雍正间迁居湖州南浔镇。清光绪三十一年(1905)贡生,曾任候补内务府卿,入民国以清遗老自居。刘承幹自 1910 年有志于藏书。1920 年至 1924 年在南湖建嘉业藏书楼。刘承幹亦热心于将所藏善本刻印流传,为此,他曾延请当时著名学者如缪荃孙、叶昌炽、董康为他校书。抗战期间,刘氏家道中落,藏书逐渐散出。其中明刊本一千二百种归前重庆中央图书馆,现在台湾;清人文集和地方志现在复旦大学图书馆;其它多见藏于浙江省图书馆。见《明清著名藏书家:刘承幹》。

海，经郑振铎、徐玉森介绍将明刊本秘密售给重庆中央图书馆（现存台湾）"。①

此外，浙江省图书馆古籍善本部藏有《石龙集》二十八卷六册抄本一种。浙江省图书馆所记藏书卡片编目如下。类别：集，明别集；编号：4513；书名：《石龙集》二十八卷；板式：清抄本；部册：六册。每卷卷首皆钤有"浙江省立图书馆藏书印"一枚。经认真对勘，可以肯定此抄本系据明嘉靖刻本而誊录。至于该抄本何时由何人组织抄录，我们可以从抄本之中得到一些线索，比如在该抄本"《石龙集》卷第六终"、"《石龙集》卷第二十三终"、"《石龙集》卷第二十八终"末均附有"辛酉重九日后学江涵覆校"字样，而在卷二十八《祭洞黄先墓文》叶上有江涵的一处校勘记："'远'，原抄本作'源'，友人改抄'远'字，（江）涵意疑改作'思源'。"据此，我们推知，《石龙集》该抄本系江涵（籍贯、生卒年、生平事迹待考，可以肯定江涵此人生于清末，卒于民国②或稍后）组织一批友人据明嘉靖刻本誊录，其中原本王舟瑶案语亦一并誊录；且江涵在覆校友人誊抄本之后，自己还作有部分校语。"辛酉"即民国十年，公元1921年。笔者上文已经判断王舟瑶校勘案语作于民国，那么，江涵组织的抄录、覆校工作在1921年重阳日完成无疑。所以，我们完全有理由判定：今浙江省图书馆藏《石龙集》抄本系1921年抄本，而非"清抄本"。至于该民国抄本如何由嘉业堂辗转之浙江省图书馆收藏，则有待进一步的考证了。

《石龙集》二十八卷，卷首系王廷相于"嘉靖十二年春三月十九日"所作序文一种。卷一：赋八首；卷二：四言诗一首、五言古诗三十题三十七首；卷三：七言古诗十四首、歌辞三题六章、乐府四题九首、五言律诗十一题十二首；卷四：五言律诗三十五题四十首、五言排律三首；卷五：七言律诗四十二题四十四首；卷六：七言律诗三十八题三十九首、七言排律一首、五言绝句十三题十八首；卷七：七言绝句八十六题一百三十二首、新词二首；卷八：论八篇、杂文十二篇；卷九：杂文十三篇；卷十：杂文七篇；卷十一：序十七篇；卷十二：序十八篇；卷十三：二十一篇；卷十四上：记二十三篇，卷十四下：记九篇；卷十五：书十四篇；卷十六：书两篇；卷十七：书九题十七篇；卷十八：书十八

① 《明清著名藏书家：刘承幹》，转引自"国学网"。
② 本文使用"民国"特指公元1912年至1949年这段时期。

题三十篇；卷十九：书十六题二十三篇；卷二十：书三十九题五十篇；卷二十一：题跋二十六篇；卷二十二：传十二篇；卷二十三：行状三篇、墓志铭五篇；卷二十四：墓碣铭、墓表、碑铭十二篇；卷二十五：墓志铭、墓表、墓碣铭七篇；卷二十六：墓志铭、墓碣铭十四篇；卷二十七：祭文二十三篇；卷二十八：祭文三十五篇。

　　王廷相在《石龙集序》文中高度评价了黄绾的学术思想①，"余读《石龙集》，知黄子学有三尚而为文之妙不与存焉。何谓三尚？明道、稽政、志在天下是也"。王廷相从道、政、文三维度宏观评论了《石龙集》的学术思想与文学成就："自其见于集（《石龙集》）者言之，有义命之顺适，有天人之契合，有良知之求，有功利之祛，有无欲之澄静，有养心之淡泊，有慎独克己之造，有精一执中之纯，如羿之照的，扁之照疾，谓于道有不明乎哉？其论治也，提纪纲，达经权，弘礼乐，酌刑赏，覆治忽，计安危，严君子小人之辩，契恤民弭乱之术，无不中其几宜而准其剂量，谓于政有不稽乎哉？……无意于为文者，志专于道，虽平易疏淡，而其理常畅，云之变化，湍之喷激，宵无定象可以执索，其文之至矣乎！黄子（黄绾）之文，当以无意求之。"通读《石龙集》，我们会发现王廷相对黄绾的学术评价是剀切到位的。他还在序末记道："熟读大稿三月乃作此，而于先生之学尤未尽探也。不知可以附之末否？望教之，幸幸。"考察《石龙集》诗文内容，基本可以判定《石龙集》所收黄绾诗文的著作年代上起弘治九年（1496）左右、下讫嘉靖十七年（1538）左右，从中可以解读出黄绾青年、中年时代"明道稽政"的志业追求与"志在天下"的理想抱负。

　　《（嘉庆）太平县志》以黄绾《石龙集》为主，对黄绾学术、政见、文学皆有高度评价："（黄绾）尚书，世家子，留心世务，上李西涯书、储柴墟书，条书指陈，皆中时弊。继从阳明、甘泉二先生游，更讲明经学，报蕴益宏，为文自达，所见绝去，曲士拘牵，亦不屑规左马而袭沈谢。"②此外，《石龙集》在黄绾生前不止一次刊刻，叶良佩在一次重刻之后就有《石龙集后序》，其中有云："有刻久庵公所撰诗若文曰《石龙集》者，授新本于予，俾卒业焉。"③

---

　　①　王廷相所撰《石龙集序》还见于王孝鱼点校《王廷相集》，中华书局 1989 年版，第 417—418 页。
　　②　（清）戚学标等纂：《（嘉庆）太平县志》卷十五《书目·石龙集》，第 17—18 页。
　　③　（明）叶良佩：《海峰堂稿》卷十三，日本内阁文库藏嘉靖三十年刻本。

5.《久庵先生文选》 十六卷①,《(嘉庆)太平县志》、《台学统》、《台州艺文略》②等录有书目。又,《千顷堂书目》卷二十四作"《久庵集选》十六卷"、焦竑《国史经籍志》亦称作《久庵集选》③。今日本尊经阁文库藏有明万历十三年(1585)刊本,四册,25.7×16.2厘米,半叶10行,行19字。四周单边,版心白口。由编刻者择选黄绾《石龙集》、《石龙奏议》诗文而成,凡十六卷,共收文一百二十八篇。卷首有"万历乙酉夏日赐进士第知仙居县事前户科左给事中侍经筵官福建布政使司左参议姑苏后学汤聘尹撰"序文,即《黄久庵先生文选序》,序文首叶上下有两方书有"松俦竹伴"、"家在云间"的钤印。北京大学严绍璗教授撰《日藏汉籍善本书目》录有《久庵先生文选》书目,以为该书系"原江户时代加贺藩主田纲纪旧藏"④。此外,新加坡国立大学图书馆藏美国国会图书馆摄制北平图书馆善本。

关于《久庵先生文选》的编刻过程,汤聘尹在序文提到:黄绾遗稿多达数百卷,"以海寇惨毁散佚"。黄绾哲嗣黄承忠"绍家学有声",时任台州知府的李时渐⑤因赏识黄承忠的才能,决定亲自从当时黄绾存世文稿《石龙集》与《石龙奏议》中各选编若干卷予以刻印,并撰《久庵先生文选凡例》。未等付梓,李时渐因官职变动,编选之事遂暂停。新任台州知府晋江张会宗⑥乐意成人之

① 笔者自 2008 年 8 月受业师吴光先生嘱托,裒辑黄绾存世著作诗文集以来,一直关注《久庵先生文选》的存世情况。通过拜读中国社科院历史所唐宇元先生《黄绾思想新议》(《齐鲁学刊》1991 年第 3 期,第 19—25 页)大作得知:唐先生已经通过日本土田健次郎、新加坡李绰然先生的帮助获得《久庵先生文选》复制文本。为此,笔者曾经委托天津市工会管理干部学院陈寒鸣教授、中国社科院历史所郑任钊研究员通过各种途径联系唐先生以寻求帮助,因唐先生身体欠佳而放弃。2011 年 7 月笔者参加在浙江温州文成召开的"第二届刘基文化国际学术研讨会",会上巧遇来自新加坡的李绰然先生,遂询问新加坡国立大学图书馆藏《久庵先生文选》摄制复印本情况、希望得到帮助,后无音讯。2011 年 12 月笔者负笈求学之沪上,经多方询问得知台湾"国家图书馆"可能有《久庵文选》复印本,特委托台湾大学吴孟谦博士、台湾师范大学朱湘钰博士复印出明万历年间《久庵先生文选》十六卷刻本。在此谨对上述诸位学界前辈的热情襄助表示衷心的感谢!

② (民国)杨晨撰《台州艺文略》(黄岩友成局 1936 年印,第 46 页)称自己"藏有《久庵先生文选》抄本十卷"。今不见此抄本。

③ (明)焦竑:《国史经籍志》卷五《集类·别集》,江苏省宝应县图书馆藏明万历十三年刻本。

④ 严绍璗编:《日藏汉籍善本书目》,中华书局 2007 年版,第 1700 页。

⑤ 据《(民国)台州府志》载:李时渐,字伯鸿,号盘石,山东寿光人,于神宗万历元年至四年(1573—1576)任台州知府,后升陕西按察司副使。见喻长霖等纂修《民国台州府志(一)》卷十《职官表二》,《中国地方志集成·浙江府县专辑》第 44 册,上海书店 1993 年版,第 146—147、157 页。

⑥ 张会宗(1536—1597),名九鼎,字士震,号澄江,晋江人。中隆庆辛未年(1571)进士,自万历八年(1580)出守台州,达六年。

美,对编选《久庵先生文选》一事,尤加重视,责令黄岩县令刘顺征①续其成。编选完毕,张会宗又敦请福建布政使司左参议汤聘尹亲自撰序而刊刻。据李时渐任台州知府时段即万历元年至四年(1573—1576)、以及汤聘尹为《久庵先生文选》撰序时间即万历乙酉十三年(1585),可以推断,《久庵先生文选》从编选到刊刻,前后历经十年之久。

关于《久庵先生文选》的编选内容,李时渐在《久庵先生文选凡例》中提到是从《石龙集》与《石龙奏议》二集中"择其树意高古、立论正大、敷词隽永,有关风化、有裨纪纲者选之,得若干篇,约四本,梓之"②。其中特别讲到:"先生(黄绾)奏疏词多忠肯剀切,无少隐讳,常能言人之所不能言者,实当多选。"也就是说《石龙奏疏》大部分卷次已经选入《久庵先生文选》,这为我们了解黄绾在"大礼议"中的"继统不继嗣说"、黄绾对治理黄河漕运的策略、对王阳明遭遇的同情及其本人抚勘大同兵变的经过,提供了不少第一手的材料,也为我们详细考察明嘉靖前期的国家政局提供了一些史料。

《久庵先生文选》十六卷,正文各卷头题"久庵先生文选卷第 X",卷末题"久庵先生文选卷第 X 终"。卷一右下角还署有"蔡于春刻"的字样。卷一署"明礼部尚书兼翰林院学士黄岩黄绾著",其余十五卷署"黄岩黄绾宗贤甫著"。上书口刻"久庵先生文选",中口刻卷数,下书叶次。全文共有赋诗二百六十二首、文一百二十八篇,其中卷一:赋五首、四言诗三首、五言古诗三十九首;卷二:七言古诗二十九首、五言律诗三十五首、五言排律二首;卷三:七言律诗七十二首;卷四:五言绝句一十二首、七言绝句六十五首;卷五:论八篇、杂文一十三篇;卷六:序二十二篇;卷七:序一十三篇;卷八:记二十篇;卷九:书两篇;卷十:书一十一篇;卷十一:传五篇;卷十二:行状一篇、墓表一篇、志铭一篇、碣铭一篇、碑铭一篇、祭文一十二篇;卷十三:奏疏六篇;卷十四:奏疏四篇;卷十五:奏疏三篇;卷十六:奏疏四篇。

这里,笔者要提醒大家注意的是,如果校勘今存《久庵先生文选》万历年间刻本与今存《石龙集》嘉靖年间刻本,会发现有两点明显差别:一是两书相同

———————

① 刘顺征,生卒年待考,云南昆明人,万历八年(1580)庚辰科进士,官至刑部郎中,后任黄岩县令。

② (明)李时渐:《久庵先生文选凡例》,载《久庵先生文选》(日本尊经阁文库藏明万历十三年刻本)卷首。

题名诗文,正文文本在文字上有不少变动,就是上文王舟瑶提到的"改窜之异文";之所以会出现大量异文,可能的原因,一是《石龙集》在黄绾生前刊刻不止一次,至少有两次,王舟瑶校勘所用《石龙集》系早年刻本,而黄承忠等编选《久庵先生文选》所用《石龙集》版本则系经黄绾修订过的新刻本。二是《久庵先生文选》中有部分诗文《石龙集》未录,《石龙集》部分诗文不见于《久庵先生文选》,而《久庵先生文选》中有不少诗文(《石龙集》未录)系黄绾晚年隐居翠屏山时所作,这对我们全面了解黄绾晚年的学术交游、思想变化颇具文献价值。《久庵先生文选》中所收录的黄绾奏疏,即"石龙奏议"对了解黄绾的政治理论、嘉靖帝与黄绾之间的君臣关系提供了不少线索。所以《久庵先生文选》的版本与文献价值不容小觑。

6.《思古堂笔记》 卷数不明,《千顷堂书目》、《太平邑志》、《两浙名贤录》、《(雍正)浙江通志》、《台学统》等录有书目,今未见。

今存《久庵先生文选》之中录有黄绾《思古堂记》一文,称"思古堂"系黄绾在嘉靖十九年(1540)之后,迁家翠屏山中所筑之书堂名:"黄子山栖之堂,名曰'思古'。"①而《思古堂笔记》即以黄绾书堂而命名,很可能系黄绾晚年在编著《四书五经原古》过程之中的读书笔记。又据《明道编》卷四在评论明太祖朱元璋"晚年更定之制"时,曰:"绾尝识一二于《思古堂笔记》。"②据此可以推断,黄绾《思古堂笔记》之中有对明初政制的一些记载。

7.《明道编》 十二卷(一作十卷,今存六卷)。《两浙名贤录》、《(雍正)浙江通志》、《台学统》、《台州艺文略》录有书目。

黄绾"及门最久"的高徒林文相③在《明道编序》中记到《明道编》有十卷,其中《久庵日录》六卷,门人所记(《习业录》)凡四卷。黄绾哲嗣黄承德在《明道编跋》中记到《久庵日录》凡八卷,"以晚年所记六卷置诸卷首"、"以旧日所记二卷,置诸卷末","乃并诸门人原所记《习业录》四卷,共为十二卷,总名为《明道编》"。据黄绾《家训》称:自己晚年于"圣人'艮止执中'之旨",除笔之于《四书

---

① (明)黄绾著:《久庵先生文选》卷八,日本尊经阁文库藏明万历十三年刻本,第10—11页。
② (明)黄绾著,刘厚祜、张岂之标点:《明道编》,中华书局1959年版,第49页。
③ 林文相,台州太平人,嘉靖十二年(1533)补国子生,叶良佩纂修《嘉靖太平县志》卷七《人物志下》"岁贡"条目下有其传记。

五经原古》外，"又尝笔之于《日录》及诸门人所记，人谓之《明道编》"①。今《明道编》足本不存，仅存黄绾所著《久庵日录》六卷。容肇祖先生生前收藏有《久庵日录》四册六卷，且系明嘉靖原刻本②，今藏台北"故宫"博物院，并有容肇祖手书题记③。侯外庐在《明道编序》文提到北京国家图书馆藏有明刻本《明道编》（六卷）胶片④，1959年9月，刘厚祜、张岂之二位先生在侯外庐先生的指导之下，据胶片本标点并由中华书局出版。

黄绾门生林文相在《明道编序》文中记到：《明道编》内容涉及道德学问、风俗教化、礼乐法度、古今名物等多方面，可谓"穷性命之本原，达会通之典礼，广大悉备，幽远不遗，猗歟至矣"⑤。黄绾另一门生吴国鼎在《明道编跋》文开篇便言："斯集（《明道编》）久翁先生为明道而编也。"⑥黄承德在《明道编跋》文中指出：《久庵日录》者，录家君（黄绾）平日用功体践之言也。家君自弱冠即志圣贤之学，六经孔孟之言，无不精蕴于心，为志道、据德之实；既而发诸言语，皆先贤之所未发，为千载绝学之宗旨。自家庭、乡党以至立朝事君、动静出处、语默取予、日用躬行，罔一或违于斯。是录也，诚有功于圣门。"⑦总之，无论是黄绾门生还是黄绾哲嗣，对《久庵日录》评价都颇高。

四、家乘著作

1.《洞黄黄氏世德录》 卷数不明，《（光绪）台州府志》、《台州经籍志》录有书目。该书系黄绾编纂的一种关于台州洞黄黄氏先祖懿德善行之传记资料。成书具体时间不可考，但可以推定基本成书于嘉靖十五至十七年间（1536—1538），即黄绾丁母忧家居之时。

又据黄绾《高祖松坞府君碑阴记》云："绾童时读先文毅公汇撰《祖德录》，置书叹曰：'懿哉，吾高祖松坞府君之德！虽在布衣而名闻朝野，虽生今世而无

---

① 《洞山黄氏宗谱》卷一，1915年重修本。
② 容肇祖：《王守仁的门人黄绾》，《燕京学报》第27期，1940年6月，第80页。
③ 据台湾地区善本古籍联合目录网站 http://nclcc.ncl.edu.tw检录。
④ （明）黄绾著，刘厚祜、张岂之标点：《明道编》，中华书局1959年版，第14页。
⑤ （明）黄绾著，刘厚祜、张岂之标点：《明道编》，第15页。
⑥ （明）黄绾著，刘厚祜、张岂之标点：《明道编》，第75页。《光绪黄岩县志》卷十一《职官·学官》记：吴国鼎于嘉靖二十五年之三十一年间（?），任黄岩县儒学教谕。
⑦ （明）黄绾着，刘厚祜、张岂之标点：《明道编》，第77页。

愧古人,吾何修而可以无忝之哉！'矧其《录》若传、若墓表、若哀挽诸文词,皆出一时名卿如商文毅、李文正、谢文肃巨手数公,以及王舍人允达、杨主政君谦,咸尔雅可观。复仰而叹曰：'微吾府君,固无以致斯文若是盛也！'于是斐然有制作之志。顾自始读至于今兹,倏将四纪,晨夕自励,靡斯须敢宁,幸遭遇圣天子,列官侍从,亦且谬有所述以荐道诸先进功德。"①可以肯定,黄绾在编撰《洞黄黄氏世德录》之时参阅了其祖父黄孔昭《黄氏祖德录》的体例与内容,而黄绾在童年之时即立志编撰一种反映先世淳德美行的著作,这可能是《洞黄黄氏世德录》的编撰缘由。《洞黄黄氏世德录》编撰动机,一方面系表彰先世淳德美行,另一方面为黄氏子孙树立典范意义："凡吾黄氏子孙其率视乃祖之德无间,出与处咸求无愧于尔先。"②书成,叶良佩作《洞黄黄氏世德录序》,其中对该书的传世价值予以解读："一日,读宗伯久庵公所辑《洞黄黄氏世德录》已,乃释卷而叹曰：斯固黄氏之敦彝阃宫也,足以贻其子若孙,以为世守之典则矣。公之为是书也,推其法度渊源,远有所自,将天下之人得之,取法传家,又岂非尚友之一助也哉！"③

　　《洞山黄氏世德录》原稿不存,但是部分文稿之雏形存录于《石龙集》与民国乙卯年(1915)本《洞黄黄氏宗谱》之中。黄绾哲嗣黄承忠在重修《洞黄黄氏宗谱》并为洞黄黄氏先祖撰记之时,有不少黄氏先贤的传记材料即出自黄绾《石龙集》,比如《先五世祖统五府君碑阴记》、《高祖松坞府君碑阴记》、《曾祖职方府君碑阴记》、《先祖文毅公碑阴记》文等,而《洞黄黄氏世德录》的部分文稿当亦直接取材于《石龙集》。

　　2.《家训》 原稿本佚而不存,卷数不明,《台州经籍志》、《两浙名贤录》录有书目。今存残本一卷十二条,被黄氏后裔收录于1915年重修《洞山黄氏宗谱》卷一"原序"之中④。此残本《家训》前有《小引》一种："道七府君久庵公所著《家训》,虽日用诰诫,莫不表里于经,驰骤于史,谆谆数千万言,实足为天下明

---

① （明）黄绾著：《石龙集》卷十四下,台湾中研院文哲所藏明嘉靖刻本,第2—3页。
② 同上,第2页。
③ （明）叶良佩著：《海峰堂稿》卷十四,日本内阁文库藏明嘉靖三十年刻本。
④ 此一卷残本《家训》,由笔者于2011年10月5日前往台州温岭实地考察黄绾先祖居住地洞黄时,在玉环县沙门镇路上村黄氏后裔所藏民国本《洞黄黄氏宗谱》之中发现。

训,岂徒为子孙虑深远? 迨传至不肖①,而仅留其半,遍访老成,家余无存者,不胜痛恨太息,于职守者每致咎焉。因谨书十二条于《谱》,吾族子孙尚其无忘先训。"据此《小引》文可知黄绾《家谱》原稿有数千万言代代流传于黄氏后裔之中,殆至民国初年仅存其半,其余亡佚不可汇辑。所存十二条名目系"端本"、"志学"、"教养"、"励志"、"师友"、"技艺"、"婚姻"、"治家"、"勤俭"、"内德"、"朔节"②。又据《洞黄黄氏宗谱》卷一《遗迹小引》文称,洞黄先世"祠宇"、"坟墓"等遗迹亦载于《家训》之中,而1915年重修本《洞黄黄氏宗谱》卷一《家训》正文之后有残阙文一种,载有关于黄氏先祖坟墓的一些情况。今存《石龙集》卷八有《家诫》一文,基本可判定为黄绾晚年所编《家训》之纲要,它主要强调了传统儒家的道德治家理念。黄绾《家训》文在记自己于圣人"艮止执中之学","得之遗经而验之身心,涉历星霜"而后成《四书五经原古》及《明道编》。据此,基本可推定出《家训》系黄绾晚年最后完成的一部著作。

五、参修、编修著作

1.《明伦大典》 系嘉靖六年(1527)正月至嘉靖七年(1528)六月间,黄绾应礼部尚书席书之荐,参与纂修的官修史书。

《明伦大典》原拟命名《大礼全书》,系于嘉靖四年(1525)十二月由礼部尚书席书所编成的《大礼集议》基础之上进行纂修。至于《明伦大典》纂修起源,可从嘉靖帝所赐与费宏等的敕书中得知:"朕自继承大统、即位以来,朝夕之间,惟我皇考、皇母尊亲未定,命诸礼官考详大礼,辄引后世继祠之说,名实不称,废坏纲常,尚赖天赐良哲正直之士、力赞朕一人,正厥大伦,尊尊亲亲,各当其宜,位号已定,庙祀已成,岂可无一《全书》以示后世? 虽前命礼官席书纂成《集议》,其中或有未备。朕心慊焉……尔宏(费宏)等宜勉尽忠爱,深体朕心,上稽古人之训,近削毙陋之说,参酌诸臣奏论,汇为《全书》。前《集议》所编不

---

① 文中"不肖"所指黄绾后裔具体为何人,待详考。据海甸张英风所撰《洞黄黄氏宗谱》(1915年)跋文,此次修谱事宜具体由黄鹤楼发起;而根据黄岩林苗棠于1915年仲冬之月所撰《重修〈宗谱〉序》,此次宗谱修订系由黄哲明偕其族人琴霞、鹤士、志均等同修。黄鹤楼、黄哲明是否系同一人,笔者目前不能确定,如果系同一人,则此处"不肖"具体所指就明确了。

② 今存残本《家训》实录"十一条",而所缺一条可能是"祠宇"或"坟墓"条。

得更改,可略加润色,以成永久不刊之典。"①《明伦大典》(《大礼全书》)原以费宏、杨一清、石珤、贾咏、席书为总裁官,张璁、桂萼为副总裁官,方献夫、霍韬、熊浃、黄宗明、席春、孙承恩、廖道南、王用宾、张治、黄绾、潘潢、曾存仁为纂修官,并于嘉靖六年正月二十二日开馆。

黄绾得以参与纂修《明伦大典》主要依赖于礼部尚书席书的举荐,黄宗羲《明儒学案》卷十三《尚书黄久庵先生绾传》称:"尚书席书纂修《明伦大典》,荐先生(黄绾)与之同事。"黄绾时任南京工部营缮司员外郎,但是黄绾当时并未在南都任职,而于前一年已经托疾请辞归家至黄岩。诏书虽至南都,黄绾并未赴京师参与纂修。所以是年六月,嘉靖帝以"升黄绾为光禄寺少卿"的名义督促其入史馆修书,"绾疏辞任,不允"②。至是,黄绾赴京,正式参与纂修《明伦大典》,即充任纂修官。嘉靖六年九月,黄绾由光禄寺少卿转任大理寺左少卿,仍赴史馆纂修《明伦大典》。③ 十一月,改命谢迁、张璁、翟銮为总裁官而以桂萼、方献夫为副。嘉靖七年六月一日,《明伦大典》二十四卷历时一年半纂修完成,嘉靖帝亲制序文于前,杨一清、张璁、桂銮、桂萼、方献夫等五人序于后④,命宣付史馆,刊布天下。充任纂修官的黄绾亦被加恩:"少詹事兼翰林院侍讲学士黄绾升詹事,兼官如故。"⑤

作为正德十六年至嘉靖七年关于"大礼仪"事件的档案实录,《明伦大典》的主要内容包含有"争考"、"争帝"、"争皇"、"争庙"、"争路"、"争庙谒"、"争乐舞"等七个方面内容⑥。今《明伦大典》存有四个版本,一是明嘉靖七年的内府刻本,二是明嘉靖时期镇江府刻本,三是嘉靖八年四月湖广刊本,四是嘉靖经厂本。

2.《阳明先生存稿》 系黄绾等于嘉靖十二年(1533)甄选、编录而成的王阳明传世文稿。王阳明于嘉靖七年十一月廿九日(公元 1529 年 1 月 9 日)去世,据黄绾撰《阳明先生存稿序》文知,至嘉靖十二年(1533)左右,王阳明文稿

① 《明世宗实录》卷七十二"嘉靖六年正月",第 1636—1638 页。
② 《明世宗实录》卷七十七"嘉靖六年六月",第 1715 页。
③ 《明世宗实录》卷八十"嘉靖六年九月",第 1769 页。
④ (清) 黄虞稷撰:《千顷堂书目》卷四《国史类》,文渊阁《四库全书》本。
⑤ 《明世宗实录》卷八十九"嘉靖七年六月",第 2006 页。
⑥ 潘猛补《张璁著作考》文以为:张璁其实始终是《明伦大典》的实际负责人、编纂者(氏著载曹凌云主编《明人明事:浙南明代区域文化研究》,人民出版社 2012 年版,第 496—497 页)。

"仅存者唯《文录》、《传习录》、《居夷集》而已,其余或散亡及传写讹错"。鉴于此种情形,黄绾"与欧阳崇一、钱洪甫、黄正之率一二子侄,检粹而编订之,曰《阳明先生存稿》。洪甫携之吴中,与黄勉之重为厘类,曰《文录》、曰《别录》,刻梓以行,庶传之四方,垂之来世,使有志之士知所用心,则先生之学之道为不亡矣"。① 据黄绾序文可知《阳明先生存稿》有两个版本:一是黄绾与欧阳崇一、钱洪甫、黄正之等检粹而编订本(简称"黄绾本"),二是在前本基础之上经钱德洪与黄勉之"重为厘类"本(简称"钱德洪本")即在编排上析"文录"、"别录"两种。两个版本的《阳明先生存稿》(亦称《阳明先生文录》),今日本京都大学图书馆均有收藏,对其版本源流以及相关文录之比较,当代阳明学研究专家铃木龙一②、吴震③、永富青地④等有文介绍。

据永富青地调查所见:"黄绾本《阳明文录》(京都大学文学部所藏本),五卷,嘉靖十二年刊本。19.7×14.0 厘米,半叶 10 行,行 20 字。左右双边,白口,单鱼尾。书首有嘉靖十二年(1533)序。"又据吴震文知,"黄绾本"卷首的《阳明先生存稿序》其落款为"嘉靖癸巳(十二年,1533)秋九月望日通议大夫礼部右侍郎前詹事府詹事兼翰林院侍读学士同修国典经筵讲官门生赤城黄绾识"。

今京都大学松元文库附属图书馆藏有经钱德洪"重为厘类"的姑苏本《阳明先生文集》(《阳明先生存稿》),刻毕于嘉靖十五年(1536)。据吴震介绍,钱德洪本"一函八册,文录五卷、外集九卷、别录十卷","此姑苏版文集分别由文录、外集、别录三部分组成,而黄本仅有文录五卷"。吴震还通过对"黄绾本"、"钱德洪本"简单比较发现:"两者版面完全相同,字形、所用的异体字以及行叶和每行的字数也完全相同";"黄本有若干钱本中未见的书信"(十三封);"黄本无外集、别录。不过,钱本外集中的有些篇目见于黄本卷四及卷五";"钱本卷首有邹东廓序于'嘉靖丙申(1536)春三月'的序文。黄本中无此序文"。据此可以判定黄本与钱本属于不同时期的两个刻本,但两者又属于同一系统的版

① (明)黄绾著:《石龙集》卷十三,第 14—15 页。
② (日本)铃木龙一:《王文成公全书的合刻》,《怀德》32 号,1961 年。
③ 吴震:《王阳明佚文论考:就京都大学所藏王阳明著作而谈》,载陈平原主编《学人》(第一辑),江苏文艺出版社 1992 年版,第 417—447 页。
④ (日本)永富青地:《闻东本〈阳明先生文录〉的价值》,载吴震、吾妻重二主编《思想与文献:日本学者宋明儒学研究》,华东师范大学出版社 2010 年版,第 326—342 页。

本。此外，吴震通过对比黄、钱二本卷首所载的黄绾《序》发现："落款的年月，黄本题为'嘉靖癸巳秋九月望日'，钱本题为'嘉靖乙未（十四年，1535）春三月'"；"序文的题名，黄本为'阳明先生存稿序'，钱本为'阳明先生文录序'"；"落款的官职名，黄本为'右侍郎'，钱本为'左侍郎'"；"两序最重要的一个差异是，钱本新增加了一段黄本中没有的文字：'洪甫携之（指黄本）吴中，与黄勉之重为厘类，曰《文录》、曰《别录》，谋诸提学侍御闻人邦正①刻梓以行'。"据此可以判定，钱本基于黄本，由钱德洪与黄勉之等人一起重编于姑苏，并由闻人铨付刻。又据《阳明先生年谱》"嘉靖十四年（1535）"条"刻先生《文录》于姑苏"记载："先是洪、畿奔师丧，过玉山，检收遗书。越六年，洪教授姑苏，过金陵，与黄绾、闻人铨等议刻《文录》。洪作《购遗文疏》，遣诸生走江、浙、闽、广、直隶搜猎逸稿。至是年二月，鸠工成刻。"②又据钱德洪《刻文录叙说》："壬辰（1532），德洪居吴，始校定篇类。复为《购遗文》一疏，遣安成王生自闽、粤由洪都入岭表，抵苍梧，取道荆、湘，还自金陵，又获所未备；然后谋诸提学侍御闻人邦正，入梓以行。《文录》之有《外集》、《别录》。"③由此，我们可以判定《阳明先生存稿》原为钱德洪与黄绾等人一起，约于嘉靖十一年（1532）开始裒辑、编录，次年（1533），黄绾作序文付刻，是为"黄绾本"《阳明先生文录》。或许是钱德洪与黄绾的编辑理念存有分歧④，嗣后两年，钱德洪据新收录阳明之佚文，于吴中（姑苏）与黄省曾重新编辑刊刻，"然后谋诸提学侍御闻人邦正入梓以行"。

　　这就是上文所提《阳明先生存稿（文录）》"黄绾本"、"钱德洪本"的由来，而黄绾《阳明先生存稿序》（《阳明先生文录序》）有两个版本：即嘉靖十二年（1533）黄绾刊刻《阳明先生存稿》"原序"（《阳明先生存稿序》）与嘉靖十四年（1535）为钱德洪刊刻《阳明先生文录》"修订序"（《阳明先生文录序》），后者已经钱德洪改动。

---

①　"谋诸提学侍御闻人邦正"，此十字不见于《石龙集》卷十三《阳明先生存稿序》。
②　（明）王守仁著，吴光、钱明等编校：《王阳明全集》，上海古籍出版社1992年版，第1331页。
③　同上，第1574页。
④　黄绾关于《阳明先生文录》的编辑建议，我们可以从黄绾《与钱洪甫书》（成文于嘉靖十二年）中略窥一二："别去岂胜驰念！阳明先生文集必如此编辑，使学者观之，如入丛山、如探渊海，乃见元气之生、群材众类、异物奇品，靡所不有，庶足以尽平生学问之大全。随其所好而择之，皆足以启其机而克其量。斯不为至善至妙者乎？"（见《石龙集》卷二十，第4页）

3.《桃溪类稿》 系黄绾业师谢铎(1435—1510,字鸣治,别号方山,后更号方石,浙江台州太平方岩人,学者称方石先生,明代中期杰出的文学家、理学家、史学家、教育家)的诗文集,由黄绾于晚年(67 岁)辑编而成,并撰有《桃溪类稿序》,对《桃溪类稿》的辑编缘由予以介绍:"弘治季年,绾省先君(黄俌)于选部,见先生(谢铎)于国子,先生则语绾曰:'子来,吾以斯文托子矣。吾之所著初录之曰《杂稿》,再录之曰《净稿》,三录之曰《类稿》,皆西涯李公所点窜也,今以《类稿》为定本。吾身后可以《类稿》刻之。后有《续稿》,但可择一二以附之。'其言在耳也。正德庚午,先生卒。绾时官后军,及归,先生之墓宿草矣。后数年,东桥顾公守台,欲刻先生遗集,求于其家,向所谓《类稿》者皆不存,先生之孙必祚以《净稿》应之,遂刻郡斋。绾恒以为憾。今因山居之暇,始检《类稿》,又择《续稿》之一二附之。庶几以补先生之志云。"①末署"嘉靖二十有五年冬十一月丙子,资善大夫礼部尚书兼翰林院学士前詹事兼侍讲学士同修国典经筵讲官门人黄岩黄绾百拜书。"据此可知,《桃溪类稿》之辑编、刊刻系黄绾业师谢铎生前对黄绾的嘱托。谢铎在生前已编选自己的诗文集,初编名曰《桃溪杂稿》,再编名曰《桃溪净稿》,三编即《桃溪类稿》,《桃溪类稿》在谢铎生前未加刊刻,谢铎叮嘱黄绾倘若自己(谢铎)谢世,可以《桃溪类稿》为蓝本并从《桃溪续稿》之中择选一二以附之,成《桃溪类稿》之定本,即是谢铎一生诗文集之汇编。

嘉靖二十五年(1546)十一月二十三日,黄绾"因山居之暇",在"细读"谢铎存世诗文集《桃溪类稿》基础之上,从《续稿》之中拣择一二,编成六十卷本的《桃溪类稿》之定稿。今北京国家图书馆藏有《桃溪类稿》之残本,系海内孤本。据谢铎研究专家林家骊介绍,黄绾辑编、谢铎曾孙谢适然所刊刻之六十卷本《桃溪类稿》,前有序言四种,依次为黄绾序、陈音序、李东阳序、顾璘序;正文卷一为乐府、卷二为古诗、卷三至卷四为歌行、卷五至卷六为五言古诗、卷七至卷十六为七言律诗、卷十七为五七言长律、卷十八为五言绝句、卷十九至卷二十二为七言绝句、卷二十三至卷二十八为序、卷二十九为碑、卷三十至卷三十一为记、卷三十二为传、卷三十四至卷三十八为墓志铭、卷三十九为墓表、卷四十

---

① 转引自林家骊著:《谢铎及茶陵诗派》,中华书局 2008 年版,第 625—626 页。该文不录于黄绾存世诗文集《石龙集》与《久庵先生文选》。

为史论、卷四十一为讲章、卷四十二至卷四十五为奏疏、卷四十六为谥议、卷四十七至卷五十二为书、卷五十三至卷五十九为杂著、卷六十为祭文；附录收文五种，依次为《方石先生行状》、《明故通议大夫礼部右侍郎管国子监祭酒事致仕赠礼部尚书谥文肃谢公神道碑铭》、《方石先生墓志铭》、《跋方石先生墓志卷后》、《题方石先生改葬墓志后》。①

　　4.《宋杜清献公集》　系南宋大臣、台州朱子学传人杜范(1182—1245)所撰诗文集。杜范，字成之，一字成己，号立斋，谥清献，台州黄岩杜家村人。南宋嘉定元年(1208)进士，官至右丞相兼枢密使等。《宋史》列传第一百六十六有本传。《宋元学案》卷六十六《南湖学案》有"杜范学案"。

　　黄绾晚年所居翠屏山新宅村与杜范出生地杜家村相邻。黄绾早年即对南宋理学大家杜范十分敬仰。杜范曾在黄岩(翠屏山)灵岩石室读书，黄绾多次瞻仰此地，有七言绝句诗作《灵岩石室宋杜丞相范曾此读书》一首以歌颂杜范克苦求学的可贵品质："天开石室如虚阁，丞相曾闻此下帏。岁久烟霞迷薜荔，寒江一道送斜晖。"②无独有偶，黄绾业师即上文提到的一代理学大家谢铎也曾在游灵岩之时拜谒过杜范读书处并赋《游灵岩谒杜清献公读书处(今名杜家村)》诗作一首③。嘉靖元年(1522)左右，黄绾还实地考察、拜谒过杜范的墓地，成《谒杜清献公墓(有引)》④。又据黄绾诗文，杜范之墓在黄岩县城西黄土领之麓。弘治年间，邑尹黄印谒选京师之时，谢铎、黄俌议兴文献书院，特嘱黄印奏举此事；嗣后，朝廷下诏：于杜范墓旁立祠，春秋享祀。而杜范之墓在杜范祠东数十步远，前有小金峰为案。黄绾拜谒之时，杜范墓地荒废已久；黄绾目睹之，感慨万千，赋诗文曰："荒丘异代犹成梦，英魂千秋尚未沉。斜日空山迟我拜，寂寥天地一悲吟。"⑤黄绾对杜范的敬仰之情，溢于言表。

　　《宋杜清献公集》系杜范所著诗文集。《宋史》"本传"载：《宋杜清献公集》包括"古律诗歌词五卷，杂文六卷，奏稿十卷，外制三卷，进故事五卷，经筵讲义

---

　　① 林家骊著：《谢铎及茶陵诗派》，中华书局 2008 年版，第 86—87 页。至于《桃溪净稿》与《桃溪类稿》的版本之比较，详参前揭书(第 90—93 页)相关之论述。
　　② 《石龙集》卷七，第 4 页。《光绪黄岩县志》载，此诗摩崖石刻尚在灵岩洞右石壁上。末署"石龙"二字，今存。2008 年 9 月 27 日，笔者在黄绾后裔帮助之下，于浙江省台州市黄岩区新宅村后翠屏山灵岩洞访得此诗之摩崖石刻。2011 年 5 月，笔者又与雁荡山黄宗羲纪念馆馆长黄洪兴先生实地勘察。
　　③ (明)谢铎著，林家骊点校：《谢铎集》，中华书局 2002 年版，第 266 页。
　　④ 《石龙集》卷七，第 7—8 页。
　　⑤ 《石龙集》卷七，第 7 页。

三卷",共三十二卷。有学者指出,《宋杜清献公集》"在明之前已刊刻,但传至明代已残缺不全"①。杜范作为台州黄岩籍一位文化名人,上文已述,黄绾对其十分敬仰,而黄绾在祖父黄孔昭包括黄绾的业师谢铎对于作为南宋政治家、理学家的杜范,亦十分尊重。《杜清献公集》流传至明代中叶,已是"散逸不全,乡里皆不获见"。明成化年间,黄孔昭任职史部之时,即志于衷辑、刊刻《杜清献公集》,并利用京师图书收藏丰富之便,抄录而得(杜范)古律诗四卷、奏稿十卷、杂文五卷及卷首黄震所撰《戊辰修史传·杜范传》一篇,又增录《宋史·杜范传》一篇、《文献书院记》两种,初步编成了二十卷本的《宋杜清献公集》。黄孔昭逝世以前,其辑编的《宋杜清献公集》并未正式刊刻,抄录稿本最后由黄绾收藏。

　　嘉靖二十六年(1547),六十八岁的黄绾在黄孔昭《杜清献公集》抄录稿本基础之上,又从《赤城集》及乡里诸载籍中检录出杜范佚文若干种,重新编订成二十卷本的《宋杜清献公集》。其中古律诗四卷、杂文四卷、奏稿十卷、书札一卷,传记、行状等汇为一卷,置诸卷首。黄绾亲自作《序》,并邀请乡人符验②撰《跋》,《宋杜清献公集》得以刊刻,是为嘉靖二十六年明刻本的《杜清献公集》,现收藏于日本静嘉堂文库。今台湾"国家图书馆"藏有黄绾编修《宋杜清献公集》二十卷旧抄本六册,正文卷端题"黄岩杜范著,黄绾校、符验梓",版本描述:"10 行,行 20 字。全幅 28.1×18.1 厘米。写本,线装。"③

　　① 苏卢健、张伟:《〈杜清献公集〉的版本源流及史料价值》,载《浙东文化与藏书文化学术研讨会论文集(未刊稿)》,中国宁波,2014 年 11 月,第 79 页。

　　② 符验(1493—1556),字大克,号松岩,黄岩县城官驿巷人。明嘉靖十七年(1538)进士。历任福建道御史、常州太守、广西按察司金事。著有《革除遗事》《留台杂记》《游雁山记》《四礼或问》《松岩集》等。符验生平事迹,详见郑钦南《清廉知府"符青菜"》,《台州日报·台州史话》,2011 年 3 月 12 日。

　　③ 详见"台湾地区善本古籍联合目录"。

四、黄绾研究述要

古代篇（明中叶至清季）

对于黄绾生平及其学术、思想的评论，并非始于现当代学者的专业性学术研究。其实，早在青年黄绾游学之时，便有不少学术巨擘、前辈学者对黄绾的学行予以评论。这里，我们不妨按时间顺序，把明清两代学者对黄绾的评论分为三类：一是在黄绾生前，与黄绾有直接或间接交往的学者如王阳明、湛若水、王廷相等对黄绾的评论；二是黄绾殁后，明代中后期学者对黄绾生平、学术之评论；三是清代学者对黄绾生平、学术的评论。

还有，对于一个特定历史人物的品评，无论是前辈、同辈学人，还是后辈、后世学者，不外乎持正反两种立场，或褒或贬，或嘉或否，或是或非。故而，本书在记述明清两代学者对黄绾生平、学术之评论，除按照时间顺序进行描述之外，还依照褒、嘉、是，贬、否、非的立场予以分类汇总。不妥之处，敬请方家赐教。

一、明代学者对黄绾生平及其学术思想的评论

（一）与黄绾有交往学者的评论

1. 师长前辈的嘉许

青年黄绾曾先后受教于谢铎（1435—1510）、李东阳（1447—1516）、张元祯（1437—1506）、夏镔（1455—1537）、林光（1439—1519）等名家硕儒，而这些师长、前辈学者对青年黄绾则多寄予厚望。

　　比如,弘治十五年(1502),黄绾之父黄俌家居之时,为鼓励子孙读书,于台州府黄岩县城黄家府院中筑建藏书楼,名曰"业书楼"。台州前辈学者夏镔受邀登楼观书,并应黄俌之请,成《业书楼记》。记文之中,夏镔对黄家五子皆有评论,然对时年 23 岁的黄绾评价最高,并寄予厚望:"(黄俌)五子俱贤,皆能读其父祖书,绍、绎、绾、约、纻,而绾独为可畏。"①而黄绾对夏镔这位前辈更是仰慕、敬爱有加,黄绾早年的几部著作诸如《困蒙稿》、《恐负卷》、《诸葛公传》等,皆呈请夏镔作序题跋。夏镔在《书困蒙稿》中明确指出:"忧时挢世"实"宗贤之志"②。在《书恐负卷后》,夏镔曰:"予读此卷,见东白、西涯、方石三先生其所望于宗贤虽不同,其为说而意同。盖非圣贤远业,亦无所望于宗贤。噫,世有可望如宗贤,予盖未之见也! 前辈往往以语言意气许人而多失之,失不在人在我也。三先生之言,将必不失于宗贤,以予知宗贤之真而知之也。"③在《书武侯新传后》④中,夏镔对黄绾意在"志于世用"的淑世情怀,大加赞赏。这里,我们称乡前辈夏镔为青年黄绾的学术知音,当不为过。

　　弘治十六年(1503),黄绾侍父黄俌于京师官邸之时,曾一度师从江门陈献章的传人林光,林南川"许之(黄绾)以有志",进而"教之以圣贤所当务"⑤。与此同时,黄绾先后师从过李东阳、张元祯等前辈大家,而李东阳、张元祯对青年黄绾的才学亦十分赏识。

　　正德二年(1507),丁外艰家居的黄绾,与时任太仆寺卿的储巏有通信。储巏在覆函即《与黄绾秀才》书中,对青年黄绾"攻古文词"、"以古人期之"的志业予以认同:"承惠长书并见谢、李二先生书,快读数过,为之悚叹无已。曩固奇足下,及今益奇……今世才敏之士甚多,但为时文所拘,格卑气弱,养成一种□

————————————

　　① (明)夏镔著:《夏赤城先生文集》卷十六,映南轩刊本,第 9—10 页。
　　② (明)夏镔:《夏赤城先生文集》,《四库全书存目丛书》集部第 45 册,齐鲁书社 1997 年版,第 454—455 页。夏镔(1455—1537),字德树,晚号赤城,台州人,成化二十三年丁未(1487)进士。"弘治四年谒选入都,上书请复李文祥、邹智等官,罢大学士刘吉。忤旨,下狱,得释。久之,除南京大理评事。疏论赋敛、徭役、马政、盐课利弊及宗藩、戚里侵渔状。不报。镔素无宦情。居官仅岁余,念母老,乞侍养,遂归。家居三十余年,竟不复出。"(《明史》卷一百五十九《夏埙传》附记)今有《夏赤城先生文集》传世,有清乾隆三十七年映南轩活字印本。夏镔早年与黄绾之父黄俌交谊甚笃,因黄俌介绍,黄绾在青少年时期即与夏镔有交往,在黄俌五子之中,夏镔最为器重并看好黄绾日后之成就。而此后,夏镔与王阳明亦有交往,王阳明曾赠《传习录》与夏镔。
　　③ 转引自(清)项元勋编《台州经籍志》卷十八,台北广文书局 1969 年版,第 879 页;又见夏镔《夏赤城先生文集》,《四库全书存目丛书》集部第 45 册,第 455 页。
　　④ (明)夏镔:《夏赤城先生文集》,《四库全书存目丛书》集部第 45 册,第 455—456 页。
　　⑤ 《石龙集》卷十五,台湾中研院傅斯年图书馆藏明嘉靖年间刻本,第 9—10 页。

熟衰飒气习,以致行己莅官皆无足观。独足下超然,攻古文词。迈往之气、特立之操,间见诸楮墨间,此罐所以敛衽起敬,直以古人期之,非凿空逐影,妄谀后辈以自要誉也。勉旃勉旃,宗贤乎,端有望于子矣。"①与此同时,储罐、乔宇、张元桢还曾以台州先贤方孝孺比拟青年黄绾,对此,李一瀚《礼部尚书兼翰林院学士黄公绾行状》有"储公瓘、乔公宇、张公元祯咸以台之先哲方正学者称之(黄绾)"云云②。

2. 同辈、僚友的评价

(1) 王阳明、湛若水的赞赏

正德五年(1510),三十而立的黄绾正式出仕;是年冬即与有明一代著名思想家王阳明(1472—1529)、湛若水(1466—1560)结识订交,并笃志于圣人之学、之道。《明儒学案·黄绾传》对黄、王、湛三人结交过程有简要描述:"先生(黄绾)初师谢文肃,及官都事,闻阳明讲学,请见。阳明曰:'作何工夫?'对曰:'初有志,工夫全未。'阳明曰:'人患无志,不患无工夫可用。'复见甘泉,相与矢志于学。"③

共学京师之时,湛若水对黄绾的学识才干,极为欣赏。比如在正德七年(1512)正月十五日,应黄绾之请,湛若水为黄绾祖父黄孔昭诗文集《定轩先生存稿》撰跋文,其中湛若水对黄绾的"文行学术"予以赞叹:"余(湛若水)久与其孙后军都事绾游,其文行学术信有由,然而直趋濂洛不懈,而骎骎乎古圣贤之域矣!"④据此,可见王阳明、湛若水对中年黄绾志业的钦佩与赏识。

(2) 朱节的推荐

嘉靖改元(1522),诏征遗逸,时阳明门生、巡按山东监察侍御朱节(1475—1523)特疏荐黄绾,赞其:"志专正道,素行惬于舆情;心存王佐,学术明于泽物。"⑤嗣后,黄绾起升南京都察院经历,并参与了嘉靖三年的"大礼议"事件,并受到明世宗的赏识。

---

① (明)储罐:《柴墟文集》卷十四,山东大学图书馆藏明嘉靖四年刻本,第22页。
② (明)焦竑辑:《国朝献征录》卷三十四,明万历年间刻本,第11页。
③ 黄宗羲:《明儒学案》卷十三《浙中王门学案三·尚书黄久庵先生绾》,载沈善洪主编、吴光执行主编《黄宗羲全集》第七册,第318页。
④ 转引自《洞山黄氏宗谱》诗文卷一,1915年重修本。
⑤ 转引自李一瀚《礼部尚书兼翰林院学士黄公绾行状》,载焦竑辑:《国朝献征录》卷三十四,明万历年间刻本,第12页。

　　（3）何瑭的赞叹

　　嘉靖五年（1526）春，黄绾第二次致仕离开南都之时，何瑭（1474—1543）受僚友之托，作《赠石龙黄先生致仕序》，其中对黄绾在武宗朝任职后军都督府都事之业绩予以彰著：“石龙在武宗朝，始仕为后府都事，时垢弊纷然，石龙悉簿正之。中有武职，依凭中贵，侵官银至万计，莫敢问者。石龙竟发其事，中贵虽衔之，无以害也。已而乞致仕去。”又对黄绾在嘉靖改元之后再次出仕南京都察院经历司经历之业绩予以告白：“石龙持宪奉公，上下倚赖，差遣刑名、簿书、出纳之际，惟清惟允，虽丝毫必尽其心。”继而又对黄绾在嘉靖三年“大礼议”事件中的主张予以说明：“会‘大礼议’起，廷臣意见不同，互相攻击。石龙谓：‘廷臣不和则君心疑，上下之情，扞格不通，为害非细。’乃具疏论救，因援古证今，明大礼之所宜从甚辨。”据此，何瑭得出结论：“石龙之才之守亦略可见矣，非贤者固不能也。”与此同时，何瑭还对黄绾早年始师陈石峰习举子业，继师谢铎学古文辞，后又与王阳明、湛甘泉讲明心学之奥的师承、游学经历予以揭橥，得出“石龙之贤，谓其渊源有自，可也；谓其深造独得，亦可也，皆不必深论”的判断。①

　　（4）席书的嘉许

　　嘉靖六年（1527），礼部尚书席书（1461—1527）等受命纂修《明伦大典》，特举荐黄绾与事，称其“才堪太用，学裕纂修”。对此，李一瀚《礼部尚书兼翰林院学士黄公绾行状》有“尚书席公书、侍郎胡公世宁各疏荐公‘才堪太用，学裕纂修’。起升光禄寺少卿，纂修《明伦大典》”云云。② 嘉靖六年（1527）诠选翰林之时，明世宗朱厚熜（1507—1567）对时任大理寺左少卿的黄绾亦偏爱有加，亲自提拔黄绾入翰林，兼侍讲学士、充讲官，并对其才能予以肯定：“尔以不群之才、卓越之见，故超资宠用，以图治弘功。”③

　　（5）王廷相的赞叹

　　嘉靖九年（1530）春，王廷相（1474—1544）升任南京兵部尚书，黄绾时任南京礼部右侍郎。王廷相至南都履任之后，直至嘉靖十二年（1533）夏去京师任

---

　　① （明）何瑭撰：《柏斋集》卷二“序”，文渊阁《四库全书》本。
　　② （明）焦竑辑：《国朝献征录》卷三十四，明万历年间刻本，第12页。
　　③ （明）施沛撰：《南京都察院志》卷三十九《人物三·经历列传·黄绾传》，日本内阁文库藏明天启年间刻本，第47页。

职。在这三四年间,王廷相与黄绾之间的诗文唱和、学术切磋颇为频繁。

　　而对黄绾的学术思想首次进行系统评价者,当推王廷相。王廷相在嘉靖十一年(1532)初所成《送少宗伯黄先生考绩序》文中,以为黄绾乃是"有道之士",视功名如浮烟流埃。"黄子,有道之士也。功名之际,视之若浮烟流埃,不足控揣久矣。方其未遭于时也,结茅会友于紫霄之山,讲习唐、虞、周、孔之道,宴然若将终身焉。及其既遭于时也,葆光韬志,逊而远之,其视矫矫亢亢,不胜其满溢者,得失不啻霄壤矣。嗟嗟! 黄子,有道之士也。其于功名之际,曾何诩诩然居之哉?"①这里,王廷相对黄绾所秉持奉行的儒者出处之道,表示认可。

　　嘉靖十二年春,王廷相曾花了三个月时间拜读黄绾诗文集——《石龙集》,成序文一种,高度评价了黄绾的学术思想:"余读《石龙集》,知黄子学有三尚而为文之妙不与存焉。何谓三尚? 明道、稽政、志在天下是也。"王廷相从道、政、文三重维度,扼要评论了《石龙集》的学术要义与文学成就:"自其见于集(《石龙集》)者言之:有义命之顺适,有天人之契合,有良知之求,有功利之祛,有无欲之澄静,有养心之淡泊,有慎独克己之造,有精一执中之纯,如羿之照的,扁之照疾,谓于道有不明乎哉? 其论治也,提纪纲,达经权,弘礼乐,酌刑赏,覆治忽,计安危,严君子小人之辩,契恤民弭乱之术,无不中其几宜而准其剂量。谓于政有不稽乎哉? ……无意于为文者,志专于道,虽平易疏淡,而其理常畅,云之变化,湍之喷激,肯无定象可以执索,其文之至矣乎! 黄子(黄绾)之文,当以无意求之可也。"②通读《石龙集》,我们会发现王廷相对黄绾的学术评价是剀切到位的。

　　嘉靖十二年夏,王廷相在《石龙书院学辩》一文中结合自己在南都任职三年期间与黄绾的论道、交游,认为黄绾系"志于圣贤经世之学者":"余来南都,每得闻其议论,接其行事,窃见其心之广大,有天地变化,草木蕃育之象;知之精至,有日月有明,容光必照之体。盖非世儒空寂寡实之学,可以乱其凝定之性者。"③黄绾也正是受王廷相的影响,逐步放弃了中年时期对阳明良知学的信仰,严"儒佛之辩",返归四子六经之书。晚年赋闲家居之后,又重构儒家圣学道统论,发明了"艮止执中之学"。

---

①　(明)王廷相著,王孝鱼点校:《王廷相集》,中华书局1989年版,第430页。
②　同上,第417—418页。
③　同上,第605页。

（6）何诏的称颂

嘉靖十一年（1532）左右，时任南京工部尚书何诏（1460—1535）对黄绾任职南都的政绩有肯定性评价，许之"以明达之才，成硕茂之业"，"黄子贰礼南都也，禋祀之牺牲，登豆之果蔬，无不裁定区画，薄正民便，公廨营局医药之务，无不修缮，处分咸有实惠；摄刑部也，烛微致要，子部受成，匪懈匪私，讼狱乃清；摄都台也，端范淑度，庶僚承式，察奸伸抑，宪跻贞轨；摄操江也，防御有略，经理周尽，弭盗四事，深中机宜"①。据此，亦可见黄绾的政治才干。

（7）罗洪先的钦佩

江右阳明学者罗洪先（1504—1564）在嘉靖十八年（1539）前后任职京师之时与黄绾结识，此时升任礼部尚书兼翰林院学士的黄绾，因奉使安南未行、落职闲住，二人遂于京郊别过。七八年之后，即嘉靖二十四年（1545），黄绾有书信与罗洪先，罗氏覆函（《奉黄久庵公》），对黄绾的才华、志业有高度评价："先生（案：黄绾）抱世不常有之资，操物无以尚之志，而又当舍我其谁之任，乃使用不深究，徒令人悲。此其关系，岂小小哉！"②言语之中，对同道黄绾得不到朝廷重用之事，表示了极大的伤感与惋惜。

3. 政敌的攻击

嘉靖三年（1524），黄绾任职南都，与张璁、桂萼、席书、方献夫、黄宗明等"议礼派"成员，一起参与了支持明世宗朱厚熜的"大礼议"活动。"议礼派"主张"继统不必继嗣"，从而与杨廷和、毛澄为首的"继嗣以继统"的"护礼派"成为政敌。"议礼派"与"护礼派"立场相左，水火不相容，互有言语攻击。尽管"议礼派"最终在世宗的极力支持下，取得"胜利"。嗣后，张璁、桂萼、席书、黄绾等均入京任职、辅佐世宗。但是，"议礼派"成员嗣后亦屡遭"护礼派"势力的弹劾与攻击。

嘉靖八年（1529），"朋党之议兴"。黄绾因早年参与了"大礼议"，即与张璁、桂萼为"同党"，再加上阁臣杨一清与张璁之间矛盾加剧，而黄绾亦被视为张璁之"同党"。此时，尽管黄绾已经离开京师任职南都礼部，但各道御史在弹劾张璁、桂萼之时，疏中时时"词连黄绾"。比如，八月十三日，工科给事中陆粲

---

① 《王廷相集》，第 430 页。
② （明）罗洪先著，徐儒宗编校整理：《罗洪先集》，凤凰出版社 2007 年版，第 325 页。

上疏弹劾张璁、桂萼，"罔上行私、专权纳贿、擅作威福、报复恩仇"，"尽布私人，升黜予夺，惟其所欲"，"引用乡故，不可悉数"。其中，认定黄绾系"谄佞之辈"："南京礼部侍郎黄绾，曲学阿世，虚谈眩人，由异路而躐取清华，负乘可耻，倚官势以虐害乡里，奏讦屡闻……此皆阴厚于（张）璁而阳附于（桂）萼者也"。① 二十一日，广西道御史王化劾奏一批廷臣及地方官员，"阿党璁、萼，助报恩仇，纳贿迁官，假作威福"，词及"南京礼部侍郎黄绾"。② 二十三日，十三道御史吴仲等又弹劾、攻讦朝廷内外一批官员"凶恶奸猾"、"卑污谀佞"、"狡猾卑污"，语及"南京礼部侍郎黄绾柔媚奸贪"。世宗下诏批复之时，对黄绾的"处置"均是"吏部酌议去留"。③

十月十八日，黄绾以数次被劾乞休，世宗优诏不允。④ 二十一日，南科给事中何祉、山东道御史朱绶等又劾奏朝内外一批先前赞助"大礼"之人，言及"南京礼部侍郎黄绾"等为"大学士张璁、桂萼私党，乞行罢黜"。世宗依旧诏黄绾等诸人"各供职如故"，并严厉斥责何祉、朱绶等"蹈袭前非，徇私报复，各夺俸半年"。⑤ 不难发现，黄绾尽管屡次受到御史的弹劾、诬陷；但毕竟因"议大礼有功"，世宗亦"念之"，曾在一道诏书中明云："（黄）绾素秉忠诚，其安心于位。"⑥

4. 学者的批评

晚年黄绾落职罢官、赋闲家居之后，返归儒家元典，发明"艮止执中之学"以倡明"圣学"，故而对早年师友王阳明的"致良知"之教、湛若水的"随处体认天理"之说予以批判。黄氏主张，见之于其晚年读书笔记《明道编》中。《明道编》付梓刊刻之后，即受到了王、湛门人的批评。

比如，湛若水门人、浙西海盐学者钱薇（1502—1554）在检录许杞山所示黄绾《明道编》后，在《复许杞山司谏》函中，即对黄绾的"艮止执中"之论予以批评性回应："昨蒙以《明道编》见示，且究厥玄奥。某鄙人也，乌足以辱高问。然手斯《编》而玩之，其大概有可得言者。渠（指黄绾）盖初从谢方石（谢铎），已有先入；后闻阳明之旨，似嫌同声，故别一门户，创'执中艮止'之说。夫方石遵朱元

---

① （明）陆粲撰：《陆子余集》卷四《劾张桂诸臣疏》，文渊阁《四库全书》本。
② 《明世宗实录》卷一百四"嘉靖八年八月"，第2458页。
③ 《明世宗实录》卷一百四"嘉靖八年八月"，第2459页。
④ 《明世宗实录》卷一百六"嘉靖八年十月"，第2515页。
⑤ 《明世宗实录》卷一百六"嘉靖八年十月"，第2517页。
⑥ 《石龙集》卷十四上，第16页。

晦,而阳明之见天然高迈,稍与元晦左。如全用方石,似落元晦套;尽从阳明,则与方石舛;于是,立说以排诸家。夫虞廷授受不过一言,曰'执中'耳,岂其未尽而益之'艮止'耶? ……圣人论'止',曰'止于至善',曰'敬止',未尝空言'止'也。空言'止',惧昧所从者,或止于非也。……夫阳明未易非也,阳明而上,程淳公、周元公未易非也。若以无极、无欲、无情为落禅套,并孔子无意无我非之,又上及于无思无为,皆弹击之,则'执中艮止'落于有矣。非谓'执中艮止'为有,而斥无则滞于有也。阳明格致之说,虽若左于朱。要之,未易非也。……某受教于甘泉,甘泉与阳明初亦不相入,后稍融通。但某味阳明之说,觉有所会,故云未可非也。"①

浙中王门学者、黄绾好友顾应祥(1483—1565)晚年致仕之后,著《静虚斋惜阴录》,以"谬论古今人物之贤否、政治之得失",且"多有前人所不道及与当世名儒议论不合者"。其中对黄绾《明道编》中涉及宋儒程朱道学的部分观点诸如《大学》的"格物致知"、"诚意自慊"则展开了批评,其有云"近观黄宗贤《明道编》曰:'致知乃格物之工夫,格物乃致知之功效。'此又好奇之论,愚不敢以为然。"②"近见黄宗贤《明道编》,以为曾子明谦之学,又引'以能问于不能、以多问于寡、有若无、实若虚'为证,曰'非颜子不能以此学孔子,非曾子不能以此知颜子'。愚谓若如此解,似与'诚意'本旨不合。"③应该指出,顾应祥早年经黄绾介绍师从王阳明,晚年的顾应祥基于维护程朱道学之立场,"脱离"王门,同时又对黄绾关于"致知在格物"的疏解予以质疑。

此外,浙江太平学者叶良佩(1491—1570)对于黄绾关于《论语》"志道"、《大学》"诚意"的疏解,曾予以质疑,其《奉久庵先生书》有"日者造拜,得侍教浃旬,幸甚! 所讲'志道'、'诚意'二章,揆之往日管见,尚不能无少疑,故敢辄申其说"云云。④

5. 晚辈后生的评价

黄绾晚年著作《明道编》(《久庵日录》)尽管受到王、湛门人的批评,但是浙

---

① (明)钱薇:《海石先生文集》卷十四,明万历四十一年至四十二年钱氏刻、清增修本,《四库存目丛书》集部第 97 册,第 230 页。笔者对此段材料的句读,参鉴了钱明《浙中王学研究》(中国人民大学出版社 2009 年版,第 96 页),在此谨致谢忱!

② 《静虚斋惜阴录》卷二,见《四库全书存目丛书》子部第 84 册,第 374 页。

③ 《静虚斋惜阴录》卷二,见《四库全书存目丛书》子部第 84 册,第 377—378 页。

④ (明)叶良佩:《海峰堂前稿》卷十六,日本内阁文库藏嘉靖刻本,第 11—14 页。

南台州籍的门人学者（包括黄绾哲嗣）则对乃师之学、之道，寄予莫大的支持。

嘉靖二十六年（1547）五月，黄承德为乃父《明道编》作跋文一种。其对乃父的学行作如下评述：

> 《久庵日录》者，录家君平日用功体践之言也。家君自弱冠即志圣贤之学，六经孔孟之言，无不精蕴于心，为志道、据德之实；既而发诸言语，皆先贤之所未发，为千载绝学之宗旨。自家庭、乡党以至立朝事君、动静出处、语默取予、日用躬行，罔一或违于斯。是《录》也，诚有功于圣门，岂惟承德为人子者之私哉？ 录凡八卷：以晚年所记六卷置诸卷首，以见家君发明正学精深，无入不自得也；以旧日所记二卷，置诸卷末，以见平生工夫真切，无一时之间息也。①

在黄承德之前，"及门最久"的黄绾门生林文相有《明道编序》，序文之中亦对《明道编》的学理主张、黄绾的道德文章，予以高度评论：

> 吾师久翁夫子，道德英华昭著于言议之间，自闺门以至天下，自修己以至诲人，《日录》凡六卷，门人所记凡四卷：语道德学问，语风俗教化，语礼乐法度，语古今名物。穷性命之本原，达会通之典礼，广大悉备，幽远不遗，猗欤至矣！ 果可以易言耶？
>
> 夫子资禀异人，而□□□□，蚤年求道，慨然□□□□□可至于古之□□□□□孔门传□□□□□□□□□氏老释□□□□□□□□□□□□□究精研□□□□□□□□□□□□困□□□□□□□□□□□□□□□□□仕京师□□□□□□□□□□□定交讲□□□□其用功造诣□同海内□□□风而愿学者，必曰夫子与阳明、甘泉二先生。夫子之学，超然独悟，以知止为圣学之要诀，以精思为致知之工夫，以格物为致知之功效。志必于道，据必于德，依必于仁，游必于艺。体用有内外，知行有先后，有动有静，有始有终。存之于心，则常定、常静、常安，主宰在我，而虚灵之体不昧；应之于世，则能虑、能

---

① （明）黄绾著，刘厚祜、张岂之标点：《明道编》，中华书局 1959 年版，第 77 页。

精、能一，巨细曲当，而不失时措之中。端绪简易，旨归明白，有以继绝学于千载之下，而上接孔孟之真传。至于晚年，从容纯粹，不激不勉，一行一言，莫非妙道、精义之发越，视近世专事高远玄妙之谈而不可措诸日用行事之实者，何如也耶？

文相及门最久，于夫子之敦笃高明，广博渊深，合日月而同天地者，未能窥测其万一，惟日见夫子之道愈充而志愈励，德愈盛而礼愈恭，心愈虚而识愈明，养愈深而言愈则而已。昔子贡谓孔子之文章可得而闻，其言性与天道不可得而闻也，兹编□□□□□□□□□□□□□□□□之秘藏□□□□□□□□□□□□□□□□□□惑者耶？林文相顿首百拜书。①

嘉靖二十九年(1550)三月十五日，黄岩儒学教谕、黄绾门生吴国鼎为乃师《明道编》作跋文一种，对乃师毕生志于明道的学思历程予以评述，对其以"艮止执中之旨"赓续道统，发明圣人之学的良苦用心予以张目：

斯集，久翁先生为明道而编也。何明乎道尔？病学术之偏晦之也，学术正而后斯道可明焉，前乎千百世者可见，后乎千百世者可知也。以言乎要，则虞廷"精一"二字以尽之矣。古今为学术异同之辩者赜矣，或失则内，或失则外，或失则上，或失则下，是皆病于空虚支离，涉于想象，吾弗敢信焉尔！然则君子曷信哉？信诸天理焉耳矣！天理者，吾心中正之本体也。学者□□□□□心，以复其本体，徒比拟文义，依凭言语□□□□□陈迹，以为吾学圣人，而不至已陷于五□□□□□。先生深为此惧，因慨始之多言塞道，本□□□□□以斯道自任，顾谓四方来学者曰："予尝与阳明、甘泉日相砥砺，同升中行。然二公之学，一主于致良知，一主于体认天理，于予心尤有未莹，乃揭艮止、执中之旨，昭示同志，以为圣门开示切要之诀，学者的确工夫，端在是矣。外是更无别玄关可入也。"

鼎尝与闻绪言之教，窃窥先生之道，愈简易愈广大，愈切实愈高明，是故高明配日月，广大配天地，其唯圣人乎？尧舜周孔，圣之至也，而今有以寻其坠绪焉，谓非天启斯文乎？先生著述六经，研核百氏，折衷群言，指摘

---

① 《明道编》，第15—16页。

正救,不遗余力,岂为千古圣贤争名哉? 推其志,期于道之明焉耳! 使今日之道明,则濂洛诸儒之道明;濂洛诸儒之道明,则千载以前圣贤之道明,庸讵至昔日之有诸儒,今日之有我耶? 不得其意而徒区区绳墨是守焉,其亦未知先生忧道之意矣乎?①

应该指出,黄绾门人晚辈对乃师的评价虽不免有溢美之辞,但是他们作为传统儒者,以明道、卫道、护道为志业的理想追求应予以认可。作为今之学者,我们更应该予以同情理解。

6. 黄绾生前的自我评价

在上述行文之中,我们叙述了黄绾的师友前辈、同僚友朋、晚学后生对其进行的正面评价,也引述了政敌、学者的攻击、批评之辞。下面,让我们来看看当事人——久庵先生黄绾对自己一生功过是非的自我告白吧。

嘉靖二十三年(1544)九月二十八日,时年65岁的黄绾在黄岩县城东南十五里处的东盘山(俗名"五马回朝")摩崖岩石之上刻有《生圹自铭》,对自己一生志业、功过是非进行自我评价,同时也有自己死后墓葬于此的愿望。全文如下:

> 青山不极,吾生有涯。有涯必尽,终归此家。后千百载,过者兴嗟。曰谁之藏,或否或嘉。是非得失,孰可掩遮。路碑日远,青史世遐。平生周孔,志愿匪夸。达施穷敛,易地则皆。穷非有损,达非有加。一朝屈伸,千载端邪。履道听命,圣轨弗差。遁世独立,无闷无哗。黾勉卒世,顺俟靡他。一息尚存,无自疵瑕。嘉靖二十有三年秋九月甲子,久庵居士黄绾识。②

二、黄绾殁后明代学者之评论

正如黄绾本人在《生圹墓铭》所云后人对自己一生的功过"或否或嘉,是非得失,孰可掩遮。"而在黄绾殁后,亦果如其本人所预言,明代中后期的学者对黄绾的"盖棺定论",有正面积极评价,亦有负面微词之论。

---

① 《明道编》,第75—76页。
② (民国)王棻撰:《台学统》卷四十五《性理之学》三十三,1918年吴兴刘氏嘉业堂刻本,第17—18页。

（一）正面积极评价

黄绾谢世之后，应黄绾哲嗣黄承德（黄绾三子，1525—1564）、黄承忠（黄绾五子，1531—?）之请①，仙居学者李一瀚（1505—1567）②成《礼部尚书兼翰林院学士黄公绾行状》。

尽管目前存世文献资料之中，不见黄绾与李一瀚直接交往之信息，但可以肯定，李一瀚对黄绾这位乡前辈仕宦经历、道德文章是相当谙熟的。因为李一瀚的业师系台州阳明学另一传人、黄绾生前好友应良，正是因为应良与黄绾之间的这种同为阳明先生门人的同道关系，李一瀚亦有意为这位乡前辈撰写《行状》。李一瀚《礼部尚书兼翰林院学士黄公绾行状》云：

> 公姓黄氏，讳绾，字宗贤，别号久庵居士，台之黄岩人也。
>
> 幼承祖文毅定轩公荫，弱冠即优通《诗》义，尤善古诗文。一日，因感横渠先生论荫袭语，遂弃举子业，师文肃谢公铎，毅然以圣贤自期，揭座右曰："穷师孔孟，达法伊周。"为监察御史陈公铨所知，招应举，具书力辞不赴。隐紫霄山中，历寒暑十余年，勤读苦思，学益充裕。因母鲍太淑人强命出仕，授后军都事。公素少治生术，家甚窘，有商人觊知，馈金千余两，公却之。且上疏革那移冒支弊，盛为当道所重。凡三年，疏乞养病归田。与王公守仁、湛公若水订终身盟，讲明绝学，共扶世教，一意恬退。储公瓘、乔公宇、张公元祯咸以台之先哲方正学者称之。
>
> 家居几十年，恭遇先帝龙飞，诏征遗逸，时侍御朱公节特疏荐公"志专正道，素行惬于舆情；心存王佐，学术明于泽物"。起升南京都察院经历，适"大礼议"起，公具疏与焉。先帝用何渊议，欲以献帝入祀太庙，举朝莫敢沮，公特疏谏而寝。继上《论圣学求良辅疏》，致忤时相。寻升南京工部员外郎，又累疏乞休归田。未几，尚书席公书、侍郎胡公世宁各疏荐公"才堪大用，学裕纂修"。起升光禄寺少卿，纂修《明伦大典》。时王公守仁江

---

① 黄绾三子黄承德与李一瀚系"莫逆"之交（详见《洞山黄氏宗谱》卷四，1945年重修本，第61页），李一瀚撰黄绾《行状》，很可能是应黄承德之请而有。

② 《（民国）台州府志》卷一〇三《李一瀚传》：李一瀚，字源甫，仙居人，应良女婿。嘉靖十七年进士，官至左副都御史。卒于隆庆元年，年六十三。

右功成，忌者议夺，公力疏辩之得明。继升大理寺少卿，首上《论刑狱疏》，列六款，又释无辜囚、辩冤枉狱，不可胜数，时称明允。先帝以翰林缺官，命选中外臣僚才德学识堪备储辅者入翰林，时公膺首选，改少詹事兼侍讲学士充讲官。先帝尝曰："尔以不群之才、卓越之见，故超资宠用，以图治弘功。"《大典》书成，升詹事仍兼侍读学士。其在史馆，事核理直，无少阿比，同事者咸称良史之才；其在经筵，日以养德格心、求贤才、谨好尚为言，先帝尝以君子之言褒之。

升南京礼部右侍郎，时各部院缺官，公署五篆，日历诸曹，一无废事，各属咸叹以为难及。带管操江，严防御之法，谨盘诘之司，一时江盗悉皆屏迹。凡所应行，奏为定例，至今犹赖之。三载考绩，升礼部左侍郎。适大同倡乱，公奉敕往抚大同，奋不顾身，兼程到镇，运谋计策，擒斩积年创乱首恶张玉、穆通等二百余名，而一方之难遂靖。民立安辑祠祀之。所余赈济银三万有奇，毫无所蚀，赍回还诸内帑。先后功次，《国朝典故》内《云中纪变篇》载之详矣。惜乎，尚未论其功也！明年知乙未贡举事，甫毕，适丁母忧。服阕，时有安南之乱，先帝又起公礼部尚书兼翰林院学士，充安南正使。其区处事宜，历有章疏，启行间朝指权相赃私，遂构令闲住。

归抵家，迁居翠屏山中，杜门谢客，日事注述，布衣草履，超然于尘埃之外。虽极寒暑，手未尝释卷。远近有志士咸趋事之，与语终夕不倦。凡有事关民瘼者，独慨然言于当道。凡有亲故贫乏者，悉与赒给。置立清献杜公范墓山祭田，择其裔守之。买山迁葬文肃谢公铎，并与其诸孙贫无娶者聘之。至如抚养王公守仁遗孤，其间事尤为难能。所著有《四书五经原古》、《明道编》、《石龙集》、《石龙奏议》、《思古堂笔记》、《家训》等书。享年七十有五。①

我们知道，逝者哲嗣请人撰写行状、墓铭之文，先要提供基本素材比如逝者名讳字号、生平梗概、著作文章之类。上文已提，请乡贤李一翰撰写《行状》系黄承德、黄承忠所为，那么，黄承德抑或黄承忠应有对乃父生平事迹介绍的底稿文字。笔者判定：今传世之《洞山黄氏宗谱·黄绾传》即是黄承忠以黄绾哲嗣身份对乃父一生学问、道德、功业的评估。因该家谱文献流传不广，为便

---

① （明）焦竑辑：《国朝献征录》卷三十四，明万历年间刻本，第11—13页。

于学人征引，特全文誊录于下：

　　道七，讳钦绾，字宗贤，号石龙，又号久庵。幼颖异不凡，读书过目成诵。年十三，承祖父文毅公荫，入胄监。年十八，遂优通《诗》义，更善古诗文，一日有感于横渠先生论荫袭之言，遂弃举子业。时按院陈公铨闻府君，书招应举，力辞不赴。隐居紫霄山中，专志圣贤之学，揭座右曰："穷师孔孟，达法伊周。"不出山者一十五年。母鲍太淑人强之仕，始翻然出。授后军都事，却商人数千金，革那移冒支宿弊，为西涯李公、柴墟储公、东白张公、白岩乔公雅重。仅满考，疏乞养病归凡十年。与阳明王公、甘泉湛公讲明绝学，以斯道为己任，海内一时称重。

　　时世宗龙飞，收天下遗逸。御史朱公节疏荐府君"志专正学，素行孚于士论；心存王佐，学术明于泽物"。起升南京都察院经历。方廷臣"大礼议"沸起，府君具疏与议，以明"濮议"之非，并上《谏止献帝入太庙》、《论圣学求良辅》诸疏，侃直风闻，赫然中外。随升南京工部营缮员外，府君又累疏乞休。

　　归三年，尚书席公书、侍郎胡公世宁交章荐府君"才堪大用、学裕纂修"。起升光禄寺少卿，纂修《明伦大典》。时阳明王公为时相忌，倡禁伪学，府君奋不自顾，特疏辨之，议遂止。寻升大理卿，首上《论刑狱疏》凡六，至今著为令典；又释无辜囚，辨冤枉狱，不可枚举，时称明允。世宗以翰林缺官，命选中外臣僚才德学识堪备他日储辅者改翰林，时府君应首选，改詹事府少詹事兼翰林侍讲学士充讲官，兼修《明伦大典》。《大典》成，升詹事府詹事仍兼侍讲学士。时与宰相议不合，寻升南京礼部右侍郎。时部院缺正官，日视五篆，自朝至于日昃，一无废事。又带管操江，严防御，谨盘诘，江盗屏息。凡所应行，题请永为定例。

　　凡三年，升礼部左侍郎。适大同乱，世宗特敕并御札差府君抚赈勘[①]叛。府君奉命至大同，分猷宣力，竭忠殚智，五阅月而善恶判、功罪分，擒斩首恶张玉等二百三十余人，而大同之乱遂靖。复命还京，叨赐厚赏。其先后功次详见巡院樊公继祖《共贞录》及《鸿猷录》、《云中纪变》诸书。明

---

① "勘"，民国乙卯年重修《洞山黄氏宗谱》本误作"看"，兹径改。

年乙未知贡举,所论选者皆奇伟之士,若王槐野、薛方山尤为得意者。未几,丁母鲍太淑人忧归。服阕,安南之乱,世宗特旨起府君升礼部尚书兼翰林院学士,充安南正使,赐一品服、食一品俸。区画事宜见《安南奏疏》、五岳山人黄省曾《安南问随》。因直指权贪,遂告归。

迁居翠屏山中,杜门谢客,日惟注述,虽极寒暑亦罔倦,如此者十五年。所著有《四书原古》、《五经原古》、《明道编》、《石龙集》、《奏议》、《家训》、《思古堂笔记》等书。

府君性资敦朴,学问渊宏,具百折不回之操、负独立不惧之勇。一行成如山之不可移,一言出如经之不可易。忠贞出自性成,孝友原于天植。见有善则称扬之不置,见不善则斥詈无所容。处家御下,凛若秋霜;立心制行,皎如白日。视性分内道理皆所当尽,宇宙间事业无不可为,此诚亘古之豪杰,岂特一家之鸑鷟哉!

府君生于明成化十六年二月二十一日辰时,生之日,澄江清三日为之瑞。卒于嘉靖三十三年九月初四日戌时,卒之先,星陨于庭;卒之日,车旗鼓乐,夜过市,返洞山,人有见之者。享年七[①]十有五。卒之明年,督学行县,崇祀乡贤。娶扁岕钟氏,封孺人,赠淑人,葬净土寺后。继王氏。子七,承文、承廉、承德、承式、承忠、承孚、承恭。女儿,长适生员高洵、宪长高瑛孙;次适新建伯王正亿,阳明先生子也。[②]

此外,黄承德所撰《重修洞山黄氏宗谱序》文有"先府君久庵公(黄绾)历官翰林学士,居八座,其德业闻望,可名一世。为圣天子之所倚重,虽古社稷臣,何以加焉"云云。[③]

明嘉靖、万历年间学者李时渐[④],通读黄绾传世诗文集《石龙集》、政论集《石龙奏议》四十余本,从中甄选"树意高古、立论正大、敷词隽永、有关风化、有裨纪纲者",成《久庵先生文选》四册。其中以为"先生(黄绾)奏疏词多忠恳剀

---

① "七",1915年重修《洞山黄氏宗谱》本误作"八",兹径改。
② 《洞山黄氏宗谱》卷四,第45页。
③ 《洞山黄氏宗谱》卷一。
④ 李时渐(生卒年待考),字伯鸿,号磐石,山东海岱人。嘉靖三十五年(1556)丙辰进士,历官岳州知府,任内与巴陵知县李之珍重修护城院堤,"自岳阳楼而南,凡二百六十丈有奇。"后官至陕西按察司副使。辑有《三台文献录》。

切,无少隐讳,常能言人之所不能言者",而对黄绾的诗文成就更是赞叹不已:"我朝诸作家长于文者或短于诗,长于诗者或短于文,至于时文之中又不无偏长,若先生诗与文并臻其美,诚作家之最也。"①

明嘉靖、万历年间学者汤聘尹②,撰《久庵先生文选序》,对黄绾的诗文成就大为赞叹:"今读先生文若诗,皆不事雕组、直摅胸臆,而其俊伟之识、忠谠之谟、恬淡之趣,自可概见其心胸面目。初不曰'吾法古人'而时与古人相出入者则得之,罗洽沈浸,神契情合,先生固不得而自知也。"并对黄绾仕宦期间所上诸奏疏有认可:"当时'大礼议'起,奏牍一上,虽听者骇之,然畅利明正,远胜欧文忠'濮议'。至如《止献帝入太庙》之疏,又屹然持正论而批鳞犯颜,有所不遑恤赐。"③

明天启年间学者施沛(1585—1661)撰《南京都察院志》,特为曾任南京都察院经历的黄绾立传。比较施沛与黄承忠之"黄绾传记"、李一翰之"黄绾行状"文,不难发现三种传记文本对黄绾生命历程之描述,基本吻合,并且对黄绾的生平学行均作出了正面意义的评价。施沛在叙述黄绾参与"编修《明伦大典》、兼任翰林侍讲学士充讲官"一段仕宦经历之时,提到黄绾:"其在史馆,事核理直,无少阿比,同事者咸称良史之材。其在经筵,日以养德、格心、求贤才、谨好尚为言。上尝以君子之言褒之。"④这足以说明黄绾的学识、才干,已经深得明朝最高统治者的认可。

《姚江渊源录》为黄绾立传⑤,将黄绾归为王阳明门人,其中对黄绾与王阳明相识共学经过有描述;又及王阳明殁后"时宰忌阳明功,有夺爵之议,(黄绾)力疏辩之"诸事,还有黄绾与同门王龙溪辈极力护持阳明嗣子王正亿并以女妻之事,这为黄绾在"王门"之中留下了良好的声誉,"咸称先生(黄绾)事师之忠"。

---

① (明)李时渐:《久庵先生文选·凡例》,载《久庵先生文选》明万历刻本之卷首。
② 汤聘尹(生卒年不详),字国衡,一字觉轩,江苏长洲人。嘉靖四十三年(1564)乡试中举,隆庆二年(1568)进士。历官江西南昌府进贤知县、吏科给事中、浙江台州府仙居知县、福建布政司左参议、广西按察司副使等。著有《掖垣谏草》二卷、《汤考功集》(一名《茂禧堂集》)等,辑编《史稗》一种。
③ (明)汤聘尹:《久庵先生文选·序》,载明万历刻本《久庵先生文选》之卷首。
④ (明)施沛撰:《南京都察院志》卷三十九《人物三·经历列传·黄绾传》,日本内阁文库藏明天启刻本,第47页。
⑤ 《姚江渊源录·黄绾传》,作者待考,《黄绾传》文见王棻撰《台学统》卷四十三《性理之学》三十二,1918年吴兴刘氏嘉业堂刻本,第4—5页。又及,《姚江渊源录》凡八卷,录于清代学者黄嗣东编撰的《道学渊源录》一百卷之中;今四川大学舒大刚教授主编的《儒藏》史部"儒林史传"中录《道学渊源录》,即有《姚江渊源录》,待查。

（二）负面微词之论

万历朝张居正（1525—1582）等奉敕编撰《明世宗实录·黄绾传》时，对黄绾评论道：

> 黄绾，浙江黄岩人。正德中，以祖荫授后军都督府都事。嘉靖改元，为南京都察院经历，以议"大礼"与张、桂合，迁南京工部员外郎，谢病免归。未几，复起为光禄寺少卿，与修《明伦大典》，寻升大理少卿，改少詹事兼侍读学士，充经筵讲官。《大典》成，进詹事。久之，进南京礼部右侍郎，转礼部左。时大同军乱后，反侧子犹攘臂鼓啸，人心汹汹，代王请遣大臣安集，上命绾往。绾抚辑流亡，分别善恶，悉索其倡乱党与诛之，还奏称旨。母忧，服阕，即其家拜礼部尚书兼翰林院学士。抚谕安南，未行，落职闲住。至是，卒于家。
>
> 绾有文学，明习国家故事，博辩捷给。吏干亦敏瞻，故虽起家任子，致位八座，人不以为忝。然其倾狡善变，不专一节，初以讲学取声誉，比"议礼"，见举朝不悦，复首鼠避去，事定乃复扬扬自负，力附张、桂，锄所憎忌。尝上书，以隐语撼大学士杨一清，公论恶之。及夏言有宠，复附言而非张孚敬。迹其终始，真倾危之士哉！①

《明世宗实录》对黄绾的文学成就、吏治才干即仕宦业绩的成就是认可的，但是鉴于黄绾于"大礼议"中之言行，并先后与杨一清、张璁等交恶故，致使张居正等对黄绾的人品有"倾狡善变，不专一节"的负面评价。也正是《明世宗实录》对黄绾人品的负面评价，直接导致了明代中后期乃至清修史书、传记文献中在对黄绾进行评论之时，有"倾狡善变，不专一节"、"真倾危之士"云云。

明代文史大家王世贞（1526—1590）在编撰《嘉靖以来首辅传》之"张孚敬、杨一清传"后，附有对黄绾的简要介绍与评论："黄绾，字宗贤，黄岩人。以祖荫得官，至礼部尚书、翰林院学士，以侍郎致仕，卒。绾虽起纨袴而精儒士业，兼

---

① 《明世宗实录》卷之四百十四"嘉靖三十三年九月壬寅"条。

长吏事,喜功名,第恔阉捭阖,君子所羞称。"①这里,王世贞对黄绾的评价是功过、是非参半。又,王世贞在《弇山堂别集》之中述及"任子官位大于所由"时,以"国朝重科目一途,任子多不得大位"为立论前提;然而"官位大于所由者"亦有之,并以黄绾为例,"南京工部右侍郎黄公孔昭任子绾,至礼部尚书兼翰林学士二品","黄绾为詹事、学士,咸极清华之选"。② 要之,在王世贞看来,黄绾由任子官至礼部尚书的仕宦经历,乃奇事奇闻之一案例。此外,王世贞还对黄绾所撰《王文成公行状》与钱德洪所编《王阳明年谱》之中有相左之事进行考辨③,进而指出《行状》与《年谱》所记史实(孰是孰非)之优劣,以澄清王阳明生平事迹之可商榷处。

明嘉靖、万历年间晋江学者何乔远(1558—1631)辑明朝十三代遗事而编成《名山藏》。其《臣林纪》中,在对张璁仕宦经历详加追述之后,将黄绾视为"议大礼贵者七人"之一(其余六人系黄宗明、霍韬、方献夫、桂萼、席书、熊浃)进行立传。其中,对黄绾吏治才干予以肯定:"其于国家典故明习通练,吏治干局亦自瞻敏。"然而对黄绾"倾狡避就、不专一节"的人品多有微词:"其初与张、桂同疏,已见举朝不悦,自引去。事定乃出,力附张、桂,锄所憎忌,尝上书以隐语倾杨一清。及夏言用事,复附言而非张孚敬也。"④

明万历年间著名藏书家俞汝楫(生卒年不详)编《礼部志稿·列传》之中有《尚书黄绾传》⑤,对黄绾的仕宦历程简要介绍之后,对黄绾的才学、吏干予以积极评论,然而对黄绾的人品多有负面议论,即《明世宗实录》中所言"倾狡善变,不专一节"、"迹其终始,真倾危之士也"。

明季学者谈迁(1593—1657)著《国榷》,对"前礼部尚书黄绾"的评价亦出自于《明世宗实录》"黄绾传",对黄绾人品作负面评论,有"倾狡善佞,始附张、桂,后附夏言有宠。迹其终始,真倾危之士哉"云云⑥。

此外,明万历年间江右王门学者邓元锡(1529—1593)著《皇明书》⑦,其卷

---

① (明)王世贞撰:《嘉靖以来首辅传》卷二,文渊阁《四库全书》本。
② (明)王世贞撰:《弇山堂别集》卷十七《奇事述二》,文渊阁《四库全书》本。
③ (明)王世贞撰:《弇山堂别集》卷二十九《史乘考误十》。
④ (明)何乔远:《名山藏》卷七十三《臣林纪》,万历崇祯刻本,第29页。
⑤ (明)俞汝楫编:《礼部志稿·列传》卷五十四《尚书黄绾传》,文渊阁《四库全书》本。
⑥ (明)谈迁著,张宗祥校点:《国榷》,中华书局1958年版,第3838页。
⑦ (明)邓元锡撰:《皇明书》,《四库全书存目丛书》本。

四十三"心学述"为黄绾列名、树传。

应该承认,无论正面评价,抑或负面微词,双方对黄绾的吏治才干皆能予以充分认可。而对黄绾人品之负面微词之论,其始作俑者即是明官修《明世宗实录》卷四百十四"嘉靖三十三年九月壬寅条"的《黄绾小传》。

(三) 明季学人对黄绾诗文的辑录

明季学者陈子龙(1608—1647)、宋征璧、徐孚远等选辑,朱兆奎参阅的《皇明经世文编》卷一百五十六有《黄宗伯文集(疏)》,主要依据黄绾《久庵先生文选》卷十二至卷十五《奏疏》文本,辑录有黄绾所上嘉靖帝的四道奏疏,即《大礼第三疏》、《论治河理漕疏》、《上明罚安边疏》、《遵圣谕敷王道以永定人心疏》。

此外,明季阳明学传人焦竑(1540—1620)所编《国朝献征录》收录黄绾《石龙集》文多篇,即《静学王公元采传》①、《东瀛王公启神道碑铭》②、《薛助教墓志铭》③、《王翁良传》④、《白云先生赵元铭墓碣铭》、《张木庵尺墓碣铭》、《萝石翁董澧传》⑤。尤为值得关注的是,上文所提李一瀚所撰《礼部尚书兼翰林院学士黄公绾行状》即收录于《国朝献征录》卷三十四。

三、清代学者的评价

(一) 官修《明史》对黄绾之评论

清修明史总裁王鸿绪(1645—1723)奉敕编纂《明史稿》,在《列传》七十八之中为黄绾立传⑥。

清人张廷玉(1672—1755)等纂《明史》为黄绾立传之时,没有把黄绾与其他王(阳明)门后学,如邹守益、徐爱、钱德洪、王龙溪、王艮、欧阳德、罗洪先等一并归入《儒林传》,而是与其乃师王阳明,"议礼"同道诸如张璁、桂萼、方献

---

① (明) 焦竑辑:《国朝献征录》卷二十一,明万历年间刻本,第3—5页。
② (明) 焦竑辑:《国朝献征录》卷四十六,第61—63页。
③ (明) 焦竑辑:《国朝献征录》卷七十三。
④ (明) 焦竑辑:《国朝献征录》卷一百十五,第43页。
⑤ (明) 焦竑辑:《国朝献征录》卷一百十六,第38—40,47—49页。
⑥ (清) 王鸿绪纂《横云山人集·明史稿·列传七十八·黄绾传》,敬慎堂刊本,文海出版社印行,第17—20页。因王鸿绪《明史稿》、张廷玉《明史》所记黄绾文字差别不大,故可把王鸿绪、张廷玉对黄绾评价归为一类。

夫、席书、霍韬、熊浃、黄宗明等,作为明嘉靖中期政治人物归拢在一起予以立传,入《明史》卷一百九十七《列传》第八十五。

缘此,《明史》在对黄绾的仕宦才华做出具有正面意义的评论同时,对黄绾晚年背张璁附夏言的做法提出质疑:"以任子官翰林,前此未有也","绾起家任子,致位卿贰。初附张璁,晚背璁附夏言,时皆以倾狡目之",①并坚持以为黄绾之倾狡,"乃不足道矣。"

应该指出,清官修《明史》对黄绾的人品评价,主要参鉴了《明世宗实录》的观点。

（二）学者文献中的黄绾

清代儒家文献之中,黄绾被界定为阳明后学,故而侧重对黄绾与王阳明之关系,及其在浙中王门之中的影响为议论重点。

1.《明儒学案》、《明文海》中的黄绾

（1）《明儒学案》卷十三《浙中王门学案三·尚书黄久庵先生绾》

明清之际杰出的思想家、史学家黄宗羲（1610—1695）在编纂《明儒学案》之时,将黄绾置于《浙中王门》之中以"阳明后学"身份为之立传,还首次对黄绾与王阳明之间的学术交游及相关史料予以裒辑。同时,黄宗羲对黄绾的"学术宗旨"以"一二语"即"艮止"之学进行总结。黄宗羲据以判定黄绾"艮止"之学的依据,即是黄绾晚年经学名作《五经原古》②。《明儒学案·黄绾传》之后附录有黄绾亲撰《易经原古序》、《书经原古序》、《诗经原古序》、《春秋原古序》、《礼经原古序》文③。黄宗羲还读过黄绾《石龙集》,他在编纂《明文海》之时,就录有《石龙集》不少篇什。与此同时,黄宗羲对黄绾《五经原古》基本内容（主要基于

---

①　（清）张廷玉等撰:《明史》卷一百九十七《列传》第八十五《黄绾传》,中华书局 2000 年版（简体字本）,第 3481 页。

②　对于黄宗羲是否详细阅读过《五经原古》全部文字,笔者持保留意见。仔细检阅黄宗羲所作《黄绾传》,可以发现黄宗羲本人对《五经原古》的内容概述基本停留在黄绾本人所撰五种《序》文之中。一种可能的原因是,《五经原古》之黄绾自"序"通过某种方式传至明清之际,而原著不存;另外一种可能的解释是,黄宗羲在阅毕黄绾撰五种"序"文之后,以自己先入为主之成见,否定《五经原古》的文献价值而未对全文予以评估。尽管如此,因为《五经原古》佚而不存,我们今天了解黄绾《五经原古》之内容梗概、编撰意图,只能通过黄宗羲《明儒学案》中所录的五种"序"文。

③　黄宗羲:《明儒学案》卷十三《浙中王门学案三·尚书黄久庵先生绾》,《黄宗羲全集》第七册,第 320—328 页。

黄绾撰五经诸"序"文)概述之后,基于自己对"五经"的研究而对黄绾的经学造诣予以点评:"皆师心自用,颠倒圣经,而其尤害理者《易》与《诗》。"可知,黄绾并不认可黄绾对于五经"原古"所作的努力。

吊诡的是,黄宗羲对徐学谟《世庙识余录》、高忠宪《家谱》之中关于黄绾人格的负面评价,予以辩诬:"《识余录》言先生'比罗一峰,以倾邃庵',高忠宪《家谱》言'居乡豪横'。按先生规其同门,谓'吾党于学,未免落空',同门皆敬信无异言。未必大段放倒如是也。"①

(2)《明文海》中的黄绾文选

黄宗羲在晚年编纂《明文海》以搜集有明一代文献之时,从黄绾《石龙集》之中迻录文稿多种。易言之,黄宗羲是认真批阅、检录过黄绾诗文集的。

《明文海》卷七十九《议》六,录有黄绾《治河理漕杂议》②,该文见《石龙集》卷九《杂文》。

《明文海》卷一百六十五《书》第十七《讲学》编,录有黄绾与王阳明、李逊庵、邵思抑、王汝中的四通书函,分别是:《寄阳明先生》③,即《石龙集》卷十七《寄阳明先生书三》④;《复李逊庵》⑤,即《石龙集》卷十七《复李逊庵书》⑥;《答邵思抑》⑦,即《石龙集》卷十七《答邵思抑书》⑧;《复王汝中》⑨,即《石龙集》卷二十《复王汝中书》⑩。此四通书信内容涉及讲学,而所讲之学主要是王阳明的良知学,这说明黄宗羲在编选黄绾讲学书信之时的阳明心学倾向。

《明文海》卷一百七十一《书》二十五《议礼》编,录有黄绾《复天彝问师友服制书》⑪,见于《石龙集》卷十八⑫。黄宗羲在黄绾此通书函之后有一段案语:

①　黄宗羲:《明儒学案》卷十三《浙中王门学案三·尚书黄久庵先生绾》,《黄宗羲全集》第七册,第319—320页。

②　黄宗羲编:《明文海》,文渊阁《四库全书》第1453册,上海古籍出版社1987年版,第736—738页。

③　《明文海》,文渊阁《四库全书》第1454册,第718—719页。

④　《石龙集》卷十七,第12—14页。

⑤　《明文海》,文渊阁《四库全书》第1454册,第719—720页。

⑥　《石龙集》卷十七,第7—9页。

⑦　《明文海》,文渊阁《四库全书》第1454册,第720—721页。

⑧　《石龙集》卷十七,第5—7页。

⑨　《明文海》,文渊阁《四库全书》第1454册,第721—723页。

⑩　《石龙集》卷二十,第17页。

⑪　《明文海》,文渊阁《四库全书》第1454册,第772页。

⑫　《石龙集》卷十八,第16—17页。

"尝见刘先生(指黄宗羲业师刘宗周)居丧,只用今麻布巾白布一幅束于其上,即此便是'首经'也。"

《明文海》卷一百七十八《书》三十二《国是》编,录有黄绾《上西涯先生论时务书》①,见《石龙集》卷十六②。

《明文海》卷二百六十二《序》五十三《诗集》编,录有黄绾《林和靖诗集序》③,见《石龙集》卷十一④。

《明文海》卷二百七十九《序》七十《赠序》编,录有黄绾《赠陆原静序》⑤,见《石龙集》卷十二⑥;《赠王汝中序》⑦,见《石龙集》卷十三⑧。

《明文海》卷二百八十九《序》八十《送序》编,录有黄绾《别甘泉子序》⑨,见《石龙集》卷十一⑩。

《明文海》卷二百九十九《序》九十《杂序》编,录有黄绾《题方孝闻先生手简》⑪,见《石龙集》卷二十一⑫。

《明文海》卷三百二十二《序》一百十三《哀挽》编,录有黄绾《西坡翁挽诗序》⑬,见《石龙集》卷十一⑭。

《明文海》卷三百九十五《传》九《文苑二》编,录有黄绾《少谷子传》⑮,见《石龙集》卷二十二⑯。

《明文海》卷三百九十七《传》十一《儒林》编,录有黄绾《萝石翁传》⑰,见《石龙集》卷二十二⑱。

---

① 《明文海》,文渊阁《四库全书》第 1455 册,第 4—16 页。
② 《石龙集》卷十六,第 1—36 页。
③ 《明文海》,文渊阁《四库全书》第 1456 册,第 76 页。
④ 《石龙集》卷十一,第 11—12 页。
⑤ 《明文海》,文渊阁《四库全书》第 1456 册,第 186 页。
⑥ 《石龙集》卷十二,第 7—8 页。
⑦ 《明文海》,文渊阁《四库全书》第 1456 册,第 187—188 页。
⑧ 《石龙集》卷十三,第 18—20 页。
⑨ 《明文海》,文渊阁《四库全书》第 1456 册,第 298 页。
⑩ 《石龙集》卷十一,第 5—6 页。
⑪ 《明文海》,文渊阁《四库全书》第 1456 册,第 409 页。
⑫ 《石龙集》卷二十一,第 1—3 页。
⑬ 《明文海》,文渊阁《四库全书》第 1456 册,第 554 页。
⑭ 《石龙集》卷十一,第 14—15 页。
⑮ 《明文海》,文渊阁《四库全书》第 1457 册,第 557—560 页。
⑯ 《石龙集》卷二十二,第 13—18 页。
⑰ 《明文海》,文渊阁《四库全书》第 1457 册,第 583—584 页。
⑱ 《石龙集》卷二十二,第 18—20 页。

《明文海》卷四百一《传》十五《忠烈》编,录有黄绾《静学先生(传)》,见《石龙集》卷二十二①。

《明文海》卷四百十六《传》三十《方技》编,录有黄绾《王翁(传)》,见《石龙集》卷二十二②。

《明文海》卷四百五十《墓文》二十三《名臣》编,录有黄绾《谢文肃公行状》③,见《石龙集》卷二十三④。

又及,黄宗羲高徒万斯同(1638—1702)所撰《儒林宗派》在描述王阳明所开创的"王氏学派"谱系时⑤,将黄绾归为"王氏门人"。

2.《明儒林录》中的黄绾

清初学者张恒(生卒年待考)汇辑明朝两浙诸儒言行成《明儒林录》⑥,在为黄绾立传之时,可能参考了黄宗羲《明儒学案》的观点,而将黄绾定位成有明一代的儒家大学。

3.《池北偶谈》中的黄绾

清刑部尚书王士禛(1634—1711)撰《池北偶谈》卷十记黄绾:"黄绾,阳明之门人。以议'大礼'附张、桂,得进用,永嘉呼为'平原十九客'。讲学之流弊至此。"

(三) 地方志中的黄绾

1.《(雍正)浙江通志》、《山西通志》中的黄绾

《(雍正)浙江通志》卷一百七十六《人物五》将黄绾归入"儒林",辑录《分省人物考》、《儒林录》相关文献,为其立传。

《(雍正)山西通志》卷九十四有《黄绾传》⑦,主要依据《明史·黄绾传》而翔实记载了黄绾拜礼部左侍郎之后,受命抚勘大同兵变之起因、经过、结局等历史事实。

---

① 《石龙集》卷二十二,第6—8页。
② 《石龙集》卷二十二,第2—3页。
③ 《明文海》,文渊阁《四库全书》第1458册,第504—507页。
④ 《石龙集》卷二十三,第1—7页。
⑤ (清)万斯同撰:《儒林宗派》卷十五,文渊阁《四库全书》本。
⑥ 《明儒林录》计十九卷,见《四库全书总目》卷六十三。
⑦ 《(雍正)山西通志》卷九十四,文渊阁《四库全书》本。

2.《(嘉庆)太平县志》中的黄绾

清台州太平学者戚学标(1742—1824)等纂《(嘉庆)太平县志》,视黄绾为太平仕进之士而为黄绾立传,主要讲述了黄绾与王阳明之间的关联,并称赞黄绾:"平生博极群书,于《五经》皆有论著。尤善经理世务,为海内重。"①此外,《(嘉庆)太平县志》对黄绾生平著述书目《石龙集》、《易经原古》、《诗经原古》、《书经原古》、《春秋原古》、《礼经原古》、《久庵文选》等进行辑录并略有发微,比如在介绍黄绾《石龙集》之时就对黄绾的学术、政见、文学皆有高度评价:"尚书(黄绾),世家子,留心世务,上李西涯书、储柴墟书,条书指陈,皆中时弊。继从阳明、甘泉二先生游,更讲明经学,报蕴益宏,为文自达,所见绝去,曲士拘牵,亦不屑规左马而袭沈谢。其《石龙奏议》《云中疏稿》皆在官作,议论董贾之流也。"②

3.《三台诗录》中的黄绾

戚学标编《三台诗录》,列《黄绾传》,在对黄绾生平进行追记之后,对黄绾的诗学造诣评论颇高,认为黄绾平生博览群书,"尤善经理世务,为海内名家所重。……犹孜孜讲学,以诗招郑继之进业,经书多有论著。为诗以才情胜,盖天性豪爽,特与东坡为近"③。

4.《台学统》中的黄绾

清季台州地方学者王棻(1828—1899)编纂《台学统》,其卷四十三至卷四十五为"明儒别派"之"姚江王氏(阳明)学派",是谓"台州阳明学"。卷四十三所记阳明门人有应良、金克厚、石简、叶慎、林应麒,而卷四十四、四十五用两卷篇幅来介绍黄绾,即把黄绾的"性理之学"归属于"姚江王氏(阳明)学派"。其中汇辑了《明史》、《姚江渊源录》、《明儒林录》、《明儒学案》之中的黄绾传记文献,尤其对《王文成公全书》之中所涉书信诸如《与黄宗贤》、《答黄宗贤应原忠》、《与黄宗贤论出处书》、《与黄宗贤论朝事书》、《与黄宗贤恳辞重任书》、《与黄宗贤论立朝勿求近功书》等④,全文予以辑录,从而揭示了黄绾"性理之学"的阳明学属性。

①　(清)戚学标等纂:《嘉庆太平县志》卷十一《仕进》,第39—40页。
②　(清)戚学标等纂:《嘉庆太平县志》卷十五《书目》,第17—19页。
③　转引自项元勋编《台州经籍志》卷二十九,台北广文书局1969年版,第1642页。
④　王棻撰:《台学统》卷四十四《性理之学》三十二,1918年吴兴刘氏嘉业堂刻本,第8—14页。

　　此外，台州一带的地方学者所成方志、史学文献诸如《（光绪）黄岩县志》、《台学统》中，还以黄岩县令高材的事迹，来反衬黄绾晚年行迹之"不轨"①。这里，我们不排除某些"报复性"的不实之论。

　　综上，在明清学者眼中，黄绾是一个稍有争议的政治家、思想家，尤其是一位台州籍的地方历史文化名人。

---

　　① 2015 年 9 月，《台州文化研究丛书》编辑部聘请的匿名评审专家，反馈给笔者的"初审审读意见书"中，有这样的文字说明："除《光绪黄岩县志》、《台学统》外，还有《儒林录》、《锡金县志》、《无锡高氏宗谱》和《临海涌泉冯氏宗谱》记有'不轨'之论。"特转录于此，供读者朋友留意焉。同时，谨对这位评审专家表示感谢！

现代篇(1940—2015)

据笔者多年搜集、统计所得,自 1940 至 2015 年,海内外学者在各类期刊、出版物上公开发表的以"黄绾"为选题的学术论著共计 85 种(详见本书之"附录五"《黄绾研究论著索引》)。其中中国学者论著 81 篇,日本、美国学者 4 篇。学术专著有 3 部,另外 82 种则分见于期刊论文、专著相关章节、前言序文、辞典词条、博客文章、论集文选。硕士学位论文 5 篇,其中大陆学者 3 篇、港台学者各 1 篇;博士学位论文有 2 种。

现代学术史意义上的黄绾生平及其思想研究,始于 20 世纪 30 年代。中国思想史研究专家容肇祖先生率先利用自己收藏的明刻本《明道编》,对黄绾的生平、思想进行了较为系统的研究,成《王守仁的门人黄绾》(1937 年成文,1940 年发表),嗣后又在其《明代思想史》(1941)中辟有黄绾研究专题,从而拉开了现代学人对思想家、哲学家黄绾的研究序幕。

1950 和 60 年代,中国思想史界对于黄绾的研究,主要由著名的历史学家侯外庐先生组建的"中国思想史研究团队"开展,比如刘厚祜、张岂之先生校点了《明道编》(1959),侯外庐亲自撰有《明道编序》;尔后,侯外庐主编的《中国思想通史(第四卷下)》中有《黄绾的哲学思想》(1960)专论。1980 年代,侯外庐、邱汉生、张岂之先生合作主编了海内外第一部《宋明理学史》(1987),其中《黄绾的学行与"艮止"说》一文由唐宇元先生完成。尔后,唐宇元又有《黄绾思想新议》(1991)一文。

1990 年代前后,随着韩国、日本学界兴起的中国"实学"研究热,中国哲学史家、中国实学学会会长葛荣晋先生由研究王廷相而发现了黄绾与王廷相之间不同寻常的关系,即由王廷相的"气学"、"实学"转而研究黄绾的"气学"、"实学",并得出黄绾一生治学三变,由理学、心学到实学的学思历程,先有《黄绾实学思想简论》(1989)、《王廷相与黄绾》(1990),而后在与陈鼓应、辛冠洁合作主编的《明清实学简史》(1994)中,对黄绾的王道政治及其对理学的批判又有深入论证。

2000 年以来,又有海内外不少学者尤其是阳明学研究专家加入到了黄绾研究的行列,并有不少学术成果问世,约有 30 余篇黄绾研究专论,几乎占到了现代学术史视域下取得的黄绾研究成果的二分之一。尽管论著数量成倍增长，但是研究的方法论、基本思路大体上还是对容肇祖、侯外庐、唐宇元、葛荣晋等四位前辈研究成果的重复。

值得注意的是，自 2005 年以来，随着阳明后学研究热在大陆地区的不断升温，一批阳明学研究专家诸如钱明研究员、朱湘钰博士、张宏敏博士则主张从"经学"之维研究黄绾之于阳明学的意义；尤其是张宏敏的博士论文（2011—2014）主张以"道学"来衡定黄绾的学术思想，提出了"从理学、良知学（心学）到经学（原典）"来楷定黄绾的学思历程，值得关注。

《黄绾研究综述·现代篇》全面盘点 1940 年至 2015 年间已经公开发表、出版的关于黄绾及其著作研究专论，拟从"黄绾生平、交游研究"、"黄绾著作、思想研究"两大论域，对现代学术思想史视域下的黄绾研究予以综述，并结合笔者近七八年来对黄绾原著的研读心得，对下一步黄绾研究可供讨论的专题提供若干建议。

一、黄绾生平、交游研究

（一）生卒考证

如果查阅目前已有学术论著、打开互联网搜索引擎，对黄绾的生卒年份进行检录，就会发现学者们对于黄绾生卒年的引用，至少存在四种不同的版本。

可以肯定的是，无论哪一种提法，对黄绾享年 75 岁的提法没有怀疑。明代学者李一瀚《礼部尚书兼翰林院学士黄公行状》[①]、徐象梅《两浙名贤录》卷四《黄宗贤先生》[②]、黄宗羲《明儒学案》卷十三《尚书黄久庵先生绾传》均记黄绾"享（卒）年七十有五"，惜未明确标识具体的生卒年份。

1. "约 1477—约 1551"的提法

最早由容肇祖在 1940 年发表的《王守仁的门人黄绾》[③]长文中提出，"（黄绾）约生于明宪宗成化十三年（西历一四七七），约卒于世宗嘉靖三十年（西历

---

① 焦竑辑：《国朝献徵录》卷三四（明万历刻本），《续修四库全书》第 526 册，上海古籍出版社 2002 年版，第 635 页。

② 徐象梅：《两浙名贤录（一）》卷四（明天启刻本），《续修四库全书》第 542 册，第 131 页。

③ 容肇祖：《王守仁的门人黄绾》，载《燕京学报》，第 27 期，1940 年，第 53—113 页。

一五五一)"。其判定根据是黄绾《东盘山生圹自铭》署名时间为嘉靖二十三年九月、黄承德跋《明道编》日期系嘉靖二十六年五月,吴国鼎跋《明道编》(嘉靖二十九年[1550]春)文中没有说黄绾之死,"黄绾似尚健在";又根据康熙《黄岩县志》卷八《灾祥》记嘉靖三十一年五月"倭寇犯县治,舶舟澄江,盘踞七月"云云,以为"黄绾必死在嘉靖三十一年之前","嘉靖二十九年春似乎尚存,三十一年必已死去,故此假定他死在嘉靖三十年,以年七十五岁计,他的生年可假定为成化十三年。这个假定,相差必不远"。容肇祖在稍后出版的《明代思想史》(1941)中持同样的看法①。《辞海》"黄绾"辞条编写者关于黄绾生卒年"约1477—约1551"的提法②,参考了容肇祖的观点。

2."1477—1551"的提法

侯外庐先生在 1959 年撰写的《明道编序》中③首次明确提出:"黄绾,字宗贤,生于明宪宗成化十三年(公元一四七七年),卒于世宗嘉靖三十年(公元一五五一年)。"侯先生在他主编的《中国思想通史》中《黄绾的哲学思想》的论述中再次征引④,以后的《中国思想史纲》之《黄绾对王学的背离》干脆称"黄绾(公元 1477—1551 年)"⑤。窃以为,侯先生的观点或许脱胎于容肇祖"约 1477—约 1511"的"假定"提法。而后,大多数学人在研究黄绾时,多不加思索地援引"1477—1551"的提法,《辞海》、《中国哲学大辞典》即是如此,其它恕不一一列举。

3."约生于 1474—1477 年间"、"卒于 1548—1552 年间"

葛荣晋先生在 1994 年与陈鼓应、辛冠洁合作主编并出版的《明清实学简史》,第三章《黄绾的王道政治及其对理学的批判》以为黄绾约生于明成化十年(1474)至十三年(1477)之间,卒于明嘉靖二十七年(1548)至三十一年(1552)之间,终年七十余岁。⑥ 值得注意的是,葛荣晋先生发表于 1989 年的《黄绾实学思想简论》,未有对黄绾生卒年的标注⑦;出版于 1990 年的《王廷相和明代气

---

① 容肇祖:《明代思想史》,开明书店 1941 年版,第 159 页。
② 夏征农等主编:《辞海》(第六版缩印本),上海辞书出版社 2010 年版,第 798 页。1999 年版的《辞海》(缩印本,第 2470 页)亦同。
③ 侯外庐:《明道编序》,载《明道编》,中华书局 1959 年版,第 1 页。
④ 侯外庐等主编:《中国思想通史》(第四卷下),人民出版社 1960 年版,第 929—941 页。
⑤ 侯外庐主编:《中国思想史纲》,上海书店出版社 2004 年版,第 291 页。
⑥ 陈鼓应、辛冠洁、葛荣晋主编:《明清实学简史》,社会科学文献出版社 1994 年版,第 36 页。
⑦ 葛荣晋:《黄绾实学思想简论》,《浙江学刊》1989 年第 2 期,第 86—92 页。

学》一书对黄绾生卒年的标注是上文所记的"1477—1551"。[1]

4. "1480—1554"的提法

唐宇元先生在参与侯外庐等先生主编的《宋明理学史》中的《黄绾的学行与"艮止"说》一文最早提出："黄绾（公元 1480—1554）"[2]。令人惊讶的是，唐先生是侯先生等领衔主编的《宋明理学史》的撰者之一，竟然提出了与侯先生不一样的观点。笔者有确凿证据可以证明：唐先生的提法可信，惜其行文并未列举出确凿的证据。当然，唐宇元先生提供的生卒年也有学者采用，比如《黄岩县志·黄绾传》（1992，2002）[3]、张克伟的《试论黄绾对王学的评骘与乖离》[4]、张学智的《明代哲学史》[5]。可惜也没有翔实资料支撑，只是"黄绾（1480—1554）"样式的引用而已。

张宏敏有《黄绾生卒年、表号、职官等考正》（2012）文，依据其掌握的三条史料，判定黄绾生卒年确系"1480—1554"：一是今藏于浙江台州玉环沙门镇路上村的刊刻于民国乙卯（1915）年的《洞黄黄氏宗谱》，其卷四《黄绾传》对黄绾生卒年月日期有详细记载："府君（黄绾）生于明成化十六年（1480）二月十一日辰时……卒于嘉靖三十三年（1554）九月初四日戌时……享年七十有五。"二是《明世宗实录》在"嘉靖三十三年（1554）九月"条下提到"壬寅（初四日），原任礼部尚书兼翰林院学士黄绾卒"；三是黄绾著《石龙集》卷二十五《五弟宗哲墓志铭》，提到黄宗哲"小予（黄绾）十岁"，而宗哲"生于弘治庚戌（1490）正月十五日"系黄绾所亲书，据此可推知黄绾本人生于 1480 年无疑。[6] 综合这三条资料，我们完全有理由判定黄绾生于公元 1480 年、卒于 1554 年。

此外，台湾大仁科技大学通识教育中心教师傅怡祯、黄静妃也有专文，对黄绾生卒年予以考证[7]。

---

[1]　葛荣晋：《王廷相和明代气学》，中华书局 1990 年版，第 278 页。

[2]　侯外庐等主编：《宋明理学史》，人民出版社 1987 年版，第 383 页。

[3]　严振非主编：《黄岩县志》，上海三联书店 1992 年版。

[4]　张克伟：《试论黄绾对王学的评骘与乖离》，《宁波大学学报》（人文版）1992 年第 2 期，第 18—26 页。

[5]　张学智：《明代哲学史》，北京大学出版社 2000 年版，第 146—154 页。

[6]　张宏敏：《黄绾生卒年、表号、职官等考正》，《儒学天地》（内刊，未公开发表）2012 年第 2 期，第 39—43 页。

[7]　傅怡祯、黄静妃：《黄绾生卒年考》，《大仁学报》2003 年第 23 期，第 127—143 页。笔者按，笔者目前尚未获得傅怡祯、黄静妃合著《黄绾生卒年考》文，故而对该文的生卒年不加援引，敬请读者朋友理解。

（二）籍贯考证

黄绾的籍贯引用，也存有争议，一说"台州府太平县"（今温岭市峃环镇）、一说"台州府黄岩县"（今黄岩区）。对此，1988 至 1989 年间，温岭、黄岩两地的文史、方志学者有过争论。

先是，时任《玉环县志》副主编的陈志鹏先生在 1988 年第 4 期的《温岭县志通讯》上发文《明礼部尚书黄绾籍贯考》，认为"黄绾生于明成化十六年（公元1480 年），此时太平县设置已经十多年，因此黄绾本人之籍贯就不能再说成是黄岩了。尤其是近年才出版的书籍，将黄绾再说成是黄岩更是不妥"，"黄绾的籍贯应该是浙江太平县（即今温岭市）"。① 嗣后，该文又被转载于 1989 年第 2期的《黄岩史志》；据此，黄岩地方志专家严振非先生在同期的《黄岩史志》上发文《黄绾籍贯辨》，与陈志鹏进行商榷，以为人物籍贯只能按照《新编地方志工作条例》（1985 年 4 月 19 日通过）之规定"立传人物以原籍（出生地）为主"，称黄绾的出生地在黄岩，黄岩存有黄孔昭、黄俌、黄绾祖孙三代不少遗迹，因此"黄绾的籍贯结论是黄岩，应入《黄岩县志》"②。

太平县（今温岭市）系明成化年间所立的独立地方行政区域。《（嘉靖）太平县志》卷三《食货志》："成化六年（1470）割黄岩县南三乡立太平县；成化十二年（1476），割乐清东二乡隶太平县。"《（光绪）太平县志》卷一《地舆·沿革》："《明一统志》：'成化五年十二月以台州府知府阮勤请，析黄岩县南方岩、太平、繁昌三乡置太平县。'《温州府志》：'成化十二年析乐清山门乡、玉环乡六都之地以益太平县。'"而《（光绪）太平续志》卷十八《杂志·辨误·黄绾》对《（嘉庆）太平县志》录黄绾为太平籍表示不解："黄孔昭本居洞黄，后迁黄岩西城司前街。本其始居以为太平人可也，至子俌、孙绾久居黄岩。绾后定居新宅，在黄岩北乡，似不宜混收。"

根据《（光绪）太平续志》卷十八《杂志·辨误·黄绾》文，黄绾出生在成化十六年（1480），黄绾祖父黄孔昭（1428—1491）在考中秀才之后，即由洞黄（今隶属于温岭市峃环镇）携家移迁至黄岩县西城司后街居住，黄绾父黄俌

① 陈志鹏：《明礼部尚书黄绾籍贯考》，《温岭县志通讯》1988 年第 4 期，第 28 页；《黄岩史志》1989 年第 2 期。
② 严振非：《黄绾籍贯辨》，《黄岩史志》1989 年第 2 期，第 19—20 页。

(1450—1506)亦当随迁而居焉。今日,我们称黄绾祖、父黄孔昭、黄俌的籍贯
为太平、黄岩似两可,黄绾的出生地判定为明浙江布政司台州府黄岩县(今浙
江省台州市黄岩区)当无疑义。嗣后,黄绾又移居至县城澄江之北的翠屏山、
紫霄山一带居住(今日的黄绾直系后裔聚住于黄岩区北城街道新宅村①)。笔
者以为,我们称黄绾的籍贯为台州府黄岩人似乎更稳妥一些,当然称太平(今
温岭)人也能说得过去,毕竟在黄绾内心世界里,对祖居地洞黄是充满着眷恋
与深情的。

(三) 官职考辨

关于黄绾宦海生涯的最高官职,学者论著在引述之时有分歧。《辞海》在
介绍黄绾的官位时为"官至南京礼部尚书"②、《中国哲学大辞典》"黄绾"辞条称
"南京礼部尚书兼翰林院学士"③。吴锐发表的黄绾研究论文亦称"嘉靖十八年
(1539),黄绾任南京礼部尚书兼翰林学士。这也是他一生中最高的官位"④。

张宏敏《黄绾生卒年、表号、职官等考正》文通过检录《明史》、《明世宗实
录》史料并结合黄宗羲《明儒学案·黄绾学案》文"丁忧服阕,起礼部尚书兼翰
林院学士"云云,判定明世宗嘉靖所授黄绾的礼部尚书实系"京都"即北京的
"礼部尚书"而非"南京礼部尚书"。《明史》卷一七《世宗本纪一》:"(嘉靖)十八
年春二月……起黄绾为礼部尚书,宣谕安南。"⑤卷一百九十七《黄绾传》:"十八
年,礼官以恭上皇天上帝大号及皇祖谥号,请遣官诏谕朝鲜。时帝方议讨安
南,欲因以觇之……特起绾礼部尚书兼翰林学士为正使。"⑥黄绾挚友湛若水在
《阳明先生王公墓志铭》中交待《墓志铭》撰写缘由时,称黄绾为"礼部尚书"并
非"南京礼部尚书"。⑦ 此外,黄绾本人在为乃师谢铎《桃溪类稿》所作序文末了

---

① 笔者在 2008 年 9 月、2011 年 10 月先后两次探访世居在黄岩区北城街道新宅村的黄绾直系后
人,他们更乐意称自己的祖先黄绾为黄岩人。
② 夏征农等主编:《辞海》(第六版缩印本),第 798 页。
③ 张岱年主编:《中国哲学大辞典》,上海辞书出版社,2010 年,第 547 页。冯契先生主编的《哲
学大辞典》(修订本)(上海辞书出版社 2001 年版,第 546 页)对"黄绾"辞条的描述与《中国哲学大辞典》
一致。可以判定,系出于一人之手。
④ 吴锐:《黄绾论反腐败》,载《王阳明廉政思想与行为研究》,中国社会科学出版社 2013 年版,第
297 页。
⑤ 张廷玉等撰:《明史》(简体字本),中华书局 2000 年版,第 154 页。
⑥ 同上,第 3480 页。
⑦ 转录自吴光等编校《王阳明全集》,上海古籍出版社 1992 年版,第 1400 页。

署名即云"资善大夫礼部尚书兼翰林院学士前詹事兼侍讲学士同修国典经筵讲官门人黄岩黄绾百拜书"①,黄绾在嘉靖二十三年秋八月为明处士松屿金翁所撰《墓碣铭》落款所署官衔云"资善大夫礼部尚书兼翰林院学士前詹事兼侍讲学士同修国典经筵讲官黄岩黄绾撰"②,可见黄绾本人在撰文称自己曾任官阶之时云"礼部尚书",而不加"南京"二字于前。《明世宗实录》"嘉靖三十三年九月壬寅"条《黄绾传》在记录黄绾曾任官衔时亦提"原任礼部尚书兼翰林院学士":"壬寅,原任礼部尚书兼翰林院学士黄绾卒。"如上所举数条史料,足以说明,黄绾"官至南京礼部尚书"的提法系误笔。历史的真相是黄绾"官至礼部尚书兼翰林院学士"。

(四) 墓铭研究

嘉靖二十三年(1544)九月二十八日,时年 65 岁的黄绾于黄岩县城东南十五里处东盘山(俗名"五马回朝")摩崖岩石之上刻有《生圹自铭》,对自己一生志业、功过是非进行自我评价,同时有自己死后墓葬于此的愿望。全文如下:

> 青山不极,吾生有涯。有涯必尽,终归此家。后千百载,过者兴嗟。曰谁之藏,或否或嘉。是非得失,孰可掩遮。路碑日远,青史世遐。平生周孔,志愿匪夸。达施穷敛,易地则皆。穷非有损,达非有加。一朝屈伸,千载端邪。履道听命,圣轨弗差。遁世独立,无闷无哗。黾勉卒世,顺俟靡他。一息尚存,无自疵瑕。嘉靖二十有三年秋九月甲子,久庵居士黄绾识。③

为目睹黄绾生圹墓自铭之 144 字(不包括标点)文,1989 年春,黄岩历史学会组织会员前去实地考察,嗣后黄岩文史学者在《黄岩史志》上连续发表了几篇文章,对黄氏《自铭》的内容、主题进行了一番讨论。

比如原路桥二中校长赵康龄先生撰《东盘山考黄绾自铭石刻》(载于《黄岩

---

① 转录自林家骊著《谢铎与茶陵诗派》,中华书局 2008 年版,第 625—626 页。
② 陈汝霖、王棻等修纂:《光绪太平续志》卷九《古迹·碑碣下》(中国地方志集成浙江府县专辑第 50 册),上海书店 1993 年版,第 662 页。
③ (民国)王棻撰:《台学统》卷四十五《性理之学》三十三,第 17—18 页。

史志》1989 年第 2 期),将石刻原文与《(光绪)黄岩县志》记载文字进行勘对,发现"县志"误记文字三个,并对黄绾《自铭》文字进行了白话式文字解读。[1] 赵文刊发之后,路桥二中的阮孔棠先生继赵康龄之后,有《读东盘山考黄绾自铭石刻》一文,再对黄绾《生圹自铭》文字进行白话诗句式解读。[2] 嗣后,杨苍舒有《黄绾自铭石刻的主题探讨》一文,以为赵康龄、阮孔棠二文主题未明,故而又对阮孔棠的部分译文再加润色,另译为文,并得出"黄绾暮年乃至老死,仍然念念不忘实践和推广周孔圣人之道的志愿"("平生周孔,素愿匪夸")[3]。

(五) 生平传记

容肇祖《王守仁的门人黄绾》(1937、1940)一文上篇题曰"黄绾传",这是现代学术史意义上第一篇黄绾生平传记之研究。氏著首先对黄绾世代仕宦的家庭背景略作说明。然后从少年黄绾的奋励刻苦说起,弃举业不为,励志圣贤之学,隐居力学;再到出仕任职后军都督府都事,结交王守仁、师从王守仁的学术交游,以及参与嘉靖三年"大礼议"、与修《明伦大典》、王守仁殁后上疏为之辩诬等政治活动。乃至与杨一清交恶,出任南京礼部右侍郎;后又升礼部左侍郎,与张璁在处置"大同军变"一事上主张相左,二人关系恶化,黄绾在嘉靖帝的支持下往勘"大同兵变";后因出使安南未成,落职闲住,晚年家居,著书终老。[4]

方奕亮的硕士论文《黄绾研究(1477—1551)》(1995)有黄绾生平的绍述、著述、年表[5],其基本材料即是容肇祖先生《王守仁的门人黄绾》(1937、1940)一文的上半部分"黄绾传"。

美籍华人学者 Goodrich L. C. 和 Chaoying Fang 合著《Dictionary of Ming BiograP. hy(1368—1644)》(1976),其中有《BiograP. hy of Huang-Wan 黄绾传》,这是英语文献中第一种黄绾研究专论。[6]

---

① 赵康龄:《东盘山考黄绾自铭石刻》,《黄岩史志》1989 年第 2 期,第 12—13 页。
② 阮孔棠:《读东盘山考黄绾自铭石刻》,《黄岩史志》1989 年第 4 期,第 68—69 页。
③ 杨苍舒:《黄绾自铭石刻的主题探讨》,《黄岩史志》1990 年第 5 期,第 68 页。
④ 容肇祖:《王守仁的门人黄绾》,《燕京学报》第 27 期,1940 年,第 53—81 页;《容肇祖集》,齐鲁书社 1989 年版,第 247—280 页。
⑤ 方奕亮:《黄绾研究(1477—1551)》,香港大学硕士学位论文,1995 年,第 11—43 页。
⑥ (美国) Goodrich L. C. and Chaoying Fang(eds.),Dictionary of Ming Biography(Biography of Huang-Wan),1368—1644.(New York: Columbia University Press. 1976. pp. 673—675(郭颖颖、房兆楹:《明代名人传·黄绾传》,哥伦比亚大学出版社 1976 年版,第 673—675 页)。

　　浙江省社科院编《浙江人物简志(中册)·黄绾》(1986)有对黄绾生平事迹的简要叙述。[①] 王蘧常先生主编《中国历代思想家传记汇诠》(1993)有据《明史》卷一九七"本传"对黄绾生平之罗列[②]。姜国柱著《中国思想通史》(明代卷)第十二章题曰《黄绾的哲学思想》(2011),有简要的黄绾生平传略[③]。

　　青年学者张宏敏历时六年(2008—2013)之久,有洋洋洒洒70万字的《黄绾生平学术编年》出版,氏著按照时间顺序,以黄绾存世文献史料《石龙集》、《久庵先生文选》、《知罪录》、《明道编》、《家训》及《明实录》、《明史》、台州及各县地方志、明清两代相关学者文集为基本素材,全面系统地梳理黄绾生平事迹、学术交游、思想演变等基本史实,为普通读者朋友走进黄绾的生活世界,洞悉其学术思想,提供了"一部有重要学术价值的好书"。阳明学研究专家吴光教授称"这是一部研究阳明后学的优秀著作","其特色和亮点有三,一是体例得当,二是资料翔实,三是学风严谨";但其中也有值得改进与完善的余地,比如部分文献的标点校勘可以商榷,黄绾师从王阳明的准确系年存在疏忽欠妥之处,某些资料编排略显繁琐[④]。

　　台州地方志研究专家严振非先生近日在其新著《台州理学南湖学派史》(《台州文化研究丛书》第一辑之一种,2015)中专辟一篇《黄绾评传》,对黄绾的家族、求学、仕宦、交游、学术、著作等进行概述,值得关注。[⑤]

(六) 交游考述

　　学界已有的研究成果,对于黄绾与同时代学人的交游,主要集中在黄绾与王阳明、王廷相、席书、王龙溪、王正亿等人之间的来往。

　　1. 黄绾与王阳明

　　容肇祖《王守仁的门人黄绾》(1937、1940)上篇"黄绾传"即以《王文成公全书》所载王守仁与黄绾的通信、黄绾撰《王文成公行状》以及《明史》、地方志文

　　① 浙江省社科院编:《浙江人物简志(中册)·黄绾》,浙江人民出版社1986年版;《黄岩县志通讯·黄绾》,1987年第1期,第17—18页。
　　② 王蘧常主编:《中国历代思想家传记汇诠》,复旦大学出版社1993年版,第497—502页。
　　③ 姜国柱:《中国思想通史(明代卷)》,武汉大学出版社2011年版,第196—200页。
　　④ 吴光:《黄绾生平学术编年序》,浙江大学出版社2003年版,第1—3页。
　　⑤ 严振非:《台州理学南湖学派史》,上海古籍出版社2015年版,第137—174页。笔者承蒙《台州文献丛书》编辑部副主任王芳女士寄赠《台州理学南湖学派史》一书,在此谨致谢忱!

献,对黄绾结识王守仁,师从王守仁等前后经过,有一番梳理。此外,下篇"黄绾的思想"还对黄绾晚年《明道编》对王守仁良知说、亲民说、知行合一说的"反对"、"批判"予以评论。但也认为,黄绾晚年"反对王守仁的思想,仍是王守仁的真正的信徒"①。

侯外庐先生著《明道编序》(1959)文,对黄绾结识并师从王阳明的经过略有揭示,认为黄绾和王阳明在长期时间内有着深厚的友谊,而且是一个王学的积极宣传者。进而指出:黄绾对于禅学化了的王学的批判以及他借孔子之言对认识论的贡献,是他思想中的积极部分。这些唯物主义的观点和早期启蒙思想家的思想有相通之处。②

2. 黄绾与王廷相

侯外庐先生《明道编序》(1959)文曾指出:黄绾和王廷相的哲学思想有相似之点,也有不同之点。王廷相赞扬过黄绾,由于材料的限制,我们虽不能详尽地了解王廷相究竟同意黄绾的哪些哲学命题,但却可以推断出,王廷相所赞扬的并不是黄绾的唯心主义世界观,而是他的认识论以及对王学的批判。③

关于黄绾与王廷相之间较为详细的交游,葛荣晋先生最先研究之。其学术专著《王廷相和明代气学》(1990)有"王廷相和黄绾"专题,指出黄绾升任南京礼部右侍郎、王廷相出任南京兵部尚书之时,黄绾和王廷相是志同道合的密友,他们时常游览南京名胜古刹,和诗抒怀。王廷相对黄绾的人格道德极为敬佩,也称赞黄绾之学。黄绾举办石龙书院,宣传唯物论和经世之学,王廷相还为他作《石龙书院学辨》。这一切说明,王廷相与黄绾之间不仅有共同的政治理想和求实的世界观,而且在此基础上建立的友谊是十分深厚的。④

3. 黄绾与席书

张宏敏撰《黄绾与席书》(2015)⑤文,认为正德四年王阳明在贵阳文明书院讲学之时,与之关系密切的贵州提学副使席书,应归于黔中王门之中。同时,

---

① 容肇祖:《王守仁的门人黄绾》,《燕京学报》第 27 期,1940 年,第 53—113 页;《容肇祖集》,齐鲁书社 1989 年版,第 247—316 页。
② 侯外庐:《明道编序》,载《明道编》,中华书局 1959 年版,第 3、12 页。
③ 同上,第 13 页。
④ 葛荣晋:《王廷相和明代气学》,中华书局 1990 年版,第 278—279 页。
⑤ 张宏敏:《黄绾与席书——浙中王学与黔中王学互动的一个案例》,《贵州师范大学学报》(社科版)2015 年第 4 期,第 32—37 页。

称王阳明为浙中王门学者黄绾与黔中王门学者席书在嘉靖三年结识的介绍人,进而考论黄绾与席书在嘉靖一朝"大礼议"前后的诸多交涉,藉此作为浙中王学与黔中王学互动的一个案例。

4. 黄绾与王龙溪

方祖猷的《王畿评传》第十四章《(王畿)与同门之辩》(2001)有王畿与黄绾的深辩,主要依据黄绾《赠王汝中序》、《久庵日录》、《复王汝中书》、《游雁山记》以及王畿《与张叔学书》、钱德洪《复王龙溪书》的相关文献史料,以为"王畿起初与黄绾交情良好,但后来思想出现了裂痕",对黄绾与王龙溪之间的学术争鸣进行了粗线条的勾画。①

5. 黄绾与王正亿

阳明先生逝世以后,如何保全、抚养先生年幼的哲嗣王正聪(后易名"正亿"),成为阳明门人弟子极为关心的问题。钱明《王阳明及其学派考论》第七章第一节《黄绾的保孤情怀》(2009)结合《阳明先生年谱》、《石龙集》等文献,对钱德洪、王畿、王艮等王门弟子如何促成时任南京礼部右侍郎的黄绾接受、保护、教育王正亿,并以女聘之、"育之官邸"的经过有说明;氏著以为"对于正亿的抚养问题,黄绾可以说是尽心尽力、善始善终的"②。

二、黄绾著作、思想研究

(一) 著作整理

20 世纪以来关于黄绾存世著作的传抄、整理,最早为 1920 年代民国学者江涵雇人抄录的二十八卷本《石龙集》。浙江省图书馆古籍善本部今藏有《石龙集》二十八卷六册抄本一种,即江涵雇人抄录本。浙江省图书馆所记卡片编

---

① 方祖猷:《王畿评传》,南京大学出版社 2001 年版,第 361—366 页。

② 钱明:《王阳明及其学派考论》,人民出版社 2009 年版,第 104—108 页。《王阳明及其学派考论》文有一个小小的考证疏漏,称"嘉靖十三年(1534),黄绾赴京任职,……此后正亿一直随黄绾居于京师,直到嘉靖二十一年(1542)秋,16 岁的正亿才随黄绾趋归黄岩"(氏著,第 107 页)。历史事实是,嘉靖十二年(1533)秋,黄绾已赴京任职;嘉靖十四年(1535)春夏之际,黄绾母鲍氏病卒,黄绾即返乡丁内艰,10 岁的正亿亦一道归黄岩;黄绾丁忧服阕之后,于嘉靖十八年(1539)夏因奉命"出使安南"而入京任礼部尚书,嗣后(是年秋)出使未遂并落职闲住,黄绾此次进京,14 岁的正亿不可能携行(详可参阅拙编《黄绾生平学术编年》"嘉靖十二年至十八年"相关记载)。故而钱文"直到嘉靖二十一年(1542)秋,16 岁的正亿才随黄绾趋归黄岩"不合事实真相。

目如下："类别：集，明别集；编号：4513；书名：《石龙集》二十八卷；板式：清抄本；部册：六册。"每卷卷首皆钤有"浙江省立图书馆藏书印"一枚。笔者在2008年夏曾查阅此抄本，经认真对勘，可以肯定此抄本系据明嘉靖刻本誊录。至于该抄本何时由何人组织抄录，我们可以从抄本之中得到一些线索，比如在该抄本"《石龙集》卷第六终"、"《石龙集》卷第二十三终"、"《石龙集》卷第二十八终"末均附有"辛酉重九日后学江涵覆校"字样，而在卷二十八《祭洞黄先墓文》叶上有江涵的一处校勘记："'远'，原抄本作'源'，友人改抄'远'字，（江）涵意疑改作'思源'。"据此，我们推知，《石龙集》该抄本系江涵（籍贯、生卒年、生平事迹待考，可以肯定江涵生于清末，卒于民国或稍后）组织一批友人据明嘉靖刻本誊录，其中原本王舟瑶案语亦一并誊录；且江涵在覆校友人誊抄本之后，自己还作有部分校语。"民国辛酉"即民国十年，公元1921年。既然王舟瑶校勘案语作于民国，那么，江涵组织的抄录、覆校工作在1921年重阳日完成无疑。所以，我们完全有理由判定：今浙江省图书馆藏《石龙集》抄本系1921年抄本，而非"清抄本"。至于该民国抄本如何由浙江省图书馆收藏，则有待进一步的考证了。

　　容肇祖先生生前收藏有《明道编》(《久庵日录》)四册六卷，且系明嘉靖原刻本①。1937年7月17日，即在倭寇侵华的恶劣环境之下，容肇祖先生利用珍藏的明刻本《明道编》，在北平景山堂完成长文《王守仁的门人黄绾》，后收录于他在1940年暑假修改完成的《明代思想史》(开明书店1941年出版)。据笔者调查而知，容肇祖先生生前收藏的明刻本《明道编》今藏台湾故宫博物院，并有容肇祖手书题记②；至于容先生的《明道编》如何流传至台湾故宫博物院，笔者不得而知。

　　1959年，中国科学院历史研究所二所思想史组刘厚祜、张岂之二位先生，在侯外庐先生的指导之下，根据北京(国家)图书馆所藏明刻本《明道编》胶片，分段、标点，并由中华书局于1959年出版发行，先后三次印刷，印数达12,900册。这为现代学人研究黄绾晚年思想提供了极大的便利。

　　吴震教授有专文(1992)对现藏日本京都大学的黄绾序刊本《阳明先生文

---

① 容肇祖：《王守仁的门人黄绾》，《燕京学报》第27期，1940年6月，第80页。
② 据台湾地区善本古籍联合目录网站检录得知。

录》(刻于 1533 年,一函二册五卷,简称"黄本")与钱德洪刻于姑苏的《阳明先生文集》(刻于 1536 年,一函八册二十四卷,简称"钱本")进行了比较,得出若干结论:比如"黄本"与"钱本"属于不同时期的刻本,"黄本"乃是"钱本"之蓝本,"黄本"比"钱本"多出十三封书信且这十三封书信应当视为阳明逸文。还指出,据"黄本"之记载可以正"钱本"之错误、补"钱本"之脱文。① 总之,黄绾序刊本的《阳明文录》的版本价值与文献价值,不容小觑。如若机缘成熟,我们不妨将"黄本"影印出版。

《中华大典·哲学典·儒家分典·其他儒者分部》(2007)辟有"黄绾"之典,"综合"部分录有《明儒学案·黄绾传》、《明道编》卷一节文、林文相《明道编序》、吴国鼎《明道编跋》,"传记"部分录《明史·黄绾传》,"杂录"系王廷相《王氏家藏集·石龙集序》。②

张宏敏自 2008 年夏受《王阳明全集》主编、浙江省社科院哲学所吴光研究员之命,开始搜集黄绾存世文献著作,并小有收获;2011 年春,应《阳明后学文献丛书》主编钱明研究员之约,负责裒辑黄绾存世文献以成《黄绾集》新编本(2014)。《黄绾集》的重新编校整理主要以《石龙集》(台湾图书馆藏明嘉靖年间刻本)为蓝本,以《久庵先生文选》(日本尊经阁文库藏明万历年刻本)、《知罪录》(上海图书馆藏明嘉靖三年黄绾自序本)、《明道编》(中华书局点校本)等为主要补充文本,并收录散见于明人文集诸如《王阳明全集》、《明儒学案》、各地方志诸如《台州府志》、《黄岩县志》、《太平县志》、家乘史料如《洞山黄世宗谱》、《桃溪谢氏宗谱》等之中的黄绾佚文,厘定为四十卷。新编《黄绾集》四十卷在编目上基于《石龙集》二十八卷而成,其中《石龙集》卷十四分上、下,新编《黄绾集》析为两卷,即卷十四、十五;《黄绾集》卷三十至卷三十三所收录奏疏文,移录自《久庵先生文选》卷十三、十四、十五、十六,其中《黄绾集》卷三十《大礼私议》、《止迁献帝山陵疏》自《知罪录》补入、《黄绾集》卷三十《论刑狱疏》自《名臣经济录》转录。《黄绾集》卷三十四至卷三十九收录《久庵日录》六卷,自刘厚祜、张岂之先生标点的《明道编》(中华书局本)移录,同时参校了容肇

① 吴震:《王阳明佚文论考:就京都大学所藏王阳明著作而谈》,载陈平原主编《学人》(第一辑),江苏文艺出版社 1992 年版,第 417—433 页。
② 《中华大典》编纂委员会编纂:《中华大典·哲学典·儒家分典》,云南教育出版社 2007 年版,第 1864—1867 页。

祖先生《王守仁的门人黄绾》一文中的部分引文。《黄绾集》卷四十收附录两种，一是黄绾诗文集的序、跋文，二是关于黄绾的行状、传记史料。《黄绾集》新编本由上海古籍出版社作为《阳明后学文献丛书》（钱明主编）之一种正式出版。

《黄绾集》新编本出版后，学术界、出版界有好评。阳明后学研究同仁如是说："《黄绾集》基本上汇集了明代浙中王门重要学者黄绾目前存世的全部思想资料，并可藉此开展对黄绾生平及其哲学思想、政治思想、文学思想的个案研究，还可以展开黄绾与王阳明（包括阳明后学）、湛若水、王廷相等明代哲学家以及黄绾与张璁、严嵩、夏言、明世宗等明代中期的政治家之间交往关系等相关问题的研究。"上海历史博物馆原馆长潘君祥研究员利用《黄绾集》中一篇文献，撰文《上海沙船与商船会馆》，指出在古代历史文献中是明代阳明学者黄绾第一次提到了"沙船"："在历史文献中，黄绾在报给朝廷的奏疏《弭江盗疏》（嘉靖八年八月题）中，'沙船'正式的书面名称就已经出现。明嘉靖八年，即公元1529 年，这是我们目前可以查考到的'沙船'名称最早出现的年代。"①

2015 年 3 月，朱珅祯女士在《古籍读书报》撰文——《〈黄绾集〉最新编校整理本出版》，称："裒辑黄绾的存世文献，编校整理《黄绾集》，这对系统整理阳明后学文献与深入开展阳明后学研究，是一件很有意义的工作。《黄绾集》重新编校整理本……这是目前内容最全、校勘质量最高的版本，免却研究者搜罗之苦，为阳明后学研究提供了极大方便。"上海古籍出版社社长高克勤先生为"2015 年北京图书订货会推荐书单"推荐了 10 本好书，其中一种就是《黄绾集》。中国社会科学网于 2015 年 4 月 28 日发布消息——《〈黄绾集〉新编本出版，助益阳明后学研究》。全国古籍整理出版规划领导小组主办的"中华古籍网"于 2015 年 4 月 29 日发布"《黄绾集》最新编校整理本出版"的信息。

此外，由张宏敏、曾孔方负责点校的《温岭丛书》本《黄绾集》（简体字本），收录《知罪录》、《石龙集》、《久庵日录》单行本，由浙江大学出版社于 2016 年 5 月正式出版。《温岭丛书》还收录有《谢铎集》、《谢省集》、《叶良佩集》等明代温岭籍学者诗文集，而黄绾师从谢铎、谢省，与叶良佩交好，这为我们系统研究黄

---

① 潘君祥：《上海沙船与商船会馆》，《航海》2015 年第 2 期。

绾与台州地方学者之间的互动、交流提供了便利。

吴锐研究员利用唐宇元先生转手的《石龙集》、《久庵先生文选》，点校了黄绾诗文中涉及王阳明的十一篇，成《黄绾逸文与王阳明》(2011)，主要有《志怀》、《病中习辟谷寄阳明甘泉》、《游香山次阳明韵》、《寄阳明先生书》等①。

(二) 著述考证

容肇祖先生《王守仁的门人黄绾》(1937、1940)一文考证：黄绾的著作有《易经原古》、《书经原古》、《诗经原古》、《礼经原古》、《春秋原古》、《四书原古》、《中庸古今注》一卷、《庙制考义》二卷、《知罪录》一卷、《明道编》十二卷、《思古堂笔记》、《石龙奏议》、《云中疏稿》、《边事疏稿》、《边事奏稿》、《石龙集》二十八卷、《困蒙稿》、《洞黄黄氏世德录》、《恐负卷》等书。② 此后学人论及黄绾著作亦多沿袭此说。容肇祖先生认为黄绾存世之著作"仅《明道编》一书"，其相关研究亦仅以《明道编》六卷为主要资料。

侯外庐先生的《明道编序》(1959)文"据容肇祖先生的考证"，对黄绾的著述明细进行了罗列，亦称"(黄绾)其书除《明道编》外，都已经佚失了"。进而指出《明道编》一书，据黄承德说是十二卷；但据黄绾学生林文相跋文则说是十卷，似乎此书在林文相写跋文的时候是只刊行了十卷；现在则仅存六卷，其他系早已散失，并非后来散失的。侯外庐先生还对散见于各书的黄绾零篇文字予以列举：《东盘山生圹自铭》、《少谷子传》、《重修黄岩县儒学记》、《游雁山记》、《游石佛记》、《游永康山水记》、《题灵岩洞摩岩诗》、《紫霄吟》、《飞虹峡歌》、《阳明先生行状》、《明军功以励忠勤书》。③

侯外庐、邱汉生、张岂之三先生合作主编的《宋明理学史》(1987)，其第二编第十五章由唐宇元先生撰文的《黄绾的学行与"艮止"说》④，指出：黄绾著作

---

① 吴锐：《黄绾逸文与王阳明》，载《国际阳明学研究》(第一卷)，中国社会科学出版社 2011 年版，第 303—309 页。

② 容肇祖：《王守仁的门人黄绾》，《燕京学报》第 27 期，1940 年，第 80—81 页；《容肇祖集》，齐鲁书社 1989 年版，第 278—280 页。

③ 侯外庐：《明道编序》，载《明道编》，中华书局 1959 年版，第 13—14 页。

④ 侯外庐、邱汉生、张岂之主编：《宋明理学史》，人民出版社 1987 年版，第 383—402 页。

甚多,今存世的尚有嘉靖本《石龙集》二十八卷、万历本①《久庵先生文集》十六卷、嘉靖本《久庵日录》六卷、万历本②《明道编》六卷、清抄本③《游永康山水记》一卷。其他还有若干诗文,散见于方志与诸家文集中:《明经世文编》四篇;《黄岩集》(文)二十一篇、诗九首;《台学统》九篇;《黄岩县志》(文)六篇、诗十五首;严嵩《钤山堂集》一篇、诗三十一首;郑善夫《少谷全书》一篇。以上所载诗文,其中有一部分互相重复。又,季本《说理会编》、钱德洪《绪山会语》,《三台文献》、《姚江渊源录》、《圣学宗传》、《太平县志》、《乐清县志》、《雁山志》等也载有黄绾文字。至于《王文成公全书》十五篇、何瑭《何文定公文集》一篇④、王廷相《王氏家藏集》三篇、王世贞《弇州堂别集》一篇、夏镟《赤城集》三篇和夏浚《月川类草》等,其中有与黄绾的书札,也有记述黄绾思想和学术行迹的。

　　姜国柱教授著《中国思想通史》(明代卷)第十二章题曰《黄绾的哲学思想》(2011),有对黄绾著作名目的罗列,则是对容肇祖、侯外庐先生说法的转录⑤。

　　张宏敏依据容肇祖、唐宇元先生文章提供的线索,按图索骥,于地方志文献中详细检录、盘点关于黄绾书目的史料文献,又前往浙江省图书馆古籍部、上海图书馆古籍部、台州玉环、温岭、黄岩等黄氏后裔聚居村落,实地访查黄绾

　　①　值得我们注意的是,唐宇元先生在为《宋明理学史》撰文之时(1987),虽然提到《石龙集》、《久庵先生文集(选)》尚存,但是行文之中并未有对《石龙集》、《久庵先生文集(选)》的引用。若干年之后(1991),唐宇元得到日本学者土田健次郎、新加坡李焯然先生的帮助才获得"新发现的黄绾著作",并成《黄绾思想新议》(载《齐鲁学刊》1991年第3期,第19—25页);其文有曰:"笔者(按:唐宇元)数经寻索,获得黄绾存世的(遗著)尚有《石龙集》二十八卷(嘉靖本)、《久庵先生文选》十六卷(万历本)、《久庵日录》六卷本(万历本),以及散存于明清人编纂的类书,方志中的一些篇籍。"
　　笔者在2008年夏天搜集黄绾存世文献之时,即通过拜读唐先生《黄绾思想新议》大作"附记"得知:唐先生已经通过日本土田健次郎、新加坡李焯然先生的帮助,获得了《久庵文选》复制文本。为此,曾经委托与侯外庐学派有深厚渊源的天津市工会管理干部学院陈寒鸣教授、中国社科院历史所郑任钊副研究员通过各种途径联系唐先生以寻求帮助,因知晓唐先生身体欠佳而被迫放弃。2011年7月笔者参加了在浙江温州文成召开的"第十四届明史国际学术研讨会暨第二届刘基文化国际学术研讨会",巧遇来自新加坡的李焯然先生,遂询问新加坡国立大学图书馆藏《久庵先生文选》摄制复印本情况,希望得到帮助,后无音讯。2011年9月笔者负笈求学沪上,仍未放弃《久庵文选》的搜集工作,多方询问,得知台湾图书馆可能有《久庵文选》复印本,遂委托台湾大学吴孟谦博士、台湾师范大学朱湘钰博士进行查找,并复印出明万历年间《久庵先生文选》十六卷刻本。久庵先生地下有知,当明鉴后生小子用心之良苦。
　　②　笔者按:"《久庵日录》六卷嘉靖本、《明道编》六卷万历本",实为一种。
　　③　笔者按:"《游永康山水记》一卷清抄本"的说明有误,实为一篇游记文字,《石龙集》、《(雍正)浙江通志》、《(光绪)永康县志》中均收录有此文。
　　④　(明)何瑭撰:《柏斋集》卷二《赠石龙黄先生致仕序》,文渊阁《四库全书》本。
　　⑤　姜国柱:《中国思想通史(明代卷)·黄绾的哲学思想》,武汉大学出版社2011年版,第201—202页。

存世文献,以"一一追寻其史源"而考正①的研究路数,先后在《国际阳明学研究》、《国学学刊》等专题论集、期刊上发表了一系列关于黄绾著作版本考证的文章②,详细考述黄绾各种著作之创作背景、思想主旨、版本存佚、学术价值等情况,即对其九种经学著作《易经原古》、《书经原古》、《诗经原古》、《礼经原古》、《春秋原古》、《四书原古》、《中庸古今注》、《庙制考议》,四种政论著作《石龙奏议》、《云中奏稿》、《边事奏稿》、《知罪录》,七种哲学、文学著作《困蒙稿》、《恐负卷》、《诸葛公传》、《石龙集》、《久庵先生文选》、《思古堂笔记》、《明道编》(《久庵日录》),两种家乘编纂《洞黄黄氏世德录》、《家训》,三种参修、编修文献典籍《明伦大典》、《阳明先生存稿》、《桃溪类稿》③等,逐一考论。

厦门大学人文学院师资博士后王传龙的新著《阳明心学流衍考》第五章(2015)有专节对黄绾的为学经历及著作版本,尤其对黄绾《石龙集》、《久庵先生文选》的版本流传情况进行了补充性质的说明,值得关注④。

(三) 思想研究

当代学术界最早对黄绾思想进行研究是容肇祖先生,其《王守仁的门人黄绾》(1937、1940)下篇即题曰《黄绾的思想》⑤,嗣后在《明代思想史》"王学的分派"中设"黄绾"一题(1941),又对黄绾的反宋儒、反王守仁、湛若水而提揭"艮止执中之学"予以论说⑥。

目前学界已有的研究成果所涉黄绾思想研究,主要集中在以下九个议题,

---

① 陈垣著,陈智超编:《陈垣史源学杂文》(增订本),三联书店 2007 年版,第 2 页。
② 张宏敏:《今存黄绾诗文集版本略考》,《国际阳明学研究》(第二卷),上海古籍出版社 2012 年版,第 309—318 页;《黄绾经学、政论著作合考》,《国际阳明学研究》(第三卷),上海古籍出版社 2013 年版;《黄绾著作考论》,《国学学刊》2013 年第 1 期,第 46—61 页;《黄绾集·编校说明》,上海古籍出版社 2014 年版,第 1—9 页。
③ 笔者按:2014 年 11 月 14 至 15 日,浙江省社会科学界第二届学术年会分论坛——"浙东文献与藏书文化学术研讨会"在宁波召开。笔者受邀与会,会议间隙,本次会议策划者宁波大学浙东文化研究院院长张伟教授询问笔者:"你研究的黄绾,是否编辑过南宋学者杜范的《杜清献公集》?"当时,我不假思索地说道:"可能吧!我不大确认,但我知道黄绾晚年所居地宅(新宅村)与杜范当年所居杜家村是邻村,黄绾很是钦佩杜范的道德文章。"根据张伟教授提供的信息,黄绾参与编修的著作应该增加一种,即《杜清献公集》。
④ 王传龙:《阳明心学流衍考》,厦门大学出版社 2015 年版,第 160—161 页。
⑤ 容肇祖:《王守仁的门人黄绾》,《燕京学报》第 27 期,1940 年,第 81—113 页;《容肇祖集》,第 280—316 页。
⑥ 容肇祖:《明代思想史》,开明书店 1941 年版,第 158—182 页。

即黄绾的学术定位、学思历程，黄绾与王学，黄绾与王畿之间的"论辩"，黄绾的
艮止之学、易学思想、政治思想、人性之论、义利之辩。下面，我们分别予以
述评。

1. 学术定位

对于黄绾的思想定位，是开展黄绾学术研究的一个基础性、根本性问题。
对此，学人见仁见智，提出了各自的观点。

（1）反道学

侯外庐先生《中国思想通史》第四卷（下）第二十章题曰"王廷相、黄绾、吕
坤的反道学思想"（1960），这里，侯外庐、范文澜先生以"反道学"来指称黄绾的
哲学思想。[①]

（2）气学

葛荣晋先生在《王廷相和明代气学》（1990）一书中指出：黄绾一生，治学
三变。大体说来，正德五年入仕以前，他是程朱理学的忠实信徒；入仕至嘉靖
七年王阳明卒，他由宗程朱转师于王阳明，由客观唯心论转向主观唯心论；黄
绾晚年，由信奉心学进而批判心学，由心学转向气学。黄绾所以能够由王阳明
"心学"转向唯物论，除了社会政治原因外，这同他接受王廷相等人的气学思想
的影响，是直接有关的。[②]

（3）实学

容肇祖先生《王守仁的门人黄绾》（1937—1940）一文结论认为黄绾的思想
有"实习实行的精神"、"跑上实用的道路"："黄绾很有实习实行的精神，他的态
度有点像后来的颜元。他主张思考，主张学，主张实行，主张求功效，主张近人
情，以致知为精思，以物则之当然为格物，以治生为游艺。自然他亦有注重于
向内的修养之处，所谓艮止以存心，不免明儒好标宗旨的习气，但是他反对无
思无为，仍是跑上实用的道路的。他对于人生哲学，是贡献着实用的实行的精
神，较之王守仁的学说是更要踏上切实的地步了。"[③]

---

① 侯外庐主编、范文澜著：《中国思想通史（第四卷下）》，人民出版社 1960 年版，第 929—941 页。

② 葛荣晋：《王廷相和明代气学》，中华书局 1990 年版，第 278 页。葛先生此著出版时间（1990）
较之下文《黄绾实学思想简论》（1989）要晚，但是可以肯定《王廷相和明代气学》一书成文更早，此书行
文还未摆脱"唯物、唯心"的前苏联哲学教科书教条主义式的研究范式。

③ 容肇祖：《王守仁的门人黄绾》，《燕京学报》第 27 期，1940 年，第 113 页；《明代思想史·黄
绾》，第 182 页；《容肇祖集》，第 316 页。

葛荣晋先生在对王廷相、黄绾的气学(《王廷相和明代气学》,1990)进行论证之后,又转向研究王廷相、黄绾的实学。其在《黄绾实学思想简论》(1989)中指出:黄绾是明代中期一位著名的哲学家,他一生治学三变,早年初师谢铎,学宗程朱;中年转师王阳明,笃信心学;晚年背离王学,而转向实学。《明道编》是他批评宋明理学的战斗檄文,也是他的实学思想的重要著作。黄绾晚年由心学转向实学,主要是由当时的社会政治需要和实学思潮影响的结果,在以王廷相为代表的实学思潮的影响下,黄绾逐步背离王学,成为当时实学思潮的重要人物之一。黄绾的实学思想,在学术上,主要表现在两方面,一是揭露和批评宋明理学的空虚之弊和禅学本质,二是阐释他的"艮止执中"之学。①

值得注意的是,唐宇元在《黄绾思想新议》(1991)文中对容肇祖、葛荣晋二位先生对黄绾的学术定位有质疑,以为"对于黄绾的思想,容肇祖先生在40年代著文称黄氏早年尊崇王学,但他晚年'转变了',在王学营垒中,他第一个起来'不留余地'地反对王学,并早在明末顾、黄、王以前,在黄绾那里就有了启蒙思想。(《浙东黄绾思想》②,载《燕京学报》第27期,1940年6月)自此以后,一些论者相沿此说,竞相拔高,以至时下又把黄绾列为明清之际'实学'思潮中一个具有唯物主义思想、提倡经世致用的启蒙人物","这些观点是值得商榷的"③。

方奕亮的硕士论文《黄绾研究(1477—1551)》(1995),沿用容肇祖先生的观点,指出:黄绾的思想是有划时代意义的,既可启导明末实学思潮的出现,亦下开清初反宋儒的先路。黄绾所提出的主张,如他的反虚务实,肯定私欲的价值和重视理财等观念,影响后世深远;这些思想不单为后世学者所承袭,更将之发扬光大,到明末清初,更汇聚成一股强大的力量,促使风靡明代思想界的"心学"没落,实学思潮继之而兴。④

王宝汉的硕士论文《黄绾理学思想研究》(1999)也沿用容肇祖先生的观点,以为"黄绾切实的学风也成为后来实学的先驱":因着禅学"无思无为"之

---

① 葛荣晋:《黄绾实学思想简论》,《浙江学刊》1989年第2期,第86—92页。
② 笔者按:唐文"浙东黄绾思想"系误记,实作"王守仁的门人黄绾"。
③ 唐宇元:《黄绾思想新议》,《齐鲁学刊》1991年第3期,第19页。
④ 方奕亮:《黄绾研究(1477—1551)》,香港大学硕士学位论文,1995年,第115—116页。

说，黄绾特别重视"功效"与"经世"，虽然并未立刻化身为"致用"之学，但其思考方向的确是朝"实学"迈进的；颜元与黄绾皆是以"复古"为方向、以"切实"为精神、以"经世"为理想的思想家①。

李书增、岑青、孙玉杰、任金鉴著《中国明代哲学》(2002)，其中《黄绾的思想》一文沿用葛荣晋的说法，指出：黄绾到了晚年，由于社会矛盾日趋尖锐和经世致用思潮的兴起、以及王学空虚之弊的暴露，他的思想发生了变化，开始由信奉心学转向批评王守仁及其后学，并在批评中走向了实学。② 台湾宜兰大学吴秀玉教授也有文对黄绾的"实用实行哲学"(2002)予以考察③。

王传龙的博士论文(2015)认为，黄绾晚年宣扬主动思考，看重世俗功业，强调学问之功效，具有鲜明的实践主义精神。④

(4)"理学"

侯外庐、邱汉生、张岂之主编《宋明理学史(下册)》(1987)，其第二编第十五章第一节《黄绾的学行与"艮止"说》由唐宇元先生撰文完成，称黄绾为理学家，其思想属理学，比如有"黄氏晚年所编的《明道编》比较集中地反映了他的理学思想"、"研究黄绾的理学，主要依靠今存的《明道编》"、"黄绾与王畿的理学论证"、"对黄绾的理学评价"云云⑤。

谷方编著的《中国哲学辞典》(1990)在"明代哲学人物"中列有"黄绾"条目，称黄绾在批判当时各家学说的过程中建立了以知止为主旨的哲学体系，对于程朱理学和陆王心学虽然有所批判，但他仍然属于理学家。⑥

王宝汉的硕士学位论文题曰《黄绾理学思想研究》(1999)，即主要从理学的角度出发研究、考察黄绾思想，以为黄绾"的理学思想比较集中地反映在晚年的《明道编》之中"，"《明道编》六卷非常集中地呈现出黄绾晚年的理学思想"。氏著针对《明道编》、《石龙集》的相关资料予以分析，先介绍黄绾的生平与成长背景，再论述其中心思想，及黄绾对于心、性、天之看法，接着

---

① 王宝汉：《黄绾理学思想研究》，逢甲大学硕士学位论文，1999年，第138—139页。
② 李书增、岑青、孙玉杰、任金鉴著：《中国明代哲学》，河南人民出版社2002年版，第1188页。
③ 吴秀玉：《明代中叶黄绾之实用实行哲学》，《宜兰技术学报》(人文及社会专辑)第9辑，2002年，第115—132页。
④ 王传龙：《阳明心学流衍考》，厦门大学出版社2015年版，第189页。
⑤ 侯外庐、邱汉生、张岂之主编：《宋明理学史》，人民出版社1987年版，第383—402页。
⑥ 谷方：《中国哲学辞典》，书海出版社1990年版，第560—561页。

分述其义利观、志功说与修养论,最后归纳出黄绾理学特色,并探讨黄绾晚年思想转变之因。①

林家骊教授著《谢铎及茶陵诗派》(2008)以为黄绾业师谢铎"是浙东理学的传人",所以以为黄绾"也是著名的理学家";黄绾为"浙中王门"颇具代表性的人物,其"艮止"学说的形成与谢铎的蒙学教育密不可分②。

(5)"心学"

黄宗羲著《明儒学案》在"浙中王门学案"之中为黄绾树传立案,现代学者研究黄绾进而对黄绾思想的定位,是绕不过《明儒学案》的。易言之,黄绾作为王阳明弟子的身份是不容怀疑的。一般称王阳明的良知学为"心学",那么称黄绾之学为"心学",也就顺理成章。

唐宇元先生撰文的《宋明理学史(下册)》第二编第十五章第一节《黄绾的学行与"艮止"说》(1987),称黄绾的思想为"理学"③;嗣后,唐宇元在《黄绾思想新议》(1991)中则又称黄绾的思想为"心学",指出"黄绾的心学特点,是以《象传》'艮止'论说心为本体及其体验方法","黄绾以'艮止'论证心体的绝对性及其实在性,与王阳明以心为本的心学,并无本质的不同。如果说有什么相异的话,则是王阳明多从思辨方面论证心的本体意义,而黄绾则是多从三代圣王、儒家经典的所谓'典要'方面,论证心体的"。④

浙江省社科院哲学所钱明研究员著《浙中王学研究》(2009)则称"黄绾著述,既有理论性的,也有政论性的,更有注释性的,可以说在以心学治经学方面他是开了浙中王门乃至整个阳明学派之先河的"⑤。这里,钱明研究员把黄绾视作一位心学家。

山东大学陈坚教授《黄绾的"艮止"心学:兼谈黄绾心学的天台佛学性格》(2009、2012)指出:黄绾通过对《周易·艮》卦的创造性解读,建立了一个从"心性论"的角度而不是从"实学"的角度来反对王阳明心学的所谓"艮止"心

---

①　王宝汉:《黄绾理学思想研究》,逢甲大学硕士学位论文(指导教师:戴瑞坤教授),1999 年,第1—143 页。

②　林家骊:《谢铎及茶陵诗派》,中华书局 2008 年版,第 89、119 页。

③　侯外庐、邱汉生、张岂之主编:《宋明理学史》,人民出版社 1987 年版,第 384—389 页。

④　唐宇元:《黄绾思想新议》,《齐鲁学刊》1991 年第 3 期,第 22—23 页。

⑤　钱明:《浙中王学研究》,中国人民大学出版社 2009 年版,第 89 页。

学,在当时独树一帜。①

(6)"其说不可取"

与上述数种观点正面肯定黄绾思想的学术地位不同,也有学者比如劳思光先生的《中国哲学史新编》(1980)就对容肇祖在《明代思想史》中极力"推崇久庵之学"表示不满,以为"以哲学史标准言,其(黄绾)说实无可取""其论点不外常识,未能接触儒学之真问题及真理路也";"今观《明道编》,则久庵之说,粗疏混乱,于儒学内部问题既无确切了解,释经训诂,亦随意强说"②。

张学智教授的《明代哲学史》(2000)、《中国儒学史(明代卷)》(2011)指出:因黄绾的著作大部分散逸,就传世的《明道编》来看,黄绾实践上的破斥有余,而理论上的发明不足。对有宋诸大儒的批评,皆攻其一点,未能深入其中。对乃师王阳明,有时为了批评之需,故为断章取义。因不能平心理解,所以显得肤廓无力。但他对当时学弊的批评、纠举,在明代儒学史上是有一定意义的。③

与劳思光先生的基调相仿,董平教授著《浙江思想学术思想史》(2005),"很坦率地说":"黄绾之'艮止'说在理论上是粗疏不严密的,他至少尚未明确给出'内艮之止'本身之合理性的规范性规定;换言之,心体之'止'当止于何所、以及缘何当止于该所这一问题,在他那里仍然是不明确的。""黄绾晚年反出师门,背叛王学,不再认为阳明之学乃圣学,而是竭力诋之为禅学异端,断言其空虚之弊,必至误人非细。《明史》本传述黄绾政事,谓'时皆以倾狡目之',其《赞》又云'绾之倾狡,乃不足道矣',然则斯亦恐有以与其'艮止'之说乎?"④

此外,李申教授的《中国哲学史文献学·黄绾》(2012)也根据《明史》之论,再次拿所谓的"倾狡"论对黄绾人格予以评述:"从人品上说,黄绾不是一个始终一贯的儒者。"⑤

---

① 陈坚:《黄绾的"艮止"心学:兼谈黄绾心学的天台佛学性格》,载《中日韩天台学术对话国际研讨会论文集(未刊稿)》,中国河南,2009 年;《周易研究》2012 年第 6 期,第 77—88 页。

② 劳思光:《新编中国哲学史》(三卷上),友联出版社 1980 年版;广西师范大学出版社 2005 年版,第 374 页。

③ 张学智:《明代哲学史》,北京大学出版社 2000 年版,第 154 页;《中国儒学史(明代卷)》,北京大学出版社 2011 年版,第 227 页。

④ 董平:《浙江思想学术思想史》,中国社会科学出版社 2005 年版,第 250—255 页;沈善洪、费君清主编:《浙江文化史》,浙江大学出版社 2009 年版,第 188—190 页。

⑤ 李申:《中国哲学史文献学》,河南人民出版社 2012 年版,第 322 页。

(7)"道学家"

与"反道学"论调相反,张宏敏的博士论文《黄绾道学思想之进展》(2014)基于冯友兰、姜广辉、余英时、蔡方鹿等先生对"道学"范畴的解读定位,以为明代儒者黄绾学术思想的准确定位是"道学":黄绾一生治学"三变",早年崇奉程朱理学,中年皈依阳明心学,晚年服膺经学元典,以为指称处于不断演变之中的黄绾儒学思想,以"道学"之名指称更为科学、合理一些。再有,黄绾早年即因"志于求道"而放弃科举,中年黄绾因"欲学以全夫性之道"而与王阳明、湛若水"订三人终身共学之盟"。王廷相撰《石龙集序》又以"明道"一词厘定黄绾之学,而黄绾晚年读书笔记《久庵日录》的汇编又以"明道编"定名:故而以"道学"一词称谓黄绾的学术思想也符合黄绾本人的意图。总之,黄绾是一位古典的道学家,一位学以致用的儒学家。确切地说,是一位具有"卫道"情怀且主张"儒学经世"的儒学家。

2. 学思历程

对于黄绾一生学思历程的概括,也是当今学人推动、开展黄绾著作、思想研究的意义之所在。对此,侯外庐、葛荣晋、张克伟、朱湘钰、吴光、张宏敏、王传龙等有文论述。

侯外庐先生著《明道编序》(1959)、《中国思想通史(第四卷下)》之《黄绾的哲学思想》一文(1960),指出:黄绾一生的思想经历了两次转变,一次由相信宋儒到信仰王守仁,再一次是他晚年背叛王学而对"致良知"说展开批判。[1]

浙江省社科院组织编写《浙江人物简志·黄绾》(1986)对黄绾的学思历程也有扼要总结:黄绾的早期思想深受朱学的影响;从学王守仁后,转而对王学笃信不疑,成为王守仁的挚友和信徒;王守仁去世后,黄绾对王学开始产生怀疑,在王学风靡当时的时代,独树一帜,批判王学,成为中国思想史上较早对王学进行系统批判的人物。[2]

葛荣晋先生的黄绾研究系列论文(1989、1990、1994)也先后揭示出了黄绾一生的学思历程,他一生治学三变,早年初师谢铎,学宗程朱;中年转师王阳

---

[1] 侯外庐:《明道编序》,载《明道编》,中华书局1959年版,第1页;侯外庐主编:《中国思想通史(第四卷下)·黄绾的哲学思想》,人民出版社1960年版,第929—930页。

[2] 浙江省社会科学院编:《浙江人物简志》(中册),浙江人民出版社1986年版;《黄岩县志通讯》1987年第1期,第17—18页。

明，笃信心学；晚年背离王学，而转向实学。

张克伟《试论黄绾对王学的评骘与乖离》(1992)以为：从黄绾一生为学历程来看，他初从谢铎问学，是他接触宋儒理学之始，其后更广泛涉及宋儒之学包括陆九渊、杨时之学。其后拜王阳明为师，并对王学"简易直接"的心学大旨深信不疑。晚年由于思想转变的关系，毅然对师说进行了强烈的剖析，此时的黄绾对社会现象不满，对王门弟子(王畿)把王学引进了禅化、蹈空之境，除了感到无限愤慨之外，更敢于指出王学学理的缺失及提出一己之说以救正其弊，这无疑是黄绾在对王学的理解与判别上所作出的重大突破。黄绾的学说与王学虽不尽一致，其基本精神则仍是贯通的。[①]

侯外庐学派传人张安奇、步近智先生合著《中国学术思想史稿》(2007)，有"黄绾由信奉王学转向批评王学"的专题，指出：在学术上，黄绾他早年宗程朱，后转向信奉王学，与王阳明、湛若水建立了深厚友谊，并长期笃信王学、传播王学；到了晚年，他转而以"经世之学"为"圣学"，批评王学为"禅定之学"[②]。

王健主编、坚石撰文的《儒学三百题·黄绾的基本观点有哪些？》(2001)基本上复述了葛荣晋先生的评论，即"黄绾一生，治学三变"，"他思想的变化是明代学术思想演变过程的一个缩影"，"黄绾晚年所以由王学转向实学，主要是当时的政治需要和实学思潮影响的结果"[③]云云。

王宇研究员撰文《从黄绾到黄宗羲：阳明心学与十七世纪的智识转型》(2008)，以余英时先生的"十七世纪智识转型"为参照，指出从王阳明到黄绾，再从黄绾到黄宗羲，存有一条阳明心学经世济物的内在理路。可以说，阳明学内在的事功倾向是引起十七世纪智识转变的诱因，黄绾这个个案似乎说明，十七世纪的这次智识转型其萌芽在十六世纪上半叶就已经出现了。[④]

张宏敏撰文(2012、2013)指出：作为思想家、哲学家、文学家的黄绾学富五车，"志在天下"，一生立志学"圣人之学"，以"明道"为己任，青年时期师从谢铎，克苦用功于程朱理学；中年时期与王阳明、湛若水结盟共学，曾一度服膺于

① 张克伟：《试论黄绾对王学的评骘与乖离》，《宁波大学学报》(人文版)1992年第2期，第18—26页。
② 张安奇、步近智：《中国学术思想史稿》，中国社会科学出版社2007年版，第423—426页。
③ 王健主编、坚石撰文：《儒学三百题》，上海古籍出版社2001年版，第394—396页。
④ 王宇：《从黄绾到黄宗羲：阳明心学与十七世纪的智识转型》，载钱明主编《王阳明的世界：王阳明故居开放典礼暨国际学术研讨会论文集》，浙江古籍出版社2008年版，第463—476页。

阳明良知学,并创办"石龙书院"而致力于在浙南一带传播弘扬阳明学,阳明殁后,多次上疏为阳明争取"名分"、撰有《阳明先生行状》、辑刊过阳明存世文献,还嫁女于王阳明哲嗣王正亿并抚养之长大成人;晚年因出使安南未成而"落职闲住"于黄岩老家,隐居翠屏山,以读书、著书、讲学终老,并能自觉地开展对宋明诸儒之学术思想的批判,从而提出了具有复古倾向的有自家特色的"艮止执中"之学,堪称中晚明时期王门内部修正运动的先驱。

朱湘钰博士在台湾中研院明清研究推动委员会主办的第四次"近世儒学、家族与宗教工作坊"上,作了一场题为《黄绾学思历程及其意义》(2012)的学术报告,指出,王阳明第一代门人中,倾注大量心力于儒家经解者,除季本外,便是黄绾了。相对于季本以阐扬师教为目的而作经解,黄绾的五种《五经原古序》文却无片言只语传播师教,且晚年所撰的《明道编》暗指阳明学"空虚之弊,误人非细",故可判断其注经当自有主意;该学术报告还透过黄绾现存著述,探究黄绾初从学于乡贤谢铎,后拜王阳明为师,最终又批评师教的学思历程,据此呈显其藉由诠释儒家经典体现圣人之学的面貌,和欲传续孔孟道统而驳斥宋明儒为禅学的思想特色。①

王传龙博士的博士论文《阳明心学流衍考》分早、中、晚三个阶段对黄绾的学术思想进行解读:早期阶段(1480—1509),遍览泛观、惩遏人欲;中期阶段(1510—1528),倾心阳明、"无弗入也";晚期阶段(1529—1554),排佛明儒、标举艮止。②

3. 黄绾与王学

黄绾与阳明心学(即"王学")的关系是学术界讨论的重点问题。主要有四种观点,第一种以为晚年的黄绾已经与王阳明的学说"决裂",另一种以为黄绾晚年的基本思想始终不越王学,第三种观点是认为黄绾属于王学的"批评派",第四种看法则主张黄绾晚年揭"艮止执中之学"是对王学的"修正"。

① 瞿惠远:《"近世儒学、家族与宗教工作坊"第四次讨论会活动纪要》(台湾中研院明清研究推动委员会网站)还提到:"与会学者指出,作者(朱湘钰)对黄绾与谢铎往来的描写多为推测之词,两人的互动可能并不密切。另外,作者甚少引用黄绾之文,有关经注的内容也说得太少,文章对核心议题着墨不足,需再多找一些黄绾认为经典中非常重要的说法来支持论点,或更改题目。又,所谓'学思历程'应限定于某一段时间,焦点较为突显,可集中探讨黄绾出入王门的思想转变。作者(朱湘钰)在前言提到要重新审视黄绾在王门中的定位,但最后并未就此给予一确切结论,建议再做补充。"

② 王传龙:《阳明心学流衍考》,厦门大学出版社 2015 年版,第 162—189 页。

(1)"王学决裂"说

侯外庐先生著《明道编序》(1959),指出:黄绾和王阳明在长时期内有着深厚的友谊,而且是一个王学的积极宣传者;到了黄绾的晚年,这个情况发生了改变,从《明道编》这部著作中可以明显地看出他与王阳明学说的决裂。①

黄公伟著《宋明清理学体系论史》(1971)称黄绾晚年"怀疑"、"攻击"、"背弃"师说,与王守仁"致良知"说别为两途,进而断定黄绾是"阳明的叛徒"②。

白寿彝主编的《中国通史(第九卷)中古时代·明时期(上册)》,有商传撰文的"黄绾由信奉王学转向批评王学"专题(1999),氏著以为黄绾在中年长期笃信王学、传播王学,晚年又转向批评王学。③ 姜国柱著《中国思想通史》(明代卷)第十二章题曰《黄绾的哲学思想》(2011),文中有论:黄绾晚年,学术思想有了变化,由坚信王守仁的心学而转向批判王学,并表示要与之决裂;黄绾认定王守仁的"致良知"说是禅学,告诫人们要警惕这种"误人非细"之学的毒害。黄绾的批评,标志着他与王学"决裂"④。

王宝汉的硕士论文《黄绾理学思想研究》(1999)第六章第二节题曰"(黄绾)背离于王守仁"⑤,认为黄绾晚年的攻击虽未明指王守仁,但由其大肆攻击王守仁的得意门生王龙溪,可知黄绾是认为王守仁之学有所疏漏,才会导致王龙溪将王学禅学化的。因此,黄绾晚年是认定王守仁之学虽非纯禅,亦绝非道脉之所系了。从此一观点切入,黄绾的确是"背离"了师说,而选择返回唐虞三代的复古道路了。

(2)"不越王学"说

容肇祖先生《王守仁的门人黄绾》(1940)一文指出:"可以说,(黄绾)反对王守仁的思想,仍是王守仁的真正的信徒。故此,黄宗羲放他入《浙中王门学案》,仍是不错的。"⑥

唐宇元先生负责撰文的《宋明理学史(下册)》第二编第十五章第一节

① 侯外庐:《明道编序》,载《明道编》,中华书局1959年版,第3页。
② 黄公伟:《宋明清理学体系论史》,台湾幼狮文化事业公司1971年版,第400页。
③ 白寿彝主编:《中国通史(第九卷)中古时代·明时期(上册)》,上海人民出版社1999年版,第453—455页。
④ 姜国柱:《中国思想通史(明代卷)》,武汉大学出版社2011年版,第200—201页。
⑤ 王宝汉:《黄绾理学思想研究》,逢甲大学硕士学位论文,1999年,第135—137页。
⑥ 容肇祖:《王守仁的门人黄绾》,《燕京学报》第27期,1940年,第112页。

《黄绾的学行与"艮止"说》(1987)指出：黄绾批评王畿乃至于王守仁的"知行合一"论，并不表明他是正确的，当然也不表明他是反对王学的。黄绾提出"艮止"说和从"艮止"说出发论证心体的绝对性以及体验心体的方法和功夫来看，他并没有越出王学的范围。① 嗣后，唐宇元在《黄绾思想新议》(1991)中再次重申"黄氏直至晚年并没有背叛王学"、"黄绾提出'艮止、执中'以阐发'致良知'的具体方法，这并不等于他背弃了王学"，进而认为黄绾的思想就是"心学"，"黄绾心学的特点，是以《象传》'艮止'论说心为本体及其体验方法"②。

杨国荣先生《王学通论》(1990)有"黄绾以'志道'否定'惟意而出'"的专节论述，以为黄绾晚年对王学末流（包括泰州学派）否定工夫的倾向深为不满，其批评亦兼及王阳明；不过，在以心为本体，并把致良知视为达到天赋于心体的普遍之则等基本原则上，黄氏与王阳明并无二致。易言之，黄绾晚年虽对王阳明的某些看法有微词，但其基本思想始终不越王学③。张克伟撰文(1992)指出，晚年黄绾的学说与王学虽不尽一致，其基本精神则仍是贯通的。④

刘蔚华、赵宗正主编的《中国儒家学术思想史》第四十二章第二节有佃利撰写的"黄绾及其对王学的修正"(1996)，以为：黄绾晚年指责救正王学，主要是从为学方法上强调"致知"功夫和修持过程，反对"离物"、"舍事"的禅悟方式；黄绾的思想虽然有重知识的倾向，而与浙中王门中的王畿相对立，但他仍未超出以心为本体的王学范围。⑤ 杨朝明在《儒家文化面面观》(2005)一书中对"黄绾是怎样'指摘救正'王学的"的回答中，指出：黄绾晚年作《明道编》，提出"艮止"说是为"救正"王学提出的，其"艮止"说虽与王学不尽一致，但它仍然是以心为体，并没有超出王守仁之学的范围。⑥

① 侯外庐、邱汉生、张岂之主编：《宋明理学史》，人民出版社1987年版，第400—402页。
② 唐宇元：《黄绾思想新议》，《齐鲁学刊》1991年第3期，第20—22页。
③ 杨国荣：《王学通论·黄绾以"志道"否定"惟意而出"》，上海三联书店1990年版，第136—139页；华东师范大学出版社2003年版，第145—149页。
④ 张克伟：《试论黄绾对王学的评骘与乖离》，《宁波大学学报（人文版）》1992年第2期，第18—26页。
⑤ 刘蔚华、赵宗正主编：《中国儒家学术思想史·黄绾及其对王学的修正》，山东教育出版社1996年版，第1346—1349页。
⑥ 杨朝明：《儒家文化面面观·黄绾是怎样"指摘救正"王学的》，齐鲁书社2005年版，第168—170页。

（3）"王学批评"说

方奕亮的硕士论文《黄绾研究（1477—1551）》（1995），以为黄绾除了对宋儒作出批评，亦对王学作出批评；除了对王阳明学说本身的不满外，对王阳明的门徒则更为不满。[①]

钱明研究员著《浙中王学研究》（2009）称黄绾"为浙中王门较早的批评者"，"认为黄绾属于王学的批评派亦未尝不可"。[②]

（4）"王学修正"说

邵秋艳《论黄绾对心学的继承和修正》（2010）以为：黄绾对阳明心学既有本体论上的继承发展，又有工夫论上的批评修正。他的本体论思想仍以心学为基础，在以心为本体的前提下，以艮止存心；在工夫论方面，黄绾以强调功效、学与思、天性人情之真来修正王学。黄绾的思想在一定程度上反映了王学内部一种新的学术倾向。[③]

张宏敏也有文（2013）以为晚年黄绾因出使安南未成而"落职闲住"于黄岩老家，隐居翠屏山，以读书、著书、讲学终老，并能自觉地开展对宋明诸儒之学术思想的批判，从而提出了具有复古倾向且有自家特色的"艮止执中"之学，堪称中晚明时期"王门"内部自觉修正"王学"之第一人。[④]

4. 黄绾与王畿之间的论辩

学界已有黄绾研究专论，对于中晚年时期的黄绾与王畿之间学术论辩的研究也极为关注。

容肇祖《王守仁的门人黄绾》（1937、1940）最早以黄绾的"艮止"与王畿的《艮止精一之旨》进行比较，指出：黄绾的"艮止"以存存为有，与王畿的学说是立在相反的方向的；王畿说艮止，以"无"为宗，黄绾说艮止以"有"为宗，当日二人大约是很相反的。[⑤]

日本学者山下龙二在《黄绾〈明道编〉について（続）》（1965）第四部分"黄绾人性论"行文中，以王龙溪的《艮止精一之旨》为参照，对黄绾的"艮止之旨"

① 方奕亮：《黄绾研究（1477—1551）》，香港大学硕士学位论文，1995 年，第 68—71 页。

② 钱明：《浙中王学研究》，中国人民大学出版社 2009 年版，第 89—100 页。

③ 邵秋艳：《论黄绾对心学的继承和修正》，《信阳师范学院学报》（哲社科版），2010 年第 5 期，第 30—36 页。

④ 张宏敏：《黄绾著作考论》，《国学学刊》2013 年第 1 期，第 46 页。

⑤ 容肇祖：《王守仁的门人黄绾》，《燕京学报》第 27 期，1940 年，第 105—106 页。

予以解读①。

侯外庐、邱汉生、张岂之主编《宋明理学史(下册)》(1987),其第二编第十五章第一节《黄绾的学行与"艮止"说》由唐宇元先生撰文完成,氏著以"自问自答"的形式对黄绾与王畿之间的"理学论辩"予以解读。问:黄绾晚年著作《明道编》是以批评"今日朋友"、"今日学者"、"今日君子"、"今日士友"这个形式来表述黄绾的理学思想的,那么,这个"今日朋友"云云究竟何所指?这对于把握黄绾的理学倾向是一个首要的问题。答:王守仁去世后,王畿成为王学宗主,适值黄绾晚年之时,故黄绾晚年成书的《明道编》,作为批评对象的"今日朋友"、"今日士友",指的正是王畿等人;但在"辨析毫茫"的争论中,在一些问题上也多少涉及到王学的开创者王守仁的一些观点。当然,黄绾同王畿的争论,在一些问题上也往往连及王守仁,但这并不意味着主要就是针对王守仁。② 嗣后,唐宇元在《黄绾思想新议》(1991)中再次重申黄绾《明道编》所"批判和反对的对象,主要是针对日益禅化的王龙溪等人","如果读一读《石龙集》、《久庵先生文选》,对勘《明道编》中所谓'今日朋友'、'今日士友'之类,原来基本上是指的王龙溪和与王龙溪观点接近的人"。对于黄绾与王龙溪之间争论的是什么问题?唐文以为:黄绾与王龙溪在王学中,都坚持以心为本体的心学观点,他们的分歧在于,作为本体的心是有典有则的实在,还是禅学化的空虚?对心体的体验是需要工夫,还是靠"一念自反"的禅悟?这是黄绾与王龙溪分歧的焦点所在。这种分歧是心学范围内的分歧,但黄绾把这种分歧视为儒与禅的分歧。③

王凤贤与丁国顺合著《浙东学派研究》第三编《明代:浙东心学思潮的兴起》有《黄绾的"艮止"说和他与王畿的"深辩"》(1993)文,氏著认为:黄绾是一位既通程朱理学,又接受阳明心学的学者;黄绾与王畿的交游关系不错,但学术见解上有分歧。据黄宗羲《游雁山记》记载,嘉靖二十一年(1542),黄绾、王畿曾以游浙东雁荡山的机会,"相与深辩"。在"深辩"中,两种观点的对立是明显的,其中黄绾以所谓的"绝学"、"圣学"即"艮止执中之学"来批评王畿的"空

---

① (日本)山下龙二:《黄绾〈明道编〉について(续)》,《名古屋大学文学部研究论集 XXXIX 哲学13》,1965 年 3 月。

② 侯外庐、邱汉生、张岂之主编:《宋明理学史》,人民出版社 1987 年版,第 384—389 页。

③ 唐宇元:《黄绾思想新议》,《齐鲁学刊》1991 年第 3 期,第 19—22 页。

无"说,因为王畿把"良知之体"说成是"无事无非"的"无"。在黄绾看来,"止"这个心体实际就是儒家所说的"天道"、"天理",具体来说,就是"威仪三千,礼仪三百"的伦理纲常,这些都是实实在在的"有",而不是空虚的"无"。①

方祖猷先生的《王畿评传》第十四章《(王畿)与同门之辩》(2001)有王畿与黄绾的"深辩",对黄绾与王畿之间的学术争鸣进行了解读。氏著以为:王畿与黄绾的学术分歧始于嘉靖十四年的《赠王汝中序》文,主要是不赞成阳明、王畿"四句教"之首句"无善无恶心之体";晚年黄绾著《久庵日录》,批评王学,其卷一所录,多处是针对王畿的,并以自己的观点与之相对;黄绾指责王畿"习闻禅学之深",王畿在落职后往访致仕家居的黄绾,与之深辩,未取得共识。②

朱红《黄绾"艮止"思想及其对王畿近禅化的批评》(2012、2013)指出:王阳明的"四句教"在王门高足钱德洪与王畿之间发生理解上的重大分歧,虽然这在天泉证道时已经存在,但在阳明去世后,愈演愈烈,逐渐发展成为学派的分化。王畿发挥"四句教"为"四无说",在会讲时常"杂以禅机",黄绾对此颇为不满,他指出王畿之学近禅为儒学所不取,亦为王门所不取,故以"艮止"思想来纠偏,尝试发挥《易经》中《艮》卦的思想,利用《尚书》、《诗经》、《大学》等儒家理论资源进行佐证,对王畿的思想进行了批判和纠正,这不但对于浙中王门后学近禅化的倾向具有一定的矫正意义,而且对于明清实学也有一定的开启作用。③

5. 艮止执中之学

"艮止执中之学"是黄绾晚年著作《明道编》的核心范畴。学界目前已有的黄绾研究论著之中,几乎均对黄绾的"艮止执中之学"予以阐述。

唐宇元先生负责撰文的《宋明理学史》(下册)第二编第十五章第一节《黄绾的学行与"艮止"说》(1987)指出:黄绾晚年的"艮止"说既包括其学旨,也包括其为学方法和功夫,强调"学与思",容纳了程、朱为学的"实地工夫"。这是他晚年为"救正"王学而提出来的。黄绾以"艮止"论证了心体的绝对性问题,还谈到了心体孰有孰无的问题,即心体的实在性;黄绾以"艮止"为心体,它虽

---

① 王凤贤、丁国顺著:《浙东学派研究》,浙江人民出版社1993年版,第231—224页。
② 方祖猷:《王畿评传·(王畿)与黄绾的深辩》,南京大学出版社2001年版,第361—366页。
③ 朱红:《黄绾"艮止"思想及其对王畿近禅化的批评》,《儒学天地》2012年第3期,第35—39页;《浙江社会科学》2013年第7期。

是抽象的,但却是实在的,它是"有"而不是"无",这个"有"即是"至善"的伦理纲常。①

葛荣晋先生的关于黄绾实学思想的专题论文(1989、1990)以为,黄绾在《明道编》中把他自己的"艮止、执中之学"说成是真正的"圣学",它的内容极其丰富,至少包含有如下四方面意义:心性"气理兼备,体用俱全","道心在人心中","义利皆不可轻","致知是格物工夫,格物是致知功效"。

徐洪兴教授《〈明道编〉评介》(1992)指出:黄绾在《明道编》中提出了"艮止执中之学",形成了自己独特的"圣人传心之学"和"人心"与"道心"关系思想的学说。②

张学智教授著《明代哲学史》(2000)、《中国儒学史(明代卷)》(2011)均对黄绾的"艮止"学说予以阐发,氏著以为黄绾在对明代中前期的学术风气施以批评的基础上,提出了自己的为学宗旨——艮止执中。黄绾认为艮止、执中之旨是"儒家正学",是儒家一切学说的纲领,是儒家经书所言功夫的浓缩与概括,此旨远有端绪,历圣相传,可以纠治各种弊病。艮止有体有用,重在"有止"之意,还包贯了儒家大部分重要观念,其中心意思,则在内心光明,外而有止。③

值得关注的是,围绕黄绾的"艮止之学",大陆学术界在 2011 至 2013 年连续有年轻学者以黄绾的"艮止之学"为选题,进行了硕士学位论文的撰写。

赵元煜的硕士学位论文选题系"黄绾'艮止'学说述评"(2011)④,氏著以为"艮止学说"是黄绾学术思想的核心,它是在吸取前人特别是宋儒对《周易》艮卦之阐释的基础上,对"止"之要义作出的系统论述,具体蕴义包括"为何止""何为止""止之所""如何止",分别涉及"艮止"学说的原因、方式、目标等内容;还认为黄绾"艮止"学说有两大特色。其一,艮止学说的主要旨意就是"知止",他认为《艮卦》是"以知止之止指心体"的,这种心体言"天地人之心",并不是纯粹的个体之心,而是使天地万物都囊括其内,这样就将"艮止"心体作为普遍超

① 侯外庐、邱汉生、张岂之主编:《宋明理学史》,人民出版社 1987 年版,第 389—400 页。

② 徐洪兴:《〈明道编〉评介》,载周谷城、潘富恩主编《中国学术名著提要·哲学卷》,复旦大学出版社 1992 年版,第 680—683 页;又载潘富恩、徐洪兴主编《中国理学》第三卷,上海东方出版中心 2002 年版。

③ 张学智:《明代哲学史》,北京大学出版社 2000 年版,第 146—154 页;《中国儒学史(明代卷)》,北京大学出版社 2011 年版,第 217—227 页。

④ 赵元煜:《黄绾"艮止"学说述评》,苏州大学硕士学位论文(指导教师:蒋国保教授),2011 年 4 月,第 1—40 页。

越的绝对存在,使"艮止"提升到本体的高度,而使《艮卦》的地位达到了空前的高度,这在哲学史上是前所未有的。其二,黄绾"艮止"学说是"兼体用而言",高度重视"艮止"之用,在"艮止"之用上,他强调"在实言、实行"上下功夫,从而使得他的"艮止"学说带有强烈的经世色彩。氏著还对黄绾提出的"艮止新道统论"进行叙述,还对黄绾"艮止"学说对于明清学术的深远影响予以论述。

张勇的硕士学位论文也是对黄绾"艮止之学"进行研究(2012),氏著抓住黄绾哲学思想的核心"艮止之旨",对其形上本体和形下工夫分别进行阐述,通过对《周易》艮卦的溯源及"艮止"体用的分析,揭示黄绾如何从形上的本体一步步过渡到形下的工夫。黄绾借《周易·艮卦》,将理、性、天、命都囊括进绝对的心体,这样就使得"艮止"心体成为普遍超越的绝对存在,将"艮止"提升到本体的高度。同时黄绾的"艮止之旨"是"兼体用而言"的,在肯定本体的同时高度重视"艮止"之用,强调"志、诚、学、思"的为学工夫,强调"致知"和修持的过程,反对"离物"、"舍万事"的禅悟方式,重视"闻见",重视"日用工夫",从而使他的"艮止"学说带有强烈的"经世色彩"。①

张建的硕士学文论文题曰"黄绾对理学的批判与重建研究"(2013),氏著以为:黄绾的哲学思想是建立在他对宋明理学全面批判的基础上的,他对朱熹、陆九渊和同时代的学者都有批判,正是在这种批判的基础上,提出了他的"艮止"思想;黄绾提出"艮止"思想的根本目的在于建立新的道统思想,以期彻底地扭转当时空虚的学风和不良的社会风气。从"艮止"思想出发,他强调学与思,注重践履,讲求功效,这种求真务实的思想也为明末清初甚至之后的学者反思阳明学开了先河。黄绾对后世的影响主要表现在扭转学术风气和提出新道统两个方面。②

台州地方学者黄大千教授编著的《黄绾哲学思想研究》(2013)分上、中、下三篇,其上篇题曰《黄绾"艮止"心学的形成、体系与评价》,阐述了黄绾"艮止"心学的本体论、道统论、认识论、修养论和社会历史观;认为黄绾在创立"艮止"心学时,以继承伏羲、文王、孔子思想作为旗帜,以儒家经典《周易》中的八卦学

---

① 张勇:《黄绾艮止之学新探》,湖南师范大学硕士学位论文(指导教师:邓名瑛教授),2012年4月,第1—56页。

② 张建:《黄绾对理学的批判与重建研究》,中央民族大学硕士学文论文(指导教师:孙宝山教授),2013年4月,第1—43页。

说的"艮"卦理论作为自己的立论依据,把"艮止"一词作为心学的核心内容,也是为学的功夫、方法和宗旨,论述了有关学问事功、人事伦理、人性本质、品德修养、义利关系和社会治乱等重要问题。《黄绾哲学思想研究》中篇则是《明道编》原文及《石龙集》的目录及部分文字,下篇则是网站上可以检录到的"黄绾哲学思想论著选编"。①

6. 易学思想

"艮止"一词出自《易》,围绕黄绾的"艮止"之《易》,《周易研究》上先后刊发了两篇文章,对黄绾的易学思想进行论述。

山东大学陈坚教授的《黄绾的"艮止"心学:兼谈黄绾心学的天台佛学性格》一文,先是在 2009 年中国河南召开的"中日韩天台学术对话国际研讨会"宣读,尔后刊载于《周易研究》(2012),2015 年又易名《黄绾心学与天台宗佛学》在浙江省天台县举办的"天台山文化当代价值理论研讨会"上宣读。氏著以为:黄绾通过对《周易·艮卦》的创造性解读,建立了一个从"心性论"的角度而不是从"实学"的角度来反对王阳明心学的所谓"艮止"心学,在当时独树一帜。此一"艮止"心学在黄绾看来乃是"孔门正传",乃是"圣人传心之学"。"艮止"心学主张人的"心"是唯一的,不管是君子的"天命之心"还是小人的"无容之心",不管是喜怒还是哀乐,其实都只是一个"心"而不是两个"心"。黄绾"艮止"心学对"心"的这种"一元化"理解与天台宗"一念三千"学说对"心"的理解如出一辙。②

张韶宇也有文发表在《周易研究》(2011)上,对黄绾的"艮止"易学进行研究,氏著以为:在易学上,黄绾以"圣人之学、忧患之枢"释《易》,认为《易》之微言,莫要于'艮止'",视"艮止"为"体用俱全"之"存心之法",以"艮止"为"圣

---

① 王大千(秋生)编著:《黄绾哲学思想研究》,中国文史出版社 2012 年版,第 1—300 页。值得注意的是,氏著上篇以"'艮止'心学的立论依据与'艮止'心学的本体论"为题连载发表在 2012 年 3 月 9 日、4 月 6 日、4 月 20 日的《今日黄岩》。《黄岩文化研究工程丛书》编委会副主任沈雷以为:"对黄绾哲学思想,国内外研究的学者极少,可供参考的资料也极少。王秋生潜心研究黄绾的哲学思想,最终完成了此书,从某种意义上说可谓是研究黄绾哲学思想论著的集大成者,填补了这一领域的空白。"(载《台州日报》2013 年 5 月 10 日)

笔者按:王秋生教授大作《黄绾哲学思想研究》中篇所涉《石龙集》的目录及部分文字,原系笔者在 2008 年夏提供给台州市路桥区梁溪村后一位叫林筠珍的人,供其创办"黄绾纪念馆"作为黄绾实物文献展出之用。林筠珍又把笔者提供的《石龙集》文献复印件转送王秋生教授。

② 陈坚:《黄绾的"艮止"心学:兼谈黄绾心学的天台佛学性格》,载《中日韩天台学术对话国际研讨会论文集》(未刊稿),中国河南,2009 年;《周易研究》2012 年第 6 期,第 77—88 页;《天台山文化当代价值理论研讨会论文集》(未刊稿),浙江天台,2015 年,第 66—78 页。

门开示切要之诀"的"圣圣相承"之道统本旨,终则以"收拾精神、归缩在腔子内"为"艮止"之修养工夫。其为学注重"经理世务",反对陷入"空疏支离"的宋明诸儒及王学末流,成为王学中具有自觉和批判精神的"异端"。①

7. 政治思想

关于黄绾政治思想的研究,主要关注点有二,一是黄绾的王道政治思想,二是黄绾与"大礼议"事件。

(1)对于黄绾的王道政治主张。葛荣晋与陈鼓应、辛冠洁等合著《明清实学简史》(1994)有"黄绾的王道政治"专论(葛荣晋撰文),以为黄绾主张"以宽为本"的王道政治,具体体现为:一、"宽猛相济","圣人之治有宽猛",只有做到宽猛适中,才能达到平治天下的目的;二、主张"惠民",包括"著赋役,宽民租"、设义仓以救荒、"治河理漕";三、主张"安内攘外";四、主张"进贤"。②

方奕亮的硕士论文《黄绾研究(1477—1551)》(1995)第三章第二节有"黄绾政治思想"专论,主要从为官者须照顾各阶层的利益、须宽厚即以宽为本、用人上善用人才、财政上尚节俭四个方面展开,论述了黄绾的政治主张;还认为黄绾政治思想的方向是"针对现实环境,作出回应"。③

李书增、岑青、孙玉杰、任金鉴四人合著的《中国明代哲学·黄绾的思想》(2002)在论述黄绾的政治思想之时,摘录了葛荣晋关于黄绾主张的"以宽为本"的王道政治要点。④

(2)关于黄绾在"大礼议"事件之中的表现与发生的作用。先是田澍《嘉靖革新研究》(2002)、胡吉勋《"大礼议"与明廷人事变局》(2007)对于黄绾与"大礼议"、嘉靖帝之间的关系,依据《明史》《明实录》等史料有一些考辨⑤。之后,王宇《合作、分歧、挽救:王阳明与议礼派的关系史》(2009)有对"大礼议"前后黄绾与王阳明、议礼派成员张璁、桂萼、霍韬、黄宗明、方献夫、杨一清包括

---

① 张韶宇《"〈易〉之微言,莫要于'艮止'":黄绾"艮止"易学研究》,《周易研究》2011年第1期,第36—41页。

② 陈鼓应、辛冠洁、葛荣晋主编:《明清实学简史》,社会科学文献出版社1994年版,第47—50页。

③ 方奕亮:《黄绾研究(1477—1551)》,香港大学硕士学位论文,1995年,第91—97页。

④ 李书增、岑青、孙玉杰、任金鉴著:《中国明代哲学·黄绾的思想》,河南人民出版社2002年版,第1211—1213页。

⑤ 田澍著:《嘉靖革新研究》,中国社会科学出版社2002年版;胡吉勋著:《"大礼议"与明廷人事变局》,社会科学文献出版社2007年版。

嘉靖帝之间错综复杂关系、一波三折过程的一些梳理与考论。①

吴锐研究员《黄绾"大礼"疏评议》(2012)②对黄绾在"大礼议"中活动及其与嘉靖帝之间的关系有较为详尽的考论。嗣后,吴锐在《黄绾反腐败》(2013)一文中,列举了黄绾《上西涯先生论时务书》中的十四条"痛陈时弊"的"反腐败"措施,介绍了黄绾在嘉靖朝的"大礼议"事件中"辩解朱厚熜入继的是大统而不是入继大宗,纯属狡辩","黄绾说天子在礼制上特殊,完全不符合事实";还对黄绾在平定大同叛乱所起的作用予以简述。

朱红、王绪琴合作发表《从"大礼议"事件看黄绾的政治思想》(2013)一文,指出:黄绾作为支持"议礼"的中坚力量之一,在议礼派明显处于劣势的情况下,仍上疏直言,以"人无二本"、"君位乃天位,非一家之私"等为理论根基支持议礼,随后在议礼新贵或病或辞之时,毅然前往参与《明伦大典》的编纂,既从理论上又在实际中旗帜鲜明地声援议礼派,在议礼过程中有着不可忽视的推进作用③。此外,朱红的博士学位论文第二章《"大礼议事件"与黄绾的政治主张》(2013),重申了黄绾的"大礼议"主张与思想④。

附带说上一句,2012 年夏、2013 年冬,笔者本着"学术乃天下之公器"的原则,曾先后向部分学者披露过上海图书馆藏有黄绾"议礼"文献汇编《知罪录》,《明世宗实录》中有对黄绾在"大礼议"中活动的记载,遗憾的是,他们新近的研究成果均未予采纳,即便是有引录,亦是无关痛痒地草草带过。惜哉!

8. 人性之论

侯外庐先生的《明道编序》(1959)、《中国思想通史(第四卷下)·黄绾的哲学思想》(1960)对黄绾以"天性人情之真"为命题的人性论予以揭橥:王守仁及其弟子的"去欲"、"复其天地万物一体之本然"的理论和"天性人情之真"是不相容的。按照黄绾来讲"天性人情之真",不能和"情有亲疏、爱有差等"相矛盾,这里他虽然用的是儒家的古老语言,而且还是囿于品级亲疏关系的偏见,

① 王宇:《合作、分歧、挽救:王阳明与议礼派的关系史》,《中山大学学报》(社科版)第97—107 页。

② 吴锐:《黄绾"大礼"疏评议》,《第二届国际阳明学研讨会论文集》(未刊稿),浙江余姚,2012年,147—164 页。

③ 朱红、王绪琴:《从"大礼议"事件看黄绾的政治思想》,《浙江学刊》2013 年第 2 期,第 121—125 页。

④ 朱红:《黄绾思想研究》(浙江大学博士学位论文,2013 年),第 42—51 页。

但其底蕴却在于宣布"情"与"欲"是不能"去"的,这就和王守仁的"去欲"、"去七情"的言论相反了,这里是带有人文主义色彩的。①

日本学者山下龙二在《黄绾〈明道编〉について(続)》(1965)一文中,有对"黄绾人性论"的论述②。葛荣晋先生的研究(1989)以为黄绾的人性论主要体现在"道心在人心中"这一命题,把"人心"说成"人欲",把"道心"说成"天理","人心"、"道心"皆取决于"气禀"如何而定、皆是心之"本体之有",因其心之发用不同才有人心、道心之分,进而主张理欲统一。③

王宝汉的硕士论文《黄绾理学思想研究》(1999)指出:黄绾在心性论上,肯定王学心性中有关仁义礼智信、四端等道德内涵,否定了王学心性中"无"、"虚"的特质④。黄绾对于"理欲之辩"的看法是反对"存天理去人欲"而较偏向"理存于欲",他注重的是天理与人欲之统一;黄绾在理欲之辩的问题上,既肯定了克制感性欲望的必要性,也肯定了正当欲望的必然性和合理性,他从人的自然生理需求说明存欲之必然性,实已超越王守仁而有了更中肯的看法,此后王龙溪及泰州学派王艮等人则更进一步发展了王守仁强调自然与感性的一面,朝向以自然为宗,把心性欲统一起来的方向前进⑤。

张安奇、步近智《中国学术思想史稿》(2007)以"天性人情之真"来界定黄绾的人性论,指出:黄绾按照封建伦理的等级亲疏,沿用了"情有亲疏、爱有差等"的传统观念,但是他明确地指出人有私情是得之自然,"私心"乃其"本心",而"大人之学皆由其真者",就如人之有喜怒哀乐,这是发之自然天性人情之真,即使是圣人也不例外⑥。

9. 义利之辩

关于黄绾的"义利之辩",也是学者关心的问题。

侯外庐先生的《明道编序》(1959)、《中国思想通史(第四卷下)·黄绾的哲学思想》(1960)指出:黄绾一反过去正宗学者的"正其谊不谋其利"的命题,认

---

① 侯外庐:《明道编序》,载《明道编》,中华书局 1959 年版,第 4—5 页;侯外庐主编:《中国思想通史(第四卷下)·黄绾的哲学思想》,人民出版社 1960 年版,第 933 页。

② (日本)山下龙二:《黄绾〈明道编〉について(続)》,《名古屋大学文学部研究论集 XXXIX 哲学 13》,1965 年 3 月。

③ 葛荣晋:《黄绾实学思想简论》,《浙江学刊》1989 年第 2 期,第 90—91 页

④ 王宝汉:《黄绾理学思想研究》,逢甲大学硕士学位论文,1999 年,第 137 页。

⑤ 同上,第 53—54 页。

⑥ 张安奇、步近智:《中国学术思想史稿》,第 425—426 页。

为利和义二者应该并重，不能仅重义而轻利。他在阐明这一点时，仍然是从"天性人情之真"出发的。①

葛荣晋先生（1989）以为黄绾从"道心在人心中"这一重要命题出发，一反儒家的"重义轻利"的传统思想，主张"义利皆不可轻"，"义存利中"②。

王宝汉的硕士论文《黄绾理学思想研究》（1999）第四章第一节题曰"（黄绾）的义利观"③，指出：黄绾在义利观上，斥责禅学乃自私自利之学，并在王守仁不排斥治生的前提下，更进一步阐释治生之于圣学的重要性，发扬实学精神。

张安奇、步近智《中国学术思想史稿》（2007）以为与"天性人情之真"的人性论相似，黄绾又主张"义利并重"，而"圣人之学"就是要研究如何统一义利，使其"得其正"④。

刘辉玲有《黄绾的义利观及其当代价值》（2010）一文，称黄绾身为王门弟子，亦身处王学盛行的时代，在重义轻利思潮达到高点，能提出义利并重的观点，对王学和宋儒均给予严厉的批评，可见黄绾思想的独到性和特殊性；她所提出的反虚务实、肯定私欲的价值和重视理财等观念影响后世深远，对于今天社会主义市场经济的和谐构建仍具有一定的借鉴价值。⑤

三、对于黄绾研究的建议

行文至此，笔者愿意并乐意结合自己近七八年来（2008—2016）研究黄绾著作、思想的心得体会，提出深入研究黄绾的一点儿建议，与学界同仁分享。

关于黄绾生平之研究，应重视对《（民国）洞黄黄氏宗谱》的利用，其中对黄氏先祖的记载颇为详细，并有黄绾佚文存录于其中。对于黄绾生平传记的研究与写作，我们基本上停留在容肇祖先生《黄绾传》的材料堆砌梳理之上，故而一部内容充实、考证严密、史论结合、雅俗共赏的《黄绾（评）传》编写，也是一件值得考

① 侯外庐：《明道编序》，载《明道编》，第6页；侯外庐主编：《中国思想通史（第四卷下）·黄绾的哲学思想》，第934页。
② 葛荣晋：《黄绾实学思想简论》，《浙江学刊》1989年第2期，第91页。
③ 王宝汉：《黄绾理学思想研究》，逢甲大学硕士学位论文，1999年，第60—72页。
④ 张安奇、步近智：《中国学术思想史稿》，第426页。
⑤ 刘辉玲：《黄绾的义利观及其当代价值》，《船山学刊》2010年第4期，第79—81页。

虑的学术研究工作。此外,黄绾与阳明后学之间的学术交游、黄绾与明代中期政治家的交游,也是不错的选题,建议学界同仁对此开展研究,厘清黄绾与明代中晚期的阳明学、黄绾与明代政局的关系。黄绾的文学、教育思想,尤其是黄绾作为一位文学家的学术地位应该予以彰显,可惜目前尚未有这方面的研究论文。

数十年来(1940—2015),海内外学者关于黄绾研究论著有 80 余种,择选其中的优秀上乘之作,编辑出版《黄绾研究论集》,为后之学者研究黄绾提供便利,也是亟待进行的一项工作。此外,联合地方政府、学界同仁、洞黄黄氏后人之力量,协同合作,择机举办"黄绾学术思想研讨会",也是一件有意义的事情。

此外,整理影印出版黄绾于嘉靖十三年(1533)序刊的《阳明先生文录》(现藏日本国京都大学文学部),不仅对于丰富王阳明存世文集,而且对于深入研究黄绾与王阳明、钱德洪的关系,也极具学术价值。

笔者在检录地方学者的文献史料之时,发现了一些有意义的"学术争鸣"现象,比如黄绾的"籍贯之争",这种互相切磋的学风值得鼓励;但是"地方保护主义"式的意气之争,要不得。还有,黄岩地方上相传有"池黄两家墓地、风水之争",为此,黄岩城西的池氏后人撰文《明代的一场官司》,称黄绾之祖因与池氏争风水,移(池)枢换(黄)棺,而后"黄氏父子为官明目张胆","清明上午扫墓"云云;为雪冤申诉,池氏后人至京师告状,皇太后"令大臣查访黄姓父子之劣迹,终被弹劾"云云。① 很明显,此类民间逸闻传说与正史文本记载不符。时至 21 世纪的今天,池、黄两家后人有必要在专家学者的帮助之下,以史实为依据,还原真实的历史场景,讲明真相,使得池、黄两家后裔之间"化干戈为玉帛",毕竟"冤家宜解不宜结",更何况"池黄两家是亲戚"②呢? 还有,《无锡高氏谱·高材传》《锡金县志·高材传》记载黄岩县令高材惩处尚书黄绾之事,其是否属实,也需要以事实与史料为依据进行详细考论。此外,黄绾的墓葬屡迁之谜,即黄绾哲嗣黄承忠《黄绾传》所记黄绾之墓"始葬于邑南东盘山;以家多变,迁葬委羽山文毅公墓前;以地多水,又迁于紫霄山之南曰长陇"③的真实原

---

① 池太华:《明代的一场官司》,《黄岩史志》,1988 年第 3 期,第 88 页。
② 池太华:《池黄两家是亲戚》。按:笔者手头上有《池黄两家是亲戚》一文复印件,但是具体载于《黄岩史志》的哪年(1988? 1989?)、第几期,有待查证。
③ 转引自《洞山黄氏宗谱》卷四,第 47 页。黄承忠撰《洞山黄氏宗谱·黄绾传》全文又见拙编《黄绾生平学术编年》,第 378—379 页。

委也值得学者关注。笔者的主张是,后世学人研究先贤黄绾之生平与著作,应采取尊重历史、心存敬意、同情理解的态度。

说句题外话,笔者在检录、查阅黄绾研究论文之时,发现部分学者在对黄绾著作、思想进行研究之时,有抄袭前人时贤的学术观点而不加注释、不作说明的学术失范现象。还有部分论文据称使用了黄绾存世文集诸如《石龙集》①,但是通篇注释之中未有《石龙集》的一处引文,这也是一种对读者不负责任的不良学风。新近刊发的论文据称黄绾研究论文"寥寥数篇"云云,这也是一种不负责任的说法,单单围绕一部三万余字的《明道编》就有数十篇论文发表,怎能说是"寥寥数篇"呢?部分学者在对黄绾学术思想进行研究之时,重复选题乃至"人云亦云"式"炒冷饭"现象时有发生,这也造成了学术资源的无形浪费。

在此,笔者呼吁并建议年轻的学者朋友,不应只是依据现成的编校著作(《明道编》),"坐而论道",我们应该"一手拿着望远镜",开拓学术研究视野,关注港台海外学者的研究成果,同时更应该扩大黄绾存世著作的搜索范围,一句"黄绾著作很多……除《明道编》外,其他诸书都已佚失了",就使得后辈学人主动放弃对黄绾存世著作的搜集、检录的做法不可取;我们还应该"一手拿着显微镜",虚心向地方学者研究、观察问题的方法论学习,并重视地方学者(比如黄岩历史学会)的研究成果,他们的论著虽未必符合现代学术规范,但是地方学者重视实地考察、注重从地方志书、家乘谱牒等文献中发掘史料的治学方法,值得借鉴。

承上,随着新编《黄绾集》的整理出版,黄绾佚文的辑录工作也应提上"议事日程"。明代台州籍阳明学者潘珹辑录的《天台胜迹录》中录有不少阳明学人讴歌天台胜景的诗歌②,其中有黄绾所作诗歌若干首,其中不排除有《黄绾集》未收录的诗歌。日本静嘉堂文库藏有明刻本的《宋杜清献公集》,其卷首有黄绾在嘉靖二十六年所撰序文③,《黄绾集》则未收录。今天津图书馆藏有明朱

---

① 据笔者调查、寻访所知,目前中国哲学、思想史学界学人之中拥有《石龙集》二十八卷复印件的学者有唐宇元先生(日本学者土田健次郎、新加坡学者李焯然帮助提供,已转交吴锐研究员)、钱明研究员(浙江省社科院哲学所藏有复印件)、张宏敏博士、朱湘钰博士、吴孟谦博士、朱红博士、王传龙博士等,其中唐宇元(转交吴锐)、朱湘钰、张宏敏(朱湘钰提供)、王传龙等还复印有《久庵先生文选》十六卷,此外吴震教授留学日本期间翻阅过《石龙集》《久庵先生文选》;吴震教授、张宏敏还先后查阅过上海图书馆古籍部所藏《知罪录》。

② 《天台胜迹录》一书已由台州学院中文系胡正武教授点校,于2010年11月由浙江大学出版社出版。

③ 巩本栋:《论域外所存的宋代文学史料》,《清华大学学报》(哲社版),2007年第1期。

质刻本《甓余杂著》（现收录于《四库全书存目丛书》集部第 78 册，齐鲁书社
1997 年版），卷首即载有黄绾撰写的"序"文一种，末署"嘉靖二十有八年夏四月
望日资善大夫礼部尚书兼翰林院学士赐一品服前詹事府詹事兼侍讲学士同修
国典经筵讲官久庵居士黄岩黄绾撰"。永康地方学者程朱昌、程育泉重新编辑
整理的《五峰书院志》（增订本）卷十二所录《答周厚峰书》（中国文史出版社
2010 年版，第 345—346 页）、《与一松先生书》（第 372 页），亦系《黄绾集》佚文。
再有，黄绾佚著颇多，尤其是黄绾"落职闲住"后当有不少诗文篇章，而我们目
前所能裒辑到的诗文（主要是《久庵先生文选》）有限。总之，黄绾佚文的辑录
工作也是一件有意义的学术工作。

　　笔者深信，随着《黄绾集》（《石龙集》、《久庵先生文选》、《知罪录》）的编辑
整理出版，当代学人对于黄绾生平、著作思想研究，必然会更上一层楼。后生
小子作为久庵先生黄绾著作、学问的景仰者、研究者，愿与学界同人一并努力，
携手前行。

五、黄绾研究论著索引

（1940—2015）

（一）中国大陆学者

1. 容肇祖：《王守仁的门人黄绾》，《燕京学报》第 27 期，1940 年，第 53—113 页；《容肇祖集》，齐鲁书社 1989 年版，第 247—316 页；

2. 容肇祖：《明代思想史·黄绾》，开明书店 1941 年版，第 158—182 页；

3. 侯外庐：《明道编序》，载《明道编》，中华书局 1959 年版，第 1—14 页；

4. 侯外庐主编：《中国思想通史（第四卷下）·黄绾的哲学思想》，人民出版社 1960 年版，第 929—941 页；

5. 劳思光：《新编中国哲学史（三卷上）·黄绾》，友联出版社 1980 年；广西师范大学出版社 2005 年版，第 374 页；

6. 浙江省社科院编：《浙江人物简志（中册）·黄绾》，浙江人民出版社 1986 年版；《黄岩县志通讯·黄绾》1987 年第 1 期，第 17—18 页；

7. 侯外庐、邱汉生、张岂之主编，唐宇元撰文：《宋明理学史·黄绾的学行与"艮止"说》，人民出版社 1987 年版，第 383—402 页；

8. 陈志鹏：《明礼部尚书黄绾籍贯考》，《温岭县志通讯》1988 年第 4 期，第 28 页；《黄岩史志》，1989 年第 2 期；

9. 严振非：《黄绾籍贯辨》，《黄岩史志》1989 年第 2 期，第 19—20 页；

10. 池太华：《明代的一场官司》，《黄岩史志》1988 年第 3 期，第 88 页；

11. 池太华：《池黄两家是亲戚》，《黄岩史志》？ 年？ 期，第 70 页；

12. 赵康龄：《东盘山考黄绾自铭石刻》，《黄岩史志》1989 年第 2 期，第 12—13 页；

13. 严振非：《郑善夫与黄绾》，《黄岩史志》1989 年第 3 期，第 57 页；

14. 阮孔棠：《读〈东盘山考黄绾自铭石刻〉》，《黄岩史志》1989 年第 4 期，第 68—69 页；

15. 杨苍舒：《黄绾自铭石刻的主题探讨》，《黄岩史志》1990 年第 5 期，第 68 页；

16. 葛荣晋：《黄绾实学思想简论》，《浙江学刊》1989 年第 2 期，第 86—92 页；

17. 葛荣晋：《王廷相和明代气学·王廷相和黄绾》，中华书局 1990 年版，第 278—289 页；

18. 杨国荣：《王学通论·黄绾以"志道"否定"惟意而出"》，上海三联书店 1990 年版，第 136—139 页；华东师范大学出版社 2003 年版，第 145—149 页；

19. 唐宇元：《黄绾思想新议》，《齐鲁学刊》1991 年第 3 期，第 19—25 页；

20. 吴震：《王阳明佚文论考：就京都大学所藏王阳明著作而谈·黄绾本〈阳明文录〉》，载陈平原主编《学人》（第一辑），江苏文艺出版社 1992 年版，第 417—447 页；

21. 张克伟：《试论黄绾对王学的评骘与乖离》，《宁波大学学报》（人文版）1992 年第 2 期，第 18—26 页；

22. 徐洪兴：《〈明道编〉评介》，载周谷城、潘富恩主编《中国学术名著提要·哲学卷》，复旦大学出版社 1992 年版，第 680—683 页；又载潘富恩、徐洪兴主编《中国理学》第三卷，上海东方出版中心 2002 年版；

23. 王凤贤、丁国顺著：《浙东学派研究·黄绾的"艮止"说和他与王畿的"深辩"》，浙江人民出版社 1993 年版，第 231—234 页；

24. 陈鼓应、辛冠洁、葛荣晋主编：《明清实学简史·黄绾的王道政治及其对理学的批判》，社会科学文献出版社 1994 年版，第 36—50 页；

25. 刘蔚华、赵宗正主编，佃利撰文：《中国儒家学术思想史·黄绾及其对王学的修正》，山东教育出版社 1996 年版，第 1346—1349 页；

26. 白寿彝主编，商传撰文：《中国通史（第九卷）中古时代·明时期（上册）·黄绾由信奉王学转向批评王学》，上海人民出版社 1999 年版，第 453—455 页；

27. 张学智：《明代哲学史·黄绾的"艮止"》，北京大学出版社 2000 年版，第 146—154 页；《中国儒学史（明代卷）·黄绾的"艮止"》，北京大学出版社 2011 年版，第 217—227 页；

28. 方祖猷：《王畿评传·(王畿)与黄绾的深辩》，南京大学出版社 2001 年版，第 361—366 页；

29. 王健主编，坚石撰文：《儒学三百题·黄绾的基本观点有哪些?》上海古籍出版社 2001 年版，第 394—396 页；

30. 李书增、岑青、孙玉杰、任金鉴著：《中国明代哲学·黄绾的思想》，河南人民出版社 2002 年版，第 1183—1213 页；

31. 董平：《浙江思想学术思想史·黄绾"艮止"说》，中国社会科学出版社 2005 年版，第 250—255 页；沈善洪、费君清主编《浙江文化史·黄绾的"艮止"说》，浙江大学出版社 2009 年版，第 188—190 页；

32. 杨朝明：《儒家文化面面观·黄绾是怎样"指摘救正"王学的》，齐鲁书社 2005 年版，第 168—170 页；

33. 张安奇、步近智：《中国学术思想史稿·黄绾由信奉王学转向批评王学》，中国社会科学出版社 2007 年版，第 423—426 页；

34. 王宇：《从黄绾到黄宗羲：阳明心学与十七世纪的智识转型》，载钱明主编《王阳明的世界：王阳明故居开放典礼暨国际学术研讨会论文集》，浙江古籍出版社 2008 年版，第 463—476 页；

35. 钱明：《王阳明及其学派考论·黄绾的保孤情怀》，人民出版社 2009 年版，第 104—107 页；

36. 钱明：《浙中王学研究·黄绾》，中国人民大学出版社 2009 年版，第 89—100 页；

37. 陈坚：《黄绾的"艮止"心学：兼谈黄绾心学的天台佛学性格》，载《中日韩天台学术对话国际研讨会论文集》(未刊稿)，中国河南，2009 年；《周易研究》2012 年第 6 期，第 77—88 页；

38. 卢伟：《管窥黄绾之〈明道编〉》，《明长陵营建 600 周年学术研讨会论文集》，社会科学文献出版社 2010 年版，第 380—387 页；

39. 刘辉玲：《黄绾的义利观及其当代价值》，《船山学刊》2010 年第 4 期，第 79—81 页；

40. 邵秋艳：《论黄绾对心学的继承和修正》，《信阳师范学院学报》(哲社科版)2010 年第 5 期，第 30—36 页；

41. 张韶宇：《"〈易〉之微言，莫要于'艮止'"：黄绾"艮止"易学研究》，《周

易研究》2011 年第 1 期,第 36—41 页;

42. 于仙海:《阳明学派和黄绾的批判精神》,黄岩历史学会博客 blog. 163. com;hylsxh;blog;static;173431712 … 2011 - 5 - 28;

43. 陈理尧:《穿越时空的对话:黄绾学术思想拾零》,黄岩历史学会博客 blog. 163. com;hylsxh;blog;static;173431712 … 2011 - 8 - 19;

44. 姜国柱:《中国思想通史(明代卷)·黄绾的哲学思想》,武汉大学出版社 2011 年版,第 196—219 页;

45. 张岱年主编:《中国哲学大辞典·黄绾》,上海辞书出版社 2011 年版,第 547 页;《中国哲学大辞典·明道编》,第 698 页;

46. 吴锐:《黄绾与王阳明》,载《国际阳明学研究》(第一卷),中国社会科学出版社 2011 年版,第 303—309 页;

47. 赵元煜:《黄绾"艮止"学说述评》,苏州大学中国哲学硕士学位论文(指导教师:蒋国保),2011 年 4 月,第 1—40 页;

48. 张宏敏:《黄绾论杨简》,载《慈湖心舟:杨简学术研讨会论文集》,浙江大学出版社 2012 年版,第 251—260 页;

49. 张宏敏:《今存黄绾诗文集版本略考》,《国际阳明学研究》(第二卷),上海古籍出版社 2012 年版,第 309—318 页;

50. 张宏敏:《黄绾生卒年、表号、职官等考正》,《儒学天地》(内刊)2012 年第 2 期,第 39—43 页;

51. 张勇:《黄绾艮止之学新探》,湖南师范大学中国哲学硕士学位论文(指导教师:邓名瑛),2012 年 4 月,第 1—56 页;

52. 吴锐:《黄绾"大礼"疏评议》,《第二届国际阳明学研讨会论文集(未刊本)》,浙江余姚,2012 年 11 月,第 147—164 页;

53. 王秋生:《"艮止"心学的立论依据与"艮止"心学的本体论》,《今日黄岩》(第 1212 期连载)2012 年 3 月 9 日、4 月 6 日、4 月 20 日;

54. 王大千(秋生)编著:《黄绾哲学思想研究》,中国文史出版社 2012 年版,第 1—300 页;

55. 朱红:《黄绾"艮止"思想及其对王畿近禅化的批评》,《儒学天地》2012 年第 3 期,第 35—39 页;《浙江社会科学》2013 年第 7 期,第 115—119 页;

56. 张宏敏:《黄绾著作考论》,《国学学刊》2013 年第 1 期,第 46—61 页;

57. 张宏敏著：《黄绾生平学术编年》，浙江大学出版社 2013 年版，第 1—408 页；

58. 张建：《黄绾对理学的批判与重建研究》，中央民族大学中国哲学硕士学文论文(指导教师：孙宝山教授)，2013 年 4 月，第 1—43 页；

59. 朱红：《黄绾思想研究》，浙江大学年博士学位论文(指导教师：董平教授)，2013 年，第 1—122 页；

60. 朱红、王绪琴：《从"大礼议"事件看黄绾的政治思想》，《浙江学刊》2013 年第 2 期，第 121—125 页；

61. 张宏敏：《黄绾经学、政论著作合考》，《国际阳明学研究》(第三卷)，上海古籍出版社 2013 年版，第 295—305 页；

62. 吴锐：《黄绾论反腐败》，载《王阳明廉政思想与行为研究》，中国社会科学出版社 2013 年版，第 281—298 页；

63. 张宏敏：《从理学、心学到经学：黄绾道学思想之进展》，上海师范大学博士学位论文(指导教师：陈卫平教授)，2014 年 4 月，第 1—593 页；

64. 钱明：《浙中王门的经学形态：黄绾论》，《浙江江夏文化研究(第一卷)》，武汉大学出版社 2014 年版，第 123—132 页；

65. 张宏敏：《"台南理学名家"之洞黄黄氏》，《浙江江夏文化研究》(第一卷)，武汉大学出版社 2014 年版，第 133—136 页；

66. 张宏敏：《黄绾集·编校说明》，上海古籍出版社 2014 年版，第 1—9 页；

67. 朱坤祯：《〈黄绾集〉最新编校本出版》，《古籍新书报》2015 年 3 月 28 日；

68. 冈田武彦：《王阳明大传·黄绾》(中)，重庆出版社 2014 年版，第 256 页；

69. 潘君祥：《上海沙船与商船会馆·黄绾与沙船》，《航海》2015 年第 2 期，第 28—31 页；

70. 李玉、朱珅祯：《〈黄绾集〉新编本出版，助益阳明后学研究》，中国社会科学网，2015 年 4 月 28 日；

71. 《〈黄绾集〉最新编校整理本出版》，中华古籍网，2015 年 4 月 29 日；

72. 陈坚：《黄绾心学与天台宗佛学》，《天台山文化当代价值理论研讨会论文集》(未刊稿),浙江天台,2015 年,第 66—78 页；

73. 张宏敏：《黄绾与天台山：兼论"阳明学"系"思想史意义上的天台山文化研究"的一个有益补充》,《天台山文化当代价值理论研讨会论文集》(未刊稿),浙江天台,2015 年,第 212—221 页；

74. 张宏敏：《黄绾与席书：浙中王学与黔中王学互动的一个案例》,《贵州师范大学学报》(社科版)2015 年第 4 期,第 32—37 页；

75. 王传龙：《阳明心学流衍考·黄绾的"反叛"之路》,厦门大学出版社 2015 年版,第 153—189 页；

76. 严振非：《台州理学南湖学派史·黄绾评传》,上海古籍出版社 2015 年版,第 137—174 页。

(二) 中国港台学者

1. 方奕亮：《黄绾研究(1477—1551)》,香港大学硕士学位论文,1995 年,第 1—128 页；

2. 王宝汉：《黄绾理学思想研究》,逢甲大学硕士学位论文(指导教师：戴瑞坤教授),1999 年,第 1—144 页；

3. 吴秀玉：《明代中叶黄绾之实用实行哲学》,《宜兰技术学报》(人文及社会专辑 9),2002 年,第 115—132 页；

4. 傅怡祯、黄静妃：《黄绾生卒年考》,《大仁学报》2003 年第 23 期,第 127—143 页；

5. 朱湘钰：《王门中的游离者：黄绾学思历程及其定位》(会议宣读论文,未刊稿),台湾"中研院"明清研究推动委员会"2012 明清研究工作坊会议资料"。

(三) 海外学者

1. 〔日本〕山下龙二：《黄绾〈明道编〉について》,《中国古典研究》12 号,1964 年 12 月；

2. 〔日本〕山下龙二：《黄绾〈明道编〉について(続)》,《名古屋大学文学部研究论集 XXXIX 哲学 13》,1965 年 3 月；

3. 〔美国〕Goodrich L. C. and Chaoying Fang(eds.), Dictionary of Ming BiograP. hy (BiograP. hy of Huang-Wan), 1368 - 1644. (New York：Columbia

University P. ress. 1976. pp. 673－675(郭颖颖、房兆楹:《明代名人传·黄绾传》,哥伦比亚大学出版社 1976 年版,第 673－675 页);

4.〔日本〕海老江康二:《黄绾の思想》,研究紀要. 第二分册,短期大学部(I),1992 年,卷 25。

参 考 文 献

一、黄绾原著

(明)黄绾：《知罪录》三卷，明嘉靖四年黄绾自序刻本，藏上海图书馆古籍善本室。

(明)黄绾：《石龙集》二十八卷，明嘉靖十二年王廷相序刻本，分藏台湾"国家"图书馆、"中研院"历史语言研究所傅斯年图书馆。

(明)黄绾：《石龙集》二十八卷，民国十年(1921)抄本，藏浙江省图书馆古籍部善本室。

(明)黄绾：《阳明先生行状》一卷，载《王阳明全集》(新编本)，浙江古籍出版社 2010 年版。

(明)黄绾：《五经原古序》一卷，载《黄宗羲全集·明儒学案》，浙江古籍出版社 2005 年版。

(明)黄绾著，刘厚祜、张岂之标点：《明道编》(《久庵日录》)六卷，中华书局 1959 年版。

(明)黄绾：《家训》一卷，《洞黄黄氏宗谱》本，藏浙江台州玉环路上村黄氏后裔家。

(明)黄绾：《久庵先生文选》十六卷，明万历十三年汤聘尹序刻本，藏日本尊经阁文库。

(明、清、民国)洞黄黄氏后裔：《洞黄黄氏宗谱》十二卷，民国四年(1915)修订本，藏浙江台州玉环路上村黄氏后裔家。

(明)黄绾著，张宏敏编校整理：《黄绾集》四十卷(《阳明后学文献丛书》本)，上海古籍出版社 2014 年版。

二、方志文献

（宋）陈耆卿撰：《赤城志》,《文渊阁四库全书》本。

（明）袁应祺修纂：《万历黄岩县志》,上海古籍书店 1963 年影印本。

（明）释傅灯撰、（清）释敏曦重刻：《天台山方外志》,光绪二十年佛陇真觉寺刻本。

（清）曾元澄、陈宝善等修纂：《同治黄岩县志》,清同治七年刻本。

（清）陈宝善等修纂：《光绪黄岩县志》,《中国地方志集成》本,上海书店 1993 年版。

（明）曾才汉、叶良佩修纂：《嘉靖太平县志》,宁波天一阁藏明嘉靖刻本。

（明）潘珹编,胡正武点校：《天台胜迹录》,浙江大学出版社 2010 年版。

（清）洪若皋纂：《康熙临海县志》,清康熙十二年重刻本。

（清）李德耀修：《康熙天台县志》,清康熙二十二年刻本。

（清）嵇曾筠、李卫等修纂：《雍正浙江通志》,《文渊阁四库全书》本,上海古籍出版社 1991 年版。

（清）庆霖等修：《嘉庆太平县志》,清嘉庆十六年刻本。

（清）顾震宇纂修：《道光仙居县志》,清道光十八年重刻本。

（清）陈汝霖等修：《光绪太平县续志》,清光绪二十二年刻本。

（清）王寿颐等修：《光绪仙居县志》,清光绪二十年刻本。

（清）王瑞成等修纂：《光绪宁海县志》,光绪二十八年刻本。

（清）李登云等修撰：《光绪乐清县志》,1912 年高谊校印本。

（清）王棻撰：《台学统》,1918 年吴兴刘氏嘉业堂刻本。

孙熙鼎修：《民国临海县志》,1935 年铅印本。

喻长霖、柯骅威等纂修：《民国台州府志》,1936 年排印本。

杨晨编：《台州艺文略》,黄岩友成局 1936 年印。

项元勋编：《台州经籍志》,台北广文书局 1969 年版。

金渭迪编著：《黄岩金石志》（增订本）,中国文史出版社 2013 年版。

三、明清文集

（明）方孝孺撰,徐光大整理：《方孝孺集》,浙江古籍出版社 2013 年版。

（明）王守仁著，吴光、钱明、董平、姚延福编校：《王阳明全集》，上海古籍出版社1992年版，2011年修订版（简体字本）。

（明）王守仁著，吴光、钱明、董平、姚延福编校：《王阳明全集》（新编本），浙江古籍出版社2010年版。

（明）徐爱等著，钱明编校整理：《徐爱·钱德洪·董澐集》，凤凰出版社2007年版。

（明）邹守益著，董平编校整理：《邹守益集》，凤凰出版社2007年版。

（明）欧阳德著，陈永革编校整理：《欧阳德集》，凤凰出版社2007年版。

（明）王畿著，吴震编校整理：《王畿集》，凤凰出版社2007年版。

（明）聂豹著，吴可为编校整理：《聂豹集》，凤凰出版社2007年版。

（明）罗洪先著，徐儒宗编校整理：《罗洪先集》，凤凰出版社2007年版。

（明）季本：《说理会编》，《四库全书存目丛书》子部第9册，齐鲁书社1997年版。

（明）季本：《季彭山先生文集》，《北京图书馆古籍珍本丛刊》集部第106册，书目文献出版社1998年版。

（明）程文德著，程朱昌等编校：《程文德集》，上海古籍出版社2012年版。

（明）陈献章著，孙通海点校：《陈献章集》，中华书局1987年版。

（明）边贡：《边华泉集》，《文渊阁四库全书》本。

（明）何瑭：《柏斋集》，《文渊阁四库全书》本。

（明）王廷相著，王孝鱼点校：《王廷相集》，中华书局1989年版。

（明）吕柟著，赵瑞民点校：《泾野子内篇》，中华书局1992年版。

（明）杨一清著，唐景绅、谢玉杰点校：《杨一清集》，中华书局2001年版。

（明）夏镕：《夏赤城先生文集》，映南轩刊本。

（明）黄孔昭著，徐三见点校：《定轩存稿》，《赤城遗书汇刊》本，巴蜀书社2011年版。

（明）林光撰，罗邦柱点校：《南川冰蘗全集》，《岭南丛书》本，中国文史出版社2004年版。

（明）魏校：《庄渠遗书》，《文渊阁四库全书》本。

（明）郑善夫：《少谷集》，《文渊阁四库全书》本。

（明）严嵩：《钤山堂集》，明嘉靖二十四年刻增修本，《续修四库全书》第

1336 册,上海古籍出版社 2002 年版。

(明)李东阳:《李东阳集》,岳麓书社 1984 年版。

(明)李东阳著,钱振民辑校:《李东阳续集》,岳麓书社 1997 年版。

(明)储巏:《柴墟文集》,明嘉靖四年刻本,《四库全书存目丛书》集部第 42 册,齐鲁书社 1997 年版。

(明)谢铎著,林家骊点校:《谢铎集》,中华书局 2002 年版。

(明)张璁著,张宪文校注:《张璁集》,上海社会科学出版社 2008 年版。

(明)叶良佩:《叶海峰遗集》,首都师范大学图书馆藏清光绪二十七年刻本。

(明)叶良佩:《海峰堂前稿》,日本内阁文库藏明嘉靖刻本。

(明)叶良佩撰,张宏敏等点校:《叶良佩集》,浙江大学出版社 2016 年版。

(明)侯一元著,陈瑞赞编校:《侯一元集》,黄山书社 2011 年版。

(明)钱薇:《海石先生文集》,《四库全书存目丛书》集部第 97 册,齐鲁书社 1997 年版。

(明)方献夫:《西樵遗稿》,清康熙三十五年方林鹤刻本,《四库全书存目丛书》集部第 59 册,齐鲁书社 1997 年版。

(明)湛若水著,钟彩钧编校整理:《泉翁大全集》,台湾"中研院"汉籍电子文献数据库本。

(明)湛若水著,钟彩钧编校整理:《甘泉先生续编大全》,台湾"中研院"汉籍电子文献数据库本。

(明)湛若水编著:《春秋正传》,广西师范大学出版社 2015 年版。

(明)陈九川:《明水陈先生文集》,《四库全书存目丛书》集部第 72 册,齐鲁书社 1997 年版。

(明)顾应祥:《静虚斋惜阴录》,《四库全书存目丛书》子部第 84 册,齐鲁书社 1997 年版。

(明)王宗沐:《敬所王先生文集》,《四库全书存目丛书》集部第 111 册,齐鲁书社 1997 年版。

(明)朱纨:《甓余杂著》,《四库全书存目丛书》集部第 78 册,齐鲁书社 1997 年版。

(明)韩邦奇著,魏东点校:《韩邦奇集》,西北大学出版社 2014 年版。

(明)王道:《顺渠先生文录》,浙江省温州市图书馆藏明嘉靖刻本。

（明）薛侃著，陈楫编校：《薛侃集》，上海古籍出版社 2013 年版。

（明）张溪、张居正等撰：《明世宗实录》，台湾"中研院"历史语言研究所 1962 年版。

（明）杨一清、熊浃等纂修：《明伦大典》，上海图书馆藏嘉靖七年刻本。

（明）施沛：《南京都察院志》，日本内阁文库藏明天启刻本。

（明）何乔远：《名山藏》，《续修四库全书》第 427 册，上海古籍出版社 2002 年版。

（明）雷礼：《国朝列卿记》，明万历年间徐鉴刻本。

（明）谈迁：《国榷》，中华书局 1988 年版。

（明）高岱著，孙正荣、单锦珩点校：《鸿猷录》，上海古籍出版社 1992 年版。

（明）焦竑辑编：《国朝献徵录》，《四库全书存目丛书》本，齐鲁书社 1997 年版。

（明）刘宗周著，吴光主编：《刘宗周全集》，浙江古籍出版社 2007 年版。

（明清之际）黄宗羲著，沈善洪主编、吴光执行主编：《黄宗羲全集》（增订版），浙江古籍出版社 2005 年版。

（清明之际）黄宗羲编：《明文海》，《文渊阁四库全书》第 1453—1458 册，上海古籍出版社 1987 年版。

（明清之际）黄宗羲著，王维和、张宏敏编校：《〈明儒学案〉〈宋元学案〉黄宗羲案语汇辑》，杭州出版社 2012 年版。

（清）孙奇逢：《理学宗传》，清康熙六年张沐、程启朱刻本，《续修四库全书》第 514 册，上海古籍出版社 2002 年版。

（清）张廷玉等撰：《明史》（简体字本），中华书局 2000 年版。

（清）夏燮：《明通鉴》，中华书局 1959 年版。

（清）谷应泰：《明史记事本末》，中华书局 1977 年版。

（清）王鸿绪纂：《明史稿》，敬慎堂刊本，台北文海出版社 1962 年版。

四、今人著作

葛荣晋：《王廷相生平学术编年》，河南人民出版社 1987 年版。

陈来：《有无之境：王阳明哲学的精神》，人民出版社 1991 年版。

黄明同：《陈献章评传》，南京大学出版社 1998 年版。

张宪文、张卫中：《张璁年谱》，上海古籍出版社 1999 年版。

李一、周琦主编：《台州文化概论》，中国文联出版社 2000 年版。

严振非主编：《黄岩道教志》，香港天马图书有限公司出版社 2002 年版。

吴震：《明代知识界讲学活动系年：1522—1602》，学林出版社 2003 年版。

彭国翔：《良知学的展开：王龙溪与中晚明的阳明学》，生活·读书·新知三联书店 2005 年版。

叶哲明：《台州文化发展史》，云南民族出版社 2006 年版。

严绍璗编：《日藏汉籍善本书目》，中华书局 2007 年版。

林家骊著：《谢铎与茶陵诗派》，中华书局 2008 年版。

张新民主编：《阳明学刊》（第三辑），巴蜀书社 2008 年版。

张新民主编：《阳明学刊》（第四辑），巴蜀书社 2009 年版。

钱明：《王阳明及其学派考论》，人民出版社 2009 年版。

任林豪、马曙明：《台州道教考》，中国社会科学出版社 2009 年版。

黎业明撰：《湛若水年谱》，上海古籍出版社 2009 年版。

洪振宁编著：《宋元明清温州文化编年纪事》，浙江人民出版社 2009 年版。

俞樟华：《王学编年》，吉林大学出版社 2010 年版。

束景南：《阳明佚文辑考编年》，上海古籍出版社 2012 年版。

张海晏、熊培军主编：《国际阳明学研究》（第三卷），上海古籍出版社 2013 年版。

张卫红：《邹东廓年谱》，北京大学出版社 2013 年版。

张宏敏：《黄绾生平学术编年》，浙江大学出版社 2013 年版。

张宏敏、黄洪兴、袁新国主编：《浙江江夏文化研究》，武汉大学出版社 2014 年版。

王传龙：《阳明心学流衍考》，厦门大学出版社 2015 年版。

严振非：《台州理学南湖学派史》，上海古籍出版社 2015 年版。

五、工具书类

文物出版社编：《中国历史年代简表》，文物出版社 2001 年版。

方诗铭、方小芬编著：《中国史历日和中西历日对照表》，上海人民出版社 2007 年版。

后　记

《孟子·万章篇》云:"金声而玉振之也。金声也者,始条理也;玉振之也者,终条理也。"亚圣孟子这句话的意思是说,"始条理"是节奏的开始,"终条理"则是节奏的终结,有"始"有"终"才是一种理想、完美、和合的境界。笔者与浙南台州历史文化的结缘,主要是 2008 年 5 月、2014 年 5 月前后两次(一"始"一"终")参加了在浙南文化名山——天台山举办的以"和合文化"为主题的学术研讨会。

"始条理也",作为"节奏的开始",也可以说是笔者对于台州的初步印象,是在 2008 年 5 月 10 至 13 日代表浙江省社科院哲学所资深研究员吴光教授,参加了由中国社会科学院世界宗教研究所、浙江省社会科学界联合会、中共台州市委宣传部、天台县委县政府联合主办的"寒山子暨和合文化国际学术研讨会"。会议期间一方面了聆听了各位专家学者对天台山历史文化研究的宏论,还实地参观考察了赤城塔、国清寺、道教桐柏宫原址(水库已经淹没)、华顶佛教建筑群,对天台山乃至台州的历史文化有了一个初步的印象。那次会议上还结识了不少专家学者,像台州活佛周琦先生、台州籍青年才俊何善蒙教授等。

或许是结缘于这次"和合文化"学术会议,笔者近七八年来的学术研究中心工作,就是围绕以黄绾为中心的台州籍的阳明弟子群而进行。编校《黄绾集》、《叶良佩集》、《王宗沐集》,撰著《黄绾生平学术编年》以及以"黄绾道学思想"为选题的博士论文,以至于缩编这部《黄绾年谱简编》,足以说明一切。

2008 年 9 月至 2014 年 8 月,笔者在温州"谋食",以温州为起点(或终点),或因前来杭州出差、或因前往上海求学(2011 年 9 月至 2014 年 6 月,笔者于上海师范大学哲学系攻读博士学位),或因探亲返回河北,每次乘坐汽车都会过境台州。过境台州之时,尽管已经很疲惫,笔者还会打起精神,目不转睛地张望着窗外,多么希望久庵先生黄绾的身影能够重现;因为这七八年来,为了裒辑黄绾的存世文献、研究黄绾的生平学术,笔者已经前后十多次前来台州各县区进行学术考察。路桥的东盘山摩崖石刻,临海的台州府古城与巾山、东湖,黄岩的委羽山与江北新宅村的翠屏山、紫霄山,温岭的洞黄古村落,玉环的黄氏后裔聚集地,天台山的佛道二教遗迹场所……黄绾在 500 余年前曾经活动过的地方,笔者"涉足"于此,不就是要努力"走近"黄绾的生活世界吗?

"终条理也",则"是节奏的终结"。2015 年,笔者已经由温州调至浙江省社科院哲学所(国际阳明学研究中心)工作,5 月 15 日至 18 日,笔者以一名浙江历史文化研究学者的身份,前往浙江省天台县参加了由中华文化促进会、浙江省社科院、浙江省社科联、台州市委宣传部等单位主办,天台县委县政府具体承办的"天台山文化当代价值研讨会",并提交了一篇"黄绾与天台山"的学术论文,以求论证"台州阳明学"命题的成立。总之,两次"和合文化"为主题的会议,使得笔者与台州历史文化"结缘"。

"始条理"、"终条理",有"始"有"终"才是完美的"和合"之境。而这部书稿——《黄绾年谱简编(附录五种)》,不就是笔者作为一介书生为挖掘台州历史文化("台州阳明学")所贡献的一份"心力"吗!这又何尝不是笔者"走近"黄绾这位台州历史文化名人的生命历程,通过文字形式所达到一种"和合"之境呢?

附带补充一句,笔者是台州市社科联主办的网站"台州智库"的常客,可以说每周都会点击上几次,浏览一下台州哲学社科界的学术动态。这不,刚参加完"天台山文化当代价值研讨会",回到杭州,打开电脑,就在"社科动态"专栏下发现"台州文化研究丛书"编辑部发布的《关于开展"台州文化研究丛书"公开征集的通知》(台文丛编[2015]3 号)。此时,笔者便萌生了以《黄绾年谱简编》为选题的"台州文化研究丛书"出版申报计划。填写"申报表",修改书稿,也成了近年来的"头等大事"……

拙稿的顺利出版得到了台州市文广新局《台州文献丛书》、《台州文化研究丛书》编辑部工作人员尤其是王芳女士的帮助,还有两位匿名评审专家的认可;上海古籍出版社第三编辑室的余鸣鸿先生、颜晨华先生负责了拙稿的编辑、校对、出版工作。在此,一并致以崇高的敬意!

　　行文末了,说上两句祝福语——期待《台州文献丛书》早日完成出版计划!
希望《台州历史文化研究》取得丰硕的成果,嘉惠学林!

　　需要说明的是:拙稿即《黄绾年谱简编》系国家社科基金重大项目"阳明
后学文献整理与研究"(批准号:15ZDB009)、浙江省社科规划"之江青年课题
研究"暨浙江省哲学社科重点研究基地浙江历史文化研究中心立项课题《阳明
学与天台山》(批准号:15JWYB09)、浙江省社会科学院常规立项课题《黄绾年
谱简编》(批准号:2014YK0037)的阶段性成果。

　　《黄绾年谱简编》成稿于2014年3月31日,值久庵先生534周年冥诞日;
一改于2015年5月28日;再改于2015年9月30日,适久庵先生辞世461周
年祭日;三改于2016年5月12日;终定稿于2016年10月8日。

丙申寒露日

冀南后学张宏敏谨记于杭城西子湖畔

作 者 简 介

　　张宏敏,1982 年生于河北省邢台县。哲学学士、硕士、博士。现供职于浙江省社会科学院哲学研究所,兼任浙江国际阳明学研究中心秘书长、浙黔阳明学研究中心研究员暨学术秘书、浙江省儒学学会理事、浙江省朱子学会副秘书长、浙江工贸职业技术学院刘基文化研究所副所长、温州市刘基文化研究会副会长、温岭市历史文化研究会顾问等,系浙江省“之江青年社科学者”、台湾宜兰大学生命教育研究室“政通学者”。

　　主要从事中国哲学与浙江学术思想史(“浙学”)、王阳明与阳明学派研究。主持完成浙江省哲学社会科学规划、浙江省教育科学规划、浙江省社科联研究、浙江省哲学社科重点研究基地等课题 8 项,出版有《刘基思想研究》(浙江人民出版社 2011 年版)、《黄绾生平学术编年》(浙江大学出版社 2013 年版)、《从理学、心学到经学:黄绾道学思想进展之研究》(中国社会科学出版社 2017 年版)等学术专著 4 部,参与编校整理《阳明后学文献丛书》之《黄绾集》、《王宗沐集》、《叶良佩集》,《清代浙东经史学派资料选辑》之《〈明儒学案〉〈宋元学案〉之黄宗羲案语汇辑》、《忧患学易》、《学箕初稿》等古籍文献 6 种,在《世界宗教研究》、《光明日报》、《国学学刊》、《国际阳明学研究》等期刊、论集中公开发表学术论文 90 余篇。